沉浸式研训

高中英语
研训生态探究与实践

厉天宝　沈雅茜　司　南　李　伊　徐玮楚 著

上海社会科学院出版社
SHANGHAI ACADEMY OF SOCIAL SCIENCES PRESS

图书在版编目(CIP)数据

沉浸式研训：高中英语研训生态探究与实践 / 厉天宝等著． —上海：上海社会科学院出版社，2020
ISBN 978 - 7 - 5520 - 3301 - 4

Ⅰ．①沉…　Ⅱ．①厉…　Ⅲ．①英语课—教学研究—高中　Ⅳ．①G633.412

中国版本图书馆 CIP 数据核字（2020）第 173884 号

沉浸式研训——高中英语研训生态探究与实践

著　　者：厉天宝　沈雅茜　司　南　李　伊　徐玮楚
责任编辑：王　芳
封面设计：徐　蓉
出版发行：上海社会科学院出版社
　　　　　上海顺昌路 622 号　邮编 200025
　　　　　电话总机 021 - 63315947　销售热线 021 - 53063735
　　　　　http://www.sassp.cn　E-mail: sassp@sassp.cn
照　　排：南京理工出版信息技术有限公司
印　　刷：上海新文印刷厂
开　　本：787 毫米×1092 毫米　1/16
印　　张：16.75
字　　数：371 千字
版　　次：2020 年 10 月第 1 版　2020 年 10 月第 1 次印刷

ISBN 978 - 7 - 5520 - 3301 - 4/G • 1000　　　　　　定价：59.80 元

版权所有　翻印必究

序

上海市教委教研室 汤青

我在2017年时就有幸观摩了厉天宝老师组织的以"主题接力"为路径的宝山区高中英语教师的教研活动。我发现厉老师围绕备课、磨课、上课、评课等提高教学质量的关键环节,通过组织校内或校间的集体备课、主题试教、撰写课例、拓展研究等教研活动,带领教师们模仿、实践和反思,积累适用于不同学校的区域学科教学资源。我觉得这是一项很有意义的工作,一则教师的成长需要有规范的指导,教研员要服务好区域内不同层面的学校、不同年龄的教师,就要有抓手;二则教师的成长需要有独立思考的动力,教研员要培养出一支优秀的教师队伍,就要有方案。

四年过去了,围绕着40分钟的课堂教学,厉老师带领一支年轻的队伍,提炼总结了"沉浸式研训"四个环节:D-Demonstrate,下沉示范;E-Experience,浸润实践;E-Engage,接力升级;P-Popularize,辐射推广。这四个环节为"接力"做足了准备,为主题探究提供了深入的空间。

这是一份独具匠心的课题报告。研究者在分析教学实际问题的基础上呈现了高中英语的教学难点和解决方法。尤其在第三章从英语学科核心素养的视角提出了教学的突破点;第四章教研活动案例和教学案例,从不同维度呈现了"沉浸式研训"的思想、内容、步骤和效果,教学案例以单元设计为基础,涉及听说读写等不同课型,足见团队的用心和用力。

我更想说这是一份朴素的教研工作集锦。本书呈现的研训模式,提供的教研路径,展示的教学案例,提炼的思想观点等都经过不同学校、不同年龄教师的思考、实践、检验和优化,再现了研训工作的日常教研点滴,可谓深入浅出。研训模式通过图示和关键词,使一线教师易于理解,便于操作,可谓大道至简。教学案例从教学的困惑出发,以实践的感悟呼应,可谓言简意赅。

感谢厉天宝老师朴素的教研初心和独具匠心的专业引领;感谢宝山区教研室给全市各区英语教研提供了实在的案例、实用的方案,使我们感受到了有实力的教研。

目　录

第一章　研训核心技术 / 001

第一节　沉浸式研训规程 / 003
一、沉浸式研训的由来 / 003
二、沉浸式研训规程 / 007

第二节　指向学科核心素养的教学规程（以高中英语学科为例）/ 014
一、主题的确定 / 014
二、指向学科核心素养的高中英语听说教学 / 016
三、指向学科核心素养的高中英语听力教学 / 019
四、指向学科核心素养的高中英语语法教学 / 021
五、指向学科核心素养的高中英语基础阅读教学 / 024
六、指向学科核心素养的高中英语深度阅读教学 / 026
七、指向学科核心素养的高中英语报刊阅读教学 / 028
八、指向学科核心素养的高中英语写作指导教学 / 031
九、指向学科核心素养的高中英语写作讲评教学 / 034
十、指向学科核心素养的高中英语概要写作教学 / 036
十一、指向学科核心素养的高中英语试卷评析教学 / 039

【本章小结】/ 042

第二章　教学核心技能 / 043

第一节　备课 / 045
一、备课工具 / 045
二、备课过程 / 051
三、备课变化 / 053

第二节　上课 / 055
一、课堂转型 / 055
二、教学效果 / 057

第三节　磨课 / 060
一、磨课的意义 / 060

二、磨什么？/ 061

　　三、怎么磨？/ 065

　　四、磨后跟进 / 067

第四节　评课 / 068

　　一、谁来评课？/ 068

　　二、评什么？/ 071

　　三、怎么评？/ 078

第五节　课例撰写 / 083

　　一、学习准备 / 084

　　二、实践过程 / 086

【本章小结】/ 096

第三章　学科核心素养（英语）/ 097

第一节　语言能力 / 099

　　一、感知与领悟 / 100

　　二、内化与整合 / 103

　　三、解释与赏析 / 105

　　四、交流与创建 / 108

第二节　文化意识 / 110

　　一、比较与判断 / 111

　　二、调适与沟通 / 113

　　三、认同与传播 / 115

　　四、感悟与鉴别 / 117

第三节　思维品质 / 119

　　一、辨识与分类 / 120

　　二、分析与推断 / 122

　　三、概括与建构 / 124

　　四、批判与创新 / 125

第四节　学习能力 / 127

　　一、主动与进取 / 127

　　二、监控与调控 / 128

　　三、选择与获取 / 130

　　四、合作与探究 / 132

【本章小结】/ 134

第四章　典型案例 / 135

第一节　沉浸式研训案例——赋能助力教学相长 / 137
一、关于备课和上课 / 137
二、关于磨课和评课 / 146
三、关于撰写课例 / 152

第二节　主题单元课例 / 160
一、教学评一体化——高中英语听说课教学课例 / 160
二、听见听到听清听懂——高中英语听力课教学课例 / 167
三、语法＝形式＋意义＋使用——高中英语语法课教学课例 / 173
四、做一个会与作者对话的读者——高中英语基础阅读课教学课例 / 179
五、深入文本合作探究迁移升华——高中英语深度阅读课教学课例 / 184
六、创建学习共同体关注跨文化意识——高中英语报刊阅读课教学课例 / 191
七、过程指导学生自评边做边改——高中英语写作指导课教学课例 / 196
八、"DRESS"量体裁衣——高中英语写作讲评课教学课例 / 202
九、紧扣文本搭建通道——高中英语概要写作课教学课例 / 207
十、分享交流评价激励——高中英语试卷评析课教学课例 / 211

第三节　主题接力课例（听说课）/ 216
一、让"听"和"说"回归本源——听说课第1棒（普通中学高一年级）/ 216
二、搭学习支架提听说技能——听说课第2棒（示范性中学高一平行班）/ 221
三、问题引领·迁移激活——听说课第3棒（示范性中学高一特长班）/ 227
四、以"听"促"说"有质量地说——听说课第4棒（示范性中学高二特长班）/ 233
五、听说课案例接力说明 / 238

第五章　实践感悟 / 241
课堂转型：让学习真实发生在每一位学生身上——以高中英语试卷评析课为例 / 243
沉浸式研训重塑我的教学 / 246
好用管用易用，个人团队共进 / 249
沉浸式研训助力对接课标，落实学科核心素养的培养 / 252
沉浸式研训助我轻松掌握五种教学核心技能 / 256

参考文献 / 259

第一章 研训核心技术

第一节　沉浸式研训规程

一、沉浸式研训的由来

作为职初教师(1~5年工作经验)的你,有没有这样的职业困惑?

● 学了很多的教学理论,但在实际教学时却不知道如何将学到的理论有效地运用在自己的教学实践当中?

● 每天都有新的教学内容、大量的作业批改任务和其他琐碎的事情,怎样才能做到高效备课?

● 为什么我投入了大量的精力和时间备课上课,学生成绩依旧不好?

● ……

许多职初教师有热情有干劲,热爱自己的学科和学生,满腔热情地投入教学,希望将专业所学在课堂教学中得以体现。但在现实教学中,经常发现自己在学校所学的教育教学理论在实践问题面前总是束手无策;在备课上课时只能凭着感觉走,或是干脆模仿老教师的上课模式,结果却总是不尽如人意;面对公开课或展示课更是头疼不已,不知从何下手;投入了大量时间和精力为学生辅导,但效果却不是很好……

作为经验型教师(5~10年工作经验)的你,有没有这样的职业困惑?

● 工作积累了一些经验,但如何才能进一步优化自己的课堂教学?

● 教学理论学了不少,公开课也上得不错,但如何才能让家常课也优质高效化?

● 面对新课标新教材,如何才能对教学策略和教学模式有更多理性的思考? 如何形成自己相对成熟的教学风格?

● ……

许多有一定教龄的教师,课堂驾驭能力强,善于调动学生的学习积极性,对教学重点难点的把握也比较准确。但同样也面临着许多教学困惑和自身专业发展的瓶颈,特别是在新课改的环境下,如何在自己原有的经验与新的目标要求之间找到链接点,如何实现课堂教学的转型升级,如何掌握备课、上课、磨课、评课以及课例撰写等教学核心技能?

作为成熟型教师(10年以上工作经验)的你,有没有这样的职业困惑?

● 根据新课标的要求,如何才能实现课堂转型?

● 可否找到一种易操作、可复制且能够有效培养学生核心素养的课堂教学模式?

● 在对青年教师的带教过程中，如何才能让青年教师不仅学到方法，还能依照教学规律创造性的解决教学实际问题？

● ……

成熟型的教师，有着丰富的教学经验，在学科专业上形成了一些自己的思想和观点，对备课组和教研组的建设有更强烈的责任意识和专业发展需求。但传统的教研模式中，通常是一位老师开设公开课，其他老师听课评课。现场感觉是不错的，但真正回到自己的教学岗位时，面对不同的学情和不同的教学内容，如何在自己的课堂教学中运用这些教学策略和理念，又如何在教研组推进这些教育教学理念，往往难以落实；组内的带教活动通常也是青年教师来观摩几节课，其中真正的教学技能、教学策略、教学方法他们听懂了没有，学到了没有，就不得而知了。

由此可见，不管是处于什么阶段的教师，在自己的教学实践中，对于自身教学核心技能的培养和提升，以及备课组和教研组的建设，都会遇到各种各样的问题和困惑。

传统的教研模式在解决上述问题时起到了一定的作用，比如通过对教学理论的集中学习和讨论，可以帮助教师第一时间了解最新的教学理论；通过优质课的指导和展示，教师可以观摩到执教教师是如何将教学理论与教学实践相结合的；通过课后的评课研讨，教师可以比较深入地探讨教学理论及其应用；通过视导汇报等形式，了解一线教师的教学情况并提出意见和建议、帮助调整等。可以说，传统的教研模式在教学中的确起到了一定的示范引领和专业指导的功能，它给教师指明了前进的方向，帮助教师快速有效地连接职前教育和职后从教，给教师提供了许多间接经验，帮助教师避免了许多获取直接经验必须经历的失误和弯路。

但传统的教研模式并没有从根本上解决上述问题。一方面，传统教研模式中教师和学生的参与度是有限的。一位教师开设一节公开课，真正参与全过程的教师非常有限，大部分教师并没有参与到磨课中，对教学理念的实践过程不甚了解，再加上传统的评课环节大多是好话套话，这些对于没有参与到公开课实践过程中的教师，特别是初入职还不了解教学设计的教师来说，教研活动的收效甚微。此外，参与的学生也仅局限于当堂课在现场的学生，回到家常课中，这些优质的公开课能否让一批批学生持续广泛地受益，能否把先进的理念层层传递、推而广之，仍然是悬而未决的问题。另一方面，传统教研模式中教研的实际效果无法得到有效的实证。的确，优质课给一线教师呈现了一个教学理论和教学实践完美结合的课堂教学，但面对实际教学中不同的学情、不同的教学内容，教师们能否将优质课的理念和策略照搬到家常课？照搬之后，是否能真的达到预设的教学目标？如果没有达到教学目标，又如何落实指导每一位一线教师就具体课堂教学进行改进？此外，上一堂公开课，或许能够磨炼展示教师的备课上课技能，听一堂公开课，或许能够锻炼评课教师的评课技能，但是对于教师其他的教学技能，比如帮别人磨课、撰写课例、理论研究和教学反思等能力，在传统的教研模式中很难得到锻炼。总而言之，传统教研模式无法切实解决教师在实际教学中的诸多困惑和问题，无法切实满足教师各项教学技能综合提升的需求。因此，教研模式的改革势在必行。沉浸式研训模式正是在这样的背景下应运而生。

沉浸式研训秉承学习共同体的理念。建构主义认为学习是学生对知识的主动建构，是创造性地将知识运用到真实的情境而获得理解的过程。它关注学习主体的主动建构能力及其对生活的现实价值与实际效果。受杜威学习理论的影响，建构主义以更加清晰的方式提出了典型学习模式：探究式学习、问题式学习、情境性学习。布鲁纳的认知发现说强调"意义的建构"，认为学习是由学生内部动机和同伴间的相互作用所驱动的积极主动的知识建构和认知探究的过程。建构主义提倡通过共同参与的社会实践来增强学习的情境性，比如建立有指导的小组学习，通过指导学生来探索并解决问题，从而实现学生知识的建构和图式的更新。可见，在小组学习中，探究问题、情境学习是融为一体的。因此，形成学习共同体，让教师在实践当中探索并解决问题，更加有利于教师学科教学知识的建构，更加有利于教师培养教学技能和学习教学理论。沉浸式研训正是以学习共同体为依托，针对教学当中不同的课型，形成专人专题团队，共同探讨和解决本专题教学中遇到的问题，在团队内总结和提炼发展学生核心素养的有效途径、方法和策略并将之推广应用，形成教师之间相互支持、相互学习和共同进步的专业发展机制，努力使团队内每位教师成为具有反思意识和创新精神的教师。

值得说明的一点，与其他学习共同体不同的是，沉浸式研训模式下的学习共同体研训的过程特别重视研训活动的深度与广度。比如，在每一个专题探讨伊始，教研员或优秀教师先要沉下去，借班亲自上示范课，目的是实证教学理念的实用性和可行性，便于教师观摩之后对教学理念更加深刻的理解。比如，针对高中英语听说课教学，教研员亲自在通河中学（一所普通高中）开设一堂以 How Bad Is A Failure? 为主题的听说课，用事实印证了在普通高中也能开设学生有话想说、有话可说、有话能说的听说课教学，并且生动地阐释了听说教学中以听促说的教学理念。教研员的亲身示范让先进的教学理念通过教研员这个桥梁，帮助团队成员有了直观的感受体验。接下去，每位团队成员都要在实践中反思，在实践中改变，在改变中提升。在沉浸式研训中，每位教师不仅是观摩者，更是践行者和反思者。比如，听说课研训过程中，观摩完教研员的示范课一个月之后，团队成员通河中学的李伊老师亲身实践开设了一堂题为 A letter to Dad 的听说课，在备课、磨课中加深了对听说课的理解。在后续的接力研训过程中，她又帮助团队的其他成员实践听说课教学，在给团队其他人的磨课和评课中不断反思成长。经过几轮的实践，整个团队成员对于听说课的教学理念有了深刻的认识。随着研训的不断深入，沉浸式研训的团队一直在不断扩大。一方面，研究的领域在扩大。以高中英语为例，目前有包括英语听说课、英语听力课、英语基础阅读课、英语深度阅读课、英语报刊阅读课、英语写作指导课、英语写作讲评课、英语概要写作课、英语语法教学课、英语试卷评析课 10 种不同课型的教学研讨，有 10 支不同的学习团队在实践落实，每一个团队都围绕学科核心素养的培养理念，结合自己的专题进行研讨实践。另一方面，团队的规模也在不断扩大。每位教师完成教学实践之后接下来还要帮助其他教师磨课、评课,团队的影响不再是以教研员为主的1带1单线条模式,而是以每一位参与实践的教师为主的立体辐射模式,同时开展双向推进活动,即每一个研究专题既要辐射到团队教师所在学校的备课组和教研组,还要辐射到区域其他学校的学科团队建设和学科教学当中。

沉浸式研训旨在建构"科研训"一体化的研训模式,提升教研效能。"科研训"一体化是指将教学理论研究、教学实践探索、教师培训发展有机整合为一体的研训新模式。"科"即科学研究,通过课题研究提升教师教育教学理论的学习热情和钻研能力;"研"即实践探索,通过课堂教学实践发现实际教学中共性和个性的典型问题以及解决的策略和路径;"训"即教师培训,通过系列教研活动和沉浸式接力教研帮助提高教师教学能力。以科研为指引,以教研为依托,以师训为目的的"科研训"一体化研训模式有助于确立立体多维的培养目标,建立校内校外多层次、区域联动的实训基地。教师以学习共同体为单位,学习和研究教学理论,提出和探讨教学难题,在不断实践与反思中调整教学设计,深化教学改革,通过沉浸式研训将教学的先进理念与教研实践的实用经验传递给其他教师,最终实现教师个体、教研团队、区域教育的共同发展,帮助教师减负增效,助力教师课堂转型。

沉浸式研训以课堂教学为中心,以课堂实施者为主体。沉浸式研训的主题聚焦一线教师在实际教学中遇到的共性和个性问题。如试卷评析课教学,依托于实际教学中大部分老师都会遇到的困惑甚至是痛苦的问题,即:学生反复犯同样类型的错误,许多时候还是一模一样的错误,教学的过程感觉就是在不停的"炒冷饭";学生上课不思考,等着教师说答案,教师"唱独角戏",上课变成了教师的一言堂,吃力又不讨好;试卷讲评课往往耗时耗力,在日常教学,特别是毕业班教学中,试卷讲评的比例较大,教师需要耗费很多的时间和精力,但往往收效甚微,等等。沉浸式研训正是针对教学中遇到的这些问题开展专项研讨,切实解决教学中的疑难杂症。此外,沉浸式研训的活动主体始终是一线教师,引导一线教师自主学习、实践反思、再次实践、指导他人、撰写课例等,以教学规程为基点,以课堂为阵地,依托学习共同体,互帮互学,优势互补,共同提高。

沉浸式研训将教学理论与具体课型的教学规程相结合,帮助教师在接力教研实践的过程中实现专业化发展。以高中英语基础阅读课接力教研为例,教学规程将授课过程分为 My Understanding、My Confusion 和 My Perspective,教学过程中的三个 My 表明,整个课堂始终以学生为主体,引导学生说出自己的理解、困惑和观点。此外,My Understanding 部分"以问答互动的形式简单梳理目标语篇的体裁特征和题材特点","对于学生熟悉的体裁,通过互动回顾梳理;对于学生陌生的体裁,通过设问预设等方式梳理","通过互动交流梳理语篇内容主旨和逻辑结构"等,这些教学设计符合教育部 2017 年颁布的《高中英语教学课程标准》(以下简称《课程标准》)中所倡导的:"学生在主题意义引领下,通过一系列英语学习活动,使学生基于已有的知识,依托不同类型的语篇,在分析问题和解决问题的过程中,促使自身语言知识学习、语言技能发展……"。①一线教师在课堂实践中更为深刻地理解了以学生为主体和英语学习活动观等理念。由此可见,在沉浸式研训中,先进的教学理念自然融入教学设计中,理论学习不再是"喊口号",而是真正落到教学实践的每一个步骤当中。

沉浸式研训为教师教学能力的提升和科研能力的提高搭建了平台。在沉浸式研训过程中,每一棒接力的教师都要经历"研读规程→实践感悟→反思调整→现场展示→帮人磨课→理性评课→撰写课例"的过程,教师的教学综合能力得到了有效的提升;通过给他人磨课、评课、撰写课例,教师的科研能力也有了长足的进步。以概要写作课为例,上海大学附属中学的司南老师作为概要写作的第一棒,结合教学规程开展的概要写作课教学在教学评比活动中获得了上海市中青年教师教学大奖赛一等奖。不仅如此,他还指导同学校的刘颖老师备课磨课,实现概要写作在不同年级、不同学情下的更新升级。之后他继续深入研究,完成概要写作的课例撰写,并且在上海教研微信公众号上发表题为"逆向设计——妙解概要写作"一文。另外,在听说专题的教研中,通河中学的李伊老师、上海大学附属中学的沈雅茜老师也分别在上述公众号上发文。教研的过程不仅帮助教师解决了实际教学中的问题,提升了教育教学能力,更是为教师科研能力的提升搭建了各类平台,最终形成了一个完整的研训体系。

综上所述,沉浸式研训以参与式为基本形式,搭建专题培训平台,以规程为依托,通过"实践、反思、研讨、再实践、拓展、辐射"等形式,促使学生、教师、备课组、教研组、区域教育等都发生了变化,最终实现了"科研训"一体化,有力有效地促进了教师的专业化发展和学科建设。

二、沉浸式研训规程

2019年全国教育工作会议上,教育部部长陈宝生强调,今年要下大力气为教师减负。"这些年来,我们一直努力给学生减负,今天我要强调,教师也需要减负。"教师的减负可以从两方面着手:一方面,给教师更多时间和空间。正如全国教育工作会议上提到的,教育部将专门出台中小学教师减负政策,全面清理和规范进学校的各类检查、考核、评比活动,实行目录清单制度……要把时间和精力还给教师,让其静下心来研究教学、备课充电、提高专业化水平。这些措施能帮助教师从繁重的杂事中解脱出来,回归教学本身。另一方面,给教师有效指导与培训。专业培训是教师发展的重中之重,上级主管部门和学校组织的在岗教研活动多、培训活动多,也是造成教师负担过重的一个重要原因。一些学校不但平时安排了一些校本培训,甚至连双休日、节假日也不放过,暑假有远程研修,寒假有集体备课,双休日有外出培训学习。不可否认,专业培训对提升教师专业水平有很大的促进作用,但传统的专业培训方式单一、内容滞后、质量不高,白白浪费了一线教师宝贵的时间和精力。给教师减负,就是要化繁为简、化多为精、化无效付出为有效投入。

上海市教育委员会教学研究室(以下简称"市教研室")对2016年上海市教研活动情况做

---

① 中华人民共和国教育部.普通高中英语课程标准[M].北京:人民教育出版社,2018:13.

了问卷调研，结果显示："近90%的教师两周内至少参加一次教研活动；教研活动过程包括准备、现场活动等，但一般少主题、欠反思，即使有主题也不够明确；多次教研活动之间关联性不强，教师参与度低；在以观课、评课为主要形式的教研活动中，大约有一半的教师不太愿意主动参与研究课的讨论与发表自己的看法等。"[1]实际上，在平时的教研活动中，承担教学展示任务的教师往往需要花费比平时教学多出几倍的时间和精力去准备一节课，而且在准备阶段很多时候都是单兵作战，其他教师很少参与备课和磨课环节的活动，即便有时候相关的备课组长或教研组长会关心过问一下，但也多是鼓励督促而已，缺乏实质性和建设性的建议和意见。对于参加观摩活动的教师而言，许多人参加教研活动只是为完成学校或教育局布置的教研任务而已，总觉得这种观摩课和自己平时的教学关系不大，更何况准备这样一节课要花费太多的时间和精力，即便学会了也没有多少实用价值。所以很难让观摩教师对教研活动上心入心，在活动中他们缺少主动性，收获自然也就寥寥无几了。针对这些情况，市教研室提出了一些关于改进教研活动组织实施的意见。"对教研活动的组织，要求明确主题，围绕主题开展教研活动；对主题教研活动的设计，要求增强系统性和规范性……要明晰活动流程，设计教研工具，用教研工具支持教师参与教研活动。"

在教育部为教师减负的倡议下，在市教研室对教研活动提出改进意见的背景下，**沉浸式研训活动以"教研""教师""学生"为研训活动的中心，确立了获取研训核心技术、提升教师教学核心技能、培养学生核心素养的三大研训活动目标**，如图 1-1 所示。

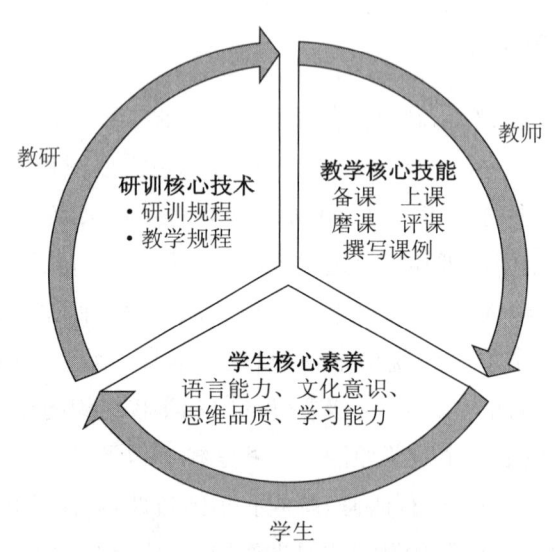

图 1-1　三大研训活动目标

如图 1-1 所示，在教研板块，沉浸式研训以主题为引领，聚焦于教研核心技术的研发，开发了符合教学规律和渗透《课程标准》理念的教学规程，创新提出了沉浸式研训的研训规程。其

---

[1]　陆伯鸿.深度教研的研究与实践[J].上海课程教学研究,2019.

中,教学规程"是指在一定的教育教学理论或理念指导下,旨在培养学生的某些特定素质或体现某种理念而对教师教学行为提出的若干规定及其相关的操作策略,它是引导教师转变教学行为以符合某种教学理念的规则、要求及其操作策略,对教师教学行为的转变提供一系列或一整套的规范与操作指南,因而具有导向作用"。①针对先进教学理念与具体教学行为之间存在脱节的现象,教学规程为教学实践提供有效、具体、操作化特别是专业化的指导。所谓专业化指导是指既有理论基础或依据,又有实证数据或实践依据的指导。因此,教学规程是"可视化(形象化)或操作化的理念,具有操作性(策略性)或建议性"。至于教学规程的结构,"可以从教学过程角度拟定相关条规,构建体系;可以从体现某些理念的元素角度拟定条规,形成体系;可以将上述两者整合起来构建规程体系"。沉浸式研训从"教学过程"角度研发了不同课型的教学规程,以及以教师发展为核心的研训规程(这个将在接下来展开论述)。以不同主题的教学规程为载体,以完整的研训规程为实施路径,沉浸式研训打造了一整套易操作、可复制、有实效的研训模式。

如图1-1所示,在教师教学板块,沉浸式研训旨在培养教师备课、上课、磨课、评课和课例撰写五大教学核心技能。对学科教学技能的研究,盛行于20世纪六七十年代美国能力本位主导教师教育的时期。20世纪90年代中期以来,伴随着日渐升温的教师专业化研究与实践,学科教学技能被置于更为广阔的视野中。不同的研究视角都证实"学科教学技能是教师专业素养中最为核心的部分,它直接影响着课堂教学质量,也关乎教师专业成长与成熟"。②具体到日常教学实践而言,学科教学技能就是教师备课、上课、给人磨课(包括说课和对话)、评课、撰写课例的教学行为。参加沉浸式研训的教师浸泡在教研活动的整个过程中,听教研员上课、学习教学理论、自己备课上课、接受磨课、指导他人备课和上课、给他人评课、撰写案例……凭借各个不同的教学规程和研训规程,沉浸式研训可以多方位有效提升教师的学科教学技能。

如图1-1所示,在学生学习板块,沉浸式研训致力于培养学生的学科核心素养。以高中英语学科为例,《课程标准》指出,"英语学科核心素养主要包括语言能力、文化意识、思维品质和学习能力"。沉浸式研训通过打破传统教研模式和教学习惯,开发研制了以先进教学理论为引领的教学规程,创新实践了符合教师需求的教研模式,消除了公开课和展示课向家常课过渡的障碍,在各类学习活动中充分培养学生的英语学科核心素养。如高中英语报刊阅读课教学中,教师依托教学规程,引导学生品读文章,梳理关键词,整理文章概要并分享阅读所得,培养学生感知与领悟、解释与赏析等语言能力;其他同学对分享表现做出评价,并陈述对文章作者观点的认识,教师引导学生比较与判断,认同与传播优秀文化,提升学生的文化意识等。

沉浸式研训的中文含义和英文含义不谋而合:沉浸式研训四个环节的关键词的首字母组合在一起是DEEP,与英文单词DEEP(深度)相一致。**具体来说,在沉浸式研训中,DEEP的概念可以拆解为:D-Demonstrate,下沉示范;E-Experience,浸润实践;E-Engage,接力升级;P-Popularize,辐射推广**。具体实施路径如图1-2所示。

---

① 吴永军.教学规程:将教学理念转化为教学行为的指南[J].课程·教材·教法,2015,5.
② 朱郁华.学科教学技能:教师走向专业成熟的核心支柱[J].浙江教育科学,2016,5.

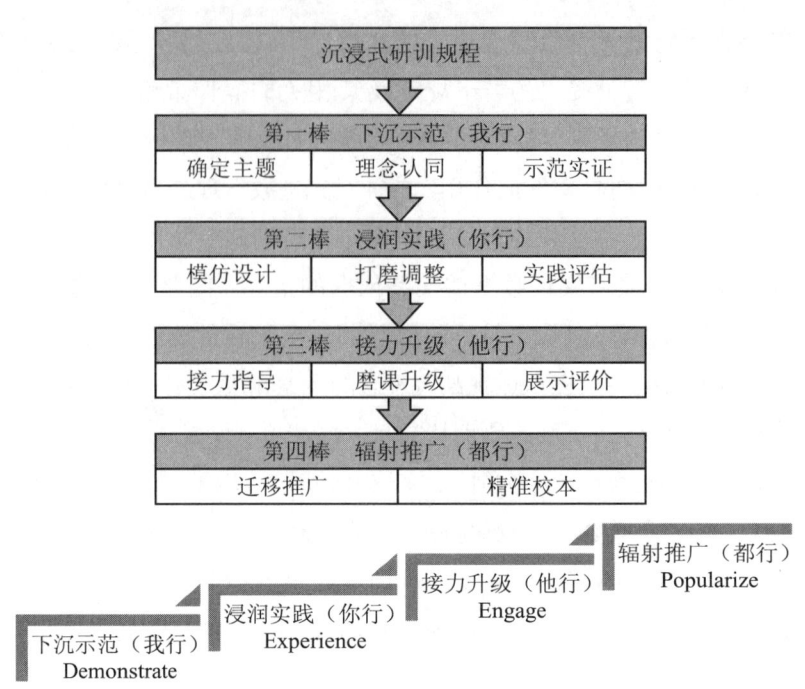

图 1-2 沉浸式研训实施路径

如图 1-2 所示,在沉浸式研训中,先由教研员针对教师的教学困惑或问题确定主题(以高中英语为例,确定按英语技能分类授课的 10 种课型中的一种课型),并与选定学校备课组教师一起备课、磨课,并在全区进行教学展示;然后由前期参与集体备课、磨课的一名教师在教研员的指导下模仿试教(备课、磨课、上课、评课);接下来由该教师负责指导其他学校的一名教师就同样的主题试教(备课、磨课、上课、评课);之后由这两位教师负责指导第三所学校的一名教师开展教学实践(备课、磨课、上课、评课);以此向下推进,每位参与者在所在课型的团队都要接力上一棒成员,并成为下一棒成员的指导者和磨课、评课者。在此基础上,每位成员根据自己实践情况,撰写课例、拓展研究;此外,每一个成员所在备课组、教研组在完成校内接力教研的基础上根据教学实践和研讨,组织编写该学科的校本资料,形成校本课程。沉浸式研训规程见表 1-1。

表 1-1 沉浸式研训规程

研训过程	板块	具体要求
第一棒:下沉示范(我行)	确定主题	教研员与教师一起根据学科教学课型或内容或问题,确定教研主题,比如听说课、阅读课、写作课、语法课或试卷评析课等
		教研员(课题组)研制相应的教学规程和实施路径;教师研读教学规程和实施路径
	理念认同	组织备课组活动,分析学科教学形势和动态,剖析教学现实问题,提出可行性教学建议,拟定试行方案,确定教研员下水课和第二棒接力教师人选(存疑者和年轻者优先)
		教研员解读教学规程,梳理教学实施路径;解答教师困惑,排除教师忧虑,树立教师信心,实现理念认同;初步评估教学设计的可行性,预估教学可能取得的效果(比如参与度和输出的量和质)
	示范实证	教研员借班试上,教师现场观摩,课后研讨质疑,寻找实证数据(活动设置、学生反应和目标达成度等)
		教研员借班展示,全区教师观摩,课后实证评估(学生互动频率、长度和切合度;课堂氛围:主动参与、自然轻松、意义协商等)

续表

研训过程	板块	具体要求
第二棒：浸润实践（你行）	模仿设计	教师1参照教学规程和课件样例选定内容备课,独立完成教学设计和课件制作,征求备课组意见后调整初稿
		通过微信等形式获取教研员意见和建议,修改初稿,形成试讲稿
	打磨调整	教师1试上,教研员和备课组教师观摩,课后赏析评估(得与失及其原因),比较与第一棒的异同,嫁接更新
		教师1综合研讨意见修订试讲稿,关注学生在各环节中的表现,聚焦学生的语言实践和思维发展
	实践评估	教师1展示,全区教师观摩,课后实证评估,关注学生梳理整合、应用实践、迁移创新的过程和实效;搜集存在问题和改进建议
		将教师1课件发给各校教师,倡导模仿实践,可融入个性化元素;研讨现场确定第三棒展示人选(教师自愿报名或学校教研组请缨,注意学校层次与前两棒要有区别,比如示范性或非示范性学校)和布置指导任务(打磨与点评)
第三棒：接力升级（他行）	接力指导	教师2选定内容,参照教学规程和教师1的课件独立备课(其间可问询备课组教师),遇问题随时与教师1沟通(如都无法解决,再问询教研员),完成初稿
		教师2综合教师1和备课组意见修订初稿,结合学生情况打磨细节,特别是主题语境和问题设计,形成试讲稿
	磨课升级	教师2试上,教师1、教研员和备课组教师观摩,课后研讨(教师1为主要发言者),关注问题及应对策略,比较与前两棒的异同,探究个性化(教师和学校)施教的最佳方案
	展示评价	教师2展示,全区教师观摩,课后实证评估(教师1点评),论证教学规程的可行性(可视化、可复制、易操作),交流尝试意愿以及操作时需要注意的问题。研讨现场确定第四棒展示教师(随机—任意性)和布置指导任务(打磨与点评)
第四棒：辐射推广（都行）	迁移推广	教师3参照教学规程和教师2的课件选定内容独立备课,遇到问题及时与教师1和教师2沟通,经备课组评议后形成初稿;教师3试上,教师1、教师2、教研员和备课组教师观摩,课后研讨(教师1和教师2为主讲者),关注备课(花费时间)、上课(师生的兴奋度)和评价(课前、课中、课后;多元评价)等环节中存在的问题及应对策略
		教师3展示,全区教师观摩,课后研讨(教师1和教师2点评),关注教学规程的实用性(可否家常化)、实效性(学生学习兴趣是否提升,课堂是否轻松活泼)和实践性(尝试意愿和变化期望)
	校本教研	全区教研交流,展示教师介绍心得和收获(包括论文),其他教师互动质疑,教研员倡议全体实践,个性化操作,客观评估
		开展校本研修,积累教学素材和相关数据,形成个性化课堂教学和校本课程,提高教学效率,提升教学自信
	修订完善	结合实践,聚焦问题,修订完善符合学情和教情的个性化教学实施方案和教学策略

下面,以高中英语听说课型为例,阐述沉浸式研训的具体实施过程。

1. 第一棒：下沉示范

（1）确定主题。英语教学中教师通常注重学生阅读、写作能力的培养,容易忽视听说教学,许多学生学了十几年英语却一直还是哑巴英语,而上海市新的高考改革制度已明确要考查学生的听说能力,听说教学成为常态是大势所趋,所以本次教研活动的主题确定为指向学生英语学科核心素养的听说课教学。考虑到普通中学听说课的顺利实施在后期听说课教学规程的推广过程中更具说服力和示范性,所以确定通河中学(一所普通中学)高一备课组为目标团队。

(2) 理念认同。通过备课组讨论,认同教学规程是帮助教师转化教学行为的指南这一理念。在教师自主学习的基础上,教研员帮助梳理 My USA 听说课教学规程(由课题组研制),即 My Understanding,通过学习理解类活动,让学生感知、梳理、概括、整合语篇中典型的语言知识和文化知识;My Story,通过应用实践类活动,让学生应用所学语言知识讲述自己的故事;My Attitude,通过迁移创新类活动,让学生分析、判断并应用所学语言知识表述自己的观点和态度。其间有教师对某些环节提出质疑,如普通高中学生听力基础差,能否接受纯英文教学?学生口语基础差,能否用英语流利地讲述自己的故事?学生英语水平不够,能否课上即时迁移创新、表达自己观点?教研员针对教师疑惑,提出解决途径,如通过抓关键词提升听力技巧、通过搭建支架提升表达能力、通过问题设置引导学生表达观点等……在讨论的过程中,排除教师忧虑,树立教师信心。同时,预设评估证据,比如学生参与度、学生语言输出的量和质等。

(3) 示范实证。2017 年 3 月中旬,教研员在通河中学借班试上主题为 How Bad is a Failure? 的听说课,通河中学高一备课组教师现场观摩,课后研讨质疑。比如有老师提出,考虑到听力材料的难度,能否听两遍再回答问题;也有老师建议,第一遍听找关键词,第二遍听找关键句,效果更好。通过研讨,及时改进完善了教学过程。同时,寻找实证数据,如活动设置、学生反应、目标达成度等。两周后,教研员在通河中学借班展示,全区教师观摩,课后实证评估,如根据课上学生互动频率(站起来回答问题的学生达 20 人之多)、长度和切合度(课堂结构完整,学生能回答出老师的大部分问题,个别难题根据引导学生也能够得出答案)、师生关系(教师上课热情高涨,学生积极配合,个别英语基础不太好的同学也乐于回答问题)、意义协商(教师不全盘否定学生答案,通过引导启发学生多维度思考)等。活动结束时确定通河中学李伊老师(教学规程质疑者)作为第二棒接力教师人选(实现我行你也行的活动愿景)。

2. 第二棒:浸润实践

(1) 模仿备课。通河中学李伊老师参照教学规程和教研员上课的课件独立完成教学设计和课件制作,准备一堂以 A Letter to Dad 为主题的听说课,并征求备课组意见后调整初稿。通过微信等形式获取教研员意见和建议,修改初稿,形成试讲稿。

(2) 打磨调整。2017 年 4 月,李伊老师试上,教研员和通河中学高一备课组教师观摩,课后赏析评估,比较与第一阶段实践的异同,嫁接更新,如:李伊老师在课堂教学过程中加入学生自评和互评环节,以评促学,搭建框架提升学生语言能力和思维品质。磨课之后,李伊老师综合研讨意见修订试讲稿,关注学生在各环节中的表现,聚焦学生的语言实践和思维发展。

(3) 实践评估。2017 年 4 月李伊老师展示,全区教师观摩,课后实证评估。关注学生梳理整合知识、应用实践、迁移创新的过程和实效,搜集存在的问题和改进建议。这一阶段,从以 How Bad Is a Failure? 为主题的听说课到以 A Letter to Dad 为主题的听说课,李伊老师尝试在不同的情境中有效地使用知识。同时,李伊老师将新生成的课件发给各校教师,倡导模仿实践,可融入个性化元素。研讨现场,松浦中学(一所普通高中)的王慧老师主动请缨,成为第三棒展示人选,李伊老师负责全程指导王慧老师备课、上课、磨课、评课。

3. 第三棒：接力升级

(1) 指导备课。松浦中学王慧老师选定教学内容 Growing Pains，参照听说教学规程和李伊老师的课件独立备课（其间参考松浦中学高一备课组教师意见），随时与李伊老师沟通（如在迁移创新活动中如何更大程度的发挥学生的主观能动性？如何培养学生批判与创新的思维品质？），完成初稿。之后，结合李伊老师和备课组意见修订初稿，结合学生情况打磨细节，特别是主题语境和问题设计，形成试讲稿。

(2) 尝试磨课。王慧老师试上，李伊老师、教研员和松浦中学高一备课组老师观摩，课后研讨（前一棒执教教师李伊为主要发言者），关注问题及应对策略（如：最后 My Attitude 环节，通过采访的形式引导观点，形式更多样，学生的学习兴趣也更高），比较与第二棒展示的异同，探究个性化（针对松浦中学学生水平和王慧老师的教学风格）施教的最佳方案。

(3) 升级展示。王慧老师展示，全区教师观摩，课后实证评估（李伊老师点评），论证教学规程的可行性（可视化、可复制、易操作），交流今后日常教学的尝试意愿以及操作时需要注意的问题，如在接力升级的过程中要做到"拷贝不走样"和"拷贝要走样"，即教学规程的核心思想和框架结构不走样；但针对不同学生，教学目标的要求和活动设计应该不一样。现场确定第四棒展示教师为上海大学附属中学（市实验性示范性中学）沈雅茜老师，前两棒老师帮助第三棒老师备课、磨课、评课。

至此，王慧老师成功地尝试了在不同的情境中有效使用知识，李伊老师通过传授知识和技能给他人的学习方式，自己也获取了最好的学习成效。

4. 第四棒：辐射推广

(1) 集思广益。上大附中沈雅茜老师参照听说教学规程和王慧老师的课件独立备课，利用高二课文 Shopping in the United States，节选成为听说课材料，确立主题 shopping。在备课过程中，遇到问题及时与李伊和王慧老师沟通，结合备课组意见后形成初稿。

(2) 更新尝试。沈雅茜老师试上，李伊、王慧、教研员和上大附中高二备课组老师观摩，课后研讨（李伊、王慧为主讲者），关注备课（所需时间），上课（师生的兴奋度）和评价（课前、课中、课后多元评价）等环节中存在的问题及应对策略。

(3) 观摩研讨。沈雅茜老师展示，全区教师观摩，课后研讨（李伊和王慧点评），关注教学规程的实用性（可否家常化）、实效性（学生学习兴趣是否提升，课堂气氛是否轻松活泼）和实践性（尝试意愿和变化期望）。吴淞中学（市实验性示范性中学）陈哲一老师主动请缨成为下一棒接力成员，前几棒老师担任指导教师。

至此，听说课教学规程和教学实践在区域内不同层次的学校开展实践活动告一段落，每位教师全程浸润实践，依次接力，并辐射到各个学校备课组。不仅如此，开展全区教研交流，展示教师李伊、王慧、沈雅茜等介绍心得和收获（李伊和沈雅茜老师分别在"上海教研"微信公众号就沉浸式研训专题发文），其他教师互动质疑，教研员倡议全体实践，个性化操作，客观实证评估。同时，倡导校本研修，积累教学素材，及时修订，形成个性化课堂教学和校本课程，提高教学效率，提升教学自信。

以上为沉浸式研训规程的实施过程。它以高中英语教学中的不同课型为主题的教学规程的探索为研训活动的系列内容,尝试以同一教学规程"下沉示范(教研员)→模仿试教(一线教师 A)→传递试教(一线教师 B 在 A 的直接指导下)→迁移推广(一线教师 C、D、E 等在教师 A、B 等共同指导下创造性地使用教学规程)"的全程"浸润"、多棒"接力"的研训活动流程,把理念的学习内化到转化,嵌入教师教学实践的全过程,促使学科教师在"观摩→思考→行动→反思→传递→再行动(改进性)"的循环往复中深度思考并及时转化对学科教学的理解,提升一线教师的课程实施能力。

在沉浸式研训过程中,教师看得多,教学规程作为工具,他人示范课作为样板;教师听得真,评课教师说真话,研讨时真诚地提出自己的意见和建议;教师说得实,磨课过程实在,所提意见实用;教师做得乐,自己减负,还能帮助他人进步。通过沉浸式研训的实践,教研拥有了教研核心技术——研训规程和教学规程,教师培养锤炼了自己的教学核心技能——备课、上课、磨课、评课、撰写课例,学生培养了学科核心素养——语言能力、文化意识、思维品质和学习能力,有助于形成一个良性循环发展的教学生态。

第二节　指向学科核心素养的教学规程（以高中英语学科为例）

一、主题的确定

主题研训活动是在分析教学实际问题的基础上设计的。教育教学中真实问题的解决,很难一蹴而就,需要系统谋划、多方求解。也就是说,需要对所列问题进行分类、筛选、追问、分解和剖析,形成问题链,进而提炼和确定研训的主题,再逐层、逐步设计序列化研训主题,形成有结构的研训主题,然后逐步解决有关问题。"设计系列教研活动,其核心要义是确保教研活动不断聚焦教研主题,通过系列教研活动逐层达成序列化教研子主题,逐步实现有结构的教研主题,解决真实问题。"①上海市教委教研室高中英语学科自 2008 年起开展主题教研活动,如关注教师的常规作业——教学设计撰写,关注教师的教学基本功——以提问与表达构建课堂的微循环等。主题化的教学研究活动帮助教师理清教学目标,把握教学重点,实践教学方法,提升教师对教学内涵的认识,引导他们关注单元的要素,从单元的视角研究教学。

高中英语教师在设计单元教学目标时,可按照知识单元、技能单元、自然单元的不同规划与分类。高中英语语言知识包括语音、词汇、语法、语篇、语用、主题等。语言技能涉及听、说、读、看、写。自然单元则是依托于不同主题语境设计交际情境,学生反复体验、感悟、领会不同语言结构和语言形式在语境中的意义。自 1998 年起,上海市先后选用了《英语》(牛津上海版)和《英语》(新世纪版)两套二期课改教材,不同版本教材都以《课程标准》为依据,均具有相似的

---

① 陆伯鸿.深度教研的研究与实践[J].上海课程教学研究,2019,12.

知识学习和技能培养顺序,以主题为线,每个教材单元包含阅读、语法、技能训练(听力、口语、写作)、补充阅读、实用英语(Using English)、项目(Project)等板块,注重学习策略和语言能力的培养。研训活动中的主题可以依托于知识单元、技能单元、自然单元任意一种,梳理单元教学关键问题,组织各类学习活动,培养学生语言能力、文化意识、思维品质和学习能力。

沉浸式研训,基于教师的需求,以语言技能为导向,整合教材主题、学习活动、学习策略、习惯养成等。以语言技能为研训活动的主题有以下几个方面的优势。其一,针对性强,有助于提升学生英语学科核心素养。语言能力是指在社会情景中,以听、说、读、看、写等方式理解和表达意义的能力,包括在学习和使用语言的过程中形成的语言意识和语感,它是构成英语学科核心素养的基础要素。语言技能是语言运用能力的重要组成部分,学生应通过大量的专项和综合性语言实践活动,发展语言技能,为真实语言交际打基础。因此,以语言技能为主题的研训活动是提升学生英语学科核心素养的重要途径。其二,实用性强,容易满足教师教学的基本需求。在知识单元和自然单元的教授过程中,语言技能始终是不可或缺的部分。比如,教师在教授《英语》(新世纪版)高一年级第一单元主题 Occupation 时,通过基础阅读、深度阅读、听力、听说、写作等不同语言技能板块的训练,围绕"职业"这一主题开展教学,理解口头和书面语篇所传递的信息、观点、情感和态度等。可以说,语言技能教学贯穿英语教师日常教学,以语言技能为主题的研训活动满足了教师最基础的学科专业发展需求。

根据《高中英语单元教学设计指南》,以能力为导向的教学关键问题解决方案,见表 1-2 所示。①

表 1-2　以能力为导向的教学关键问题解决方案

	知识理解与运用	微技能培养的学习活动	综合语言实践活动
阅读	阅读中的词汇理解 阅读中语法结构的理解 阅读中的修辞	查读、扫读 预测、推断、归纳等	阅读与理解 阅读与评价
听说	语音 语调 语用	复述、听记 朗读(应答、会话) 描述人、物、事件 表达观点	课本剧编演 演讲 辩论
写作	语义连贯 语体正确 时间、空间顺序	写正确的句子 叙事、写人 表达观点 写信	留学申请 小报制作 笔友结交 日记 书评、影评

以表 1-2 为基础,针对不同语言技能中知识的理解与运用,沉浸式研训的主题细化为以下 10 种:①指向学科核心素养的高中英语听说教学;②听力教学;③基础阅读教学;④深度阅读教学;⑤报刊阅读教学;⑥写作指导教学;⑦写作讲评教学;⑧概要写作教学;⑨语法教学;⑩试卷评析教学。**下面,针对这 10 种不同课型的教学规程和实施路径将分别进行阐述。**

---

① 上海市教育委员会教学研究室.高中英语单元教学设计指南[M].北京:人民教育出版社,2018.

二、指向学科核心素养的高中英语听说教学

指向学科核心素养的高中英语听说教学规程见表1-3。

表1-3　指向学科核心素养的高中英语听说教学规程

教学过程	板　块	具　体　要　求
对接趣点	话题认同	课前准备一个学生感兴趣的话题，将其制作成音频或视频。内容可以是发生在学生身边的事情，或社会热点问题，或日常生活中典型的人或事
		话题切入口要适合学生的口味，包括话题的表述和问题的设计，简洁明了，趣点明显，能够尽快取得学生对话题的认同感
	互动热身	设计学生能顺利听清听懂，且可以作答的问题串（2~3个为宜），通过问答互动的形式将学生带入话题语境
		以自愿互动或点兵点将的方法促使学生主动思维，营造用英语交流表达的语言学习氛围
以听促说	问题引领	针对听力语料中的目标知识（包括主旨内容、核心语词和典型句式）设计简洁易懂的问题，同时要求学生听前明确问题
		问题呈现建议先口述，确认学生清楚问题后再用屏幕展示；保证听力练习的多样性（音频、教师、同学）和问题保持的持久性
	有的输入	学生带着问题听材料，重点关注主旨内容，以及与问题有关的目标知识；边听边记，理解语意，梳理思路，组织答语
		音频或视频材料的质量一定要保证。音质（画面）清晰，音量适中，语速合适，语调优美，时长恰当（根据学生的语言基础，建议1或2分钟左右），频度控制（1遍或2遍或3遍）
	聚焦核心	通过互动的形式（问答或填空）理解主旨，梳理目标知识（通过问答和填空，或通过教师提醒，或通过教师重读关键语句理出）
		问答语句的内容务必紧扣所听语料的主旨，问句的表达形式务必选择本课语篇中出现的语词、表达法和典型句型
交流展示	支架效应	给学生提供诸如语境框架（包括贴近学生的话题、含有本课核心知识的句式结构等）、体态语等支架，帮助学生完成有一定质量的语言表述。可以是复述，或对话，或评价
		学生可以独立思考准备，组织语言；也可以同桌合作完成；学生表达后应该有适当的学生互评和教师评价（以欣赏鼓励为主）
	自由表达	针对所听语料的主旨，设计1~2个开放式问题。学生根据自己对材料的理解，尽量运用本课语篇中出现的核心语词表达自己的观点
		可以采用小组活动的形式（指令、讨论、展示、评价、改进），但要注意鼓励、监督每一个学生都积极参与，做到人人有事做，事事有人管，环环有评价
综合提升	话题迁移	将听力语料的话题延伸至与学生学习生活紧密联系的相关话题，鼓励学生运用本课语篇中出现的核心知识表达自己的观点和想法
		学生可以讲述故事，或描述事物，或发表观点，或演讲，或辩论；形式可以多样化，但运用已学语言知识表达是基本要求
	合作创新	针对学生前面的故事讲述或观点表述，其他同学进行评价并提出改进意见
		原讲述的学生根据同学和教师的建议，改进后二度展示，其他学生比较前后的不同并给出积极的评价

根据以上教学规程,研制了 My USA 的听说教学规程实施路径。My USA 分别指 My Understanding、My Story 和 My Attitude。指向核心素养的英语听说实施路径如图 1-3 所示。

My USA Listening and Speaking Teaching Route

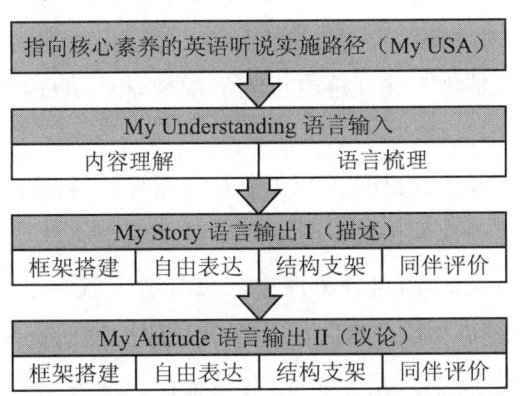

图 1-3 指向核心素养的英语听说实施路径

教学规程可以帮助教师在备课和上课过程中有据可依,实施路径为教师提供了课堂操作实践的具体流程,以简洁的语言将教学理论和教学实践有机结合。

根据听说教学实施路径,整堂课分成 My Understanding、My Story 和 My Attitude 三个部分。My Understanding 部分:学生"听"故事,通过聚焦文章关键词推测文章主旨,理解文章内容要义;通过复习学过的词汇梳理故事中的典型语言知识,帮助学生积累语料,树立"说"的信心。My Story 部分:学生"说"故事,通过回答老师抛出的连锁问题(搭建框架),自由表达亲身经历的故事;通过"听"同学的故事,在老师提供的结构支架的基础上,对同伴的表达进行评价。My Attitude 部分:学生"表"观点,不同层次的学生或在框架搭建基础上表达,或不参考框架自由表达,针对迁移的话题阐述自己的观点;通过"听"他人的观点,在老师提供的结构支架的基础上,对同伴的表达进行评价。通过 My Understanding、My Story 和 My Attitude 这三个部分,学生在教师的引导下完成学习理解类、应用实践类、迁移创新类等学习活动。

指向学科核心素养的听说教学规程及其实施路径的实效性体现在两个方面:一是规程易用,操作简洁;二是规程实用,效果明显。

一方面,听说教学规程以听促说,遵循输入为基础、输出为驱动的二语习得理论,并将理论知识和具体教学步骤结合。教师依据教学规程和实施路径,实践操作起来很快就能上手。美国著名语言学家克拉申提出"i+1"可理解性输入的观点,他认为:语言习得要遵循一定的自然顺序,可理解的语言输入会自然形成语言习得;语言输入模式为 i+1,其中 i 为学习者现有水平,+1 部分是语言信息中包含的新的语言成分和语言形式;只要学习者能够理解输入的语言,输入语言的质量又略高于学习者现有的水平,又有足够的输入量作为保证,习得就自然产生了。[①]在进行可理解性输入的同时,还要采用有效的输出方式。加拿大语言学家斯万提出的

---

① Krashen Stephen. Principles and Practice in Second Language Acquisition[M]. Oxford: Pergamon Press, 1982:33.

输出假设明确阐述了二语习得者的语言输出有助于他们流利和准确地使用语言。斯万指出："学习者口头表达和写作时，能扩展自己的中介语来满足交际需要，他们利用自己内在的知识，或是从未来的输入中寻找解决语言不足的线索。输出需创造新的语言形式和意义，学习者在此过程中，发现自己用目的语能做什么和不能做什么。"[①]

听说教学的实施路径正是将上述理论内化到听说教学环节中，教师只需依据教学规程和实施路径，即可完成上述所提到的二语习得过程。My Understanding 部分，学生获得目标语言输入。为了达到可理解性输入的目的，学生"带着问题听材料，重点关注主旨内容，以及与问题有关的目标知识"，为了检测学生是否充分理解所听材料，"通过互动的形式（问答或填空）理解主旨，梳理目标知识"。不仅如此，可理解性输入贯穿整个教学过程。根据规程，学生"带着问题多次听材料""听老师提问""听同学讲自己故事并评价""听同学表达自己观点并评价"。多角度输入可以帮助学生树立信心，充分准备，有效输出。此外，输入过程也是融合语言能力的提升过程。听第一遍，学生捕捉语篇主旨与要义，听后进行归纳和概括；听第二遍，学生辨识语篇语言特征，听后监控和调控所听内容。学生通过可理解性输入提升符合学科核心素养的语言能力。My Story 和 My Attitude 部分，学生进行不同层次的输出。My Story 重描述，难度相对较低，目的在于"学生根据自己对材料的理解，尽量运用本课出现的核心语词表达自己的观点"。输出为驱动，帮助学生利用自己内在的知识（自己的故事）扩展自己的中介语来满足交际需要。My Attitude 重议论，难度有所提升，目的在于"将听力语料的话题延伸至与学生学习生活紧密联系的相关话题，鼓励学生运用本课出现的核心知识表达自己的观点和想法"。帮助学生创造新的语言形式和意义，进一步思考自己使用目的语时的不足，进而在之后的输入中改进和调整。

另一方面，听说教学规程以学生为主体，讲学生自己的故事，表学生自己的观点，教学效果明显。"以学生为主体"的指导思想旨在让学生充分参与学习过程，教师在教学过程中发挥引导作用，采用灵活多变的教学方法，充分调动学习积极性，发挥学生的主观能动性，使学生成为课堂活动的主体。《课程标准》强调发展学生英语学科核心素养，"学生在主题意义引领下，通过学习理解、应用实践、迁移创新等一系列……英语学习活动，使学生基于已有的知识，……促进自身语言知识学习、语言技能发展、文化内涵理解……"[②]

听说教学规程和实施路径通过"教会学生如何讲话"以及"让学生讲自己的话"来实现以学生为主体的教学理念。在听说教学规程中，先对接学生趣点，追求学生对话题的认同："课前准备一个学生感兴趣的话题……或发生在学生身边的事情……尽快取得学生对话题的认同感"；再提供交流舞台，帮助学生完成有一定质量的语言表述："给学生提供诸如语境框架（包括贴近学生生活与学习的话题、含有本课核心知识的句式结构等）、体态语等支架"；并且帮助学生讲

---

① Swain. M. Three Functions of Output in Second Language Learning[M]. Oxford. England：Oxford University Press，1995：125—127.
② 中华人民共和国教育部.普通高中英语课程标准[M].北京：人民教育出版社，2018：13.

他们自己的故事,鼓励学生表达他们自己的观点:"学生根据自己对材料的理解,尽量运用本课出现的核心语词表达自己的观点","学生可以讲述故事,或描述事物,或发表观点,或演讲,或辩论。形式可以多样化"。因此,听说教学规程通过关注学生感兴趣的话题,为学生提供情境支架,真正做到了让学生有话想说,有话能说,有话会说。

三、指向学科核心素养的高中英语听力教学

指向学科核心素养的高中英语听力教学规程见表1-4。

表1-4 指向学科核心素养的高中英语听力教学规程

教学过程	板 块	具 体 要 求
课前准备	精选材料	教师选择难度略低于课文,长度1~2分钟,有趣味,内容与近期教学或时事热点关联度高,语言典型的材料
		可以选用教材中的听力原材料,也可以对原材料进行加工。比如,删减、替换、重新录制;注意语速、音高和清晰度
	听前铺垫	理出材料中2~3个生词或学生不熟悉的表达法,学生通过自学了解其基本意义(学案设计)
		话题准备:值日生报告的话题设计为命题任务(20秒或10句话;或讲述,或表态,或质疑),作为教学导入链接
听记悟述	任务听记	值日生报告后互动热身,引出话题;结合材料主旨设计问题,学生带着问题听录音,记要点,做好听后互动准备
		问题呈现方式可以是表格,或问题,或填空,主要梳理材料内容主旨、文体特点和结构框架
	反馈评估	学生反馈信息完成主旨梳理;如有困难,可请求其他同学援助,或重听录音片段,或由教师重复相关片段,或通过意义协商解决
		教师及时反馈评价学生的表现,鼓励为主;主要检测主旨理解、目标语词及语句的理解
深度理解	主旨概述	互动确定所听材料的关键词,然后二度听录音,记要点,准备概述或复述
		1~2位学生根据话题、关键词和所听信息,简单复述或概述材料主旨;其他学生评价,还可修改或补充
	观点剖析	学生根据所听内容,理清作者观点,并给出理由;可讨论,可独立思考再陈述
		针对所听材料的话题和主旨要点,学生谈谈自己对该话题内容的认识或提出自己的观点,并给出相应的理由;或教师设置相关问题,供学生讨论展示时参考
实践应用	质疑互动	三听材料,学生确认自己是否真正听懂材料主旨,关键信息和作者态度
		学生自己听后提出问题(2~3个为宜),由其他同学应答;也可以由教师提出问题,帮助学生检测学生听理解的达成情况,并及时给出评价和反馈建议
	艺术欣赏	播放一首学生喜欢的英文歌曲,或请学生现场表演一首英文歌曲,或教师演唱一首英文歌曲,作为结束语,创造条件让学生多方位多形式接触英语语言
		学生边欣赏,边关注歌词大意。听后选1~2位学生简单介绍歌词大意,或说出1~2句歌词,或边听边填词(3~5个关键词即可)

根据以上教学规程,研制了 UGG 的听力教学规程实施路径。UGG 分别指 Understanding、Gaining、Goal。指向核心素养的英语听力实施路径如图1-4 所示。

图1-4 指向核心素养的英语听力实施路径

根据听力教学实施路径,整堂课分成Understanding、Gaining和Goal三个部分。My Understanding部分:学生做准备、泛听,通过扫除生词障碍和值日生主题报告导入话题,学生泛听文章内容主旨、文体特点和结构框架。My Gaining部分:学生精听、记笔记,通过记录关键词、句(难点处可反复听),学生精听并根据所听信息简单复述或概述材料主旨;其他同学评价,或修改或补充。My Goal部分:学生泛听、表达观点,通过完善所听记录,学生谈谈自己对该话题内容的认识或提出自己的观点并给出相应理由;通过泛听与主题相关的英文歌曲,学生赏析其文化内涵。通过My Understanding、My Gaining和My Goal这三个部分,学生在教师的引导下完成对英语语言能力的感知与领悟、内化与整合、解释与赏析的过程。

指向学科核心素养的听力教学规程及其实施路径的实效性体现在两个方面:一是关注听力技能的提升;二是注重语言能力的培养。

一方面,听力教学规程将图式理论与听力过程相结合,关注学生听力技能的提升。在传统的听力习得活动中,往往是教师先讲解听力材料中的生僻词,然后放录音,学生根据所听内容完成练习题,再由教师核对答案,最后根据学生完成习题的准确程度再放录音,进行中文翻译,如此反复。在这种教学模式中,教师的指导作用几乎没有体现出来,学生的思维品质,诸如辨识与分类、分析与推断、概括与建构、批判与创新等也鲜少有机会得到训练和提升。"测验式"教学法只能培养学生将听力材料先翻译成中文,然后才能理解,而不是直接通过英语语言的使用来理解和进行思维。但真实语境下的听力理解过程不是简单的语言信息解码过程,而是一种解码过程与意义重构的有机结合。因此,图式理论认为,图式是认知的基础,在大脑中形成后会对以后获取的信息进行重新组织、理解和记忆,人们在输入、吸收和理解时,需要将输入的信息与大脑中的图式联系起来。图式理论对语言信息的处理有"自下而上""自上而下""相互补充"三种方式。"自下而上"是由刚进入认知理解系统的具体信息启动,理解过程从具体到抽象自下而上进行,以高层次或较抽象的图式的示例化或形成而结束;相反,"自上而下"从高层次的图式和背景知识开始,以它们来预测、推测、筛选、吸收和同化信息。然而,两种信息处理方式是在分析和理解过程的各个层次上相互补充同时发生的,这就是称之为"相互补充"的第三种方式。①

听力教学的实施路径将图式理论内化到听力教学环节中。My Understanding 部分是"相互补充"的信息处理过程,通过词汇、语音、语调等微技能训练,帮助学生建立语言知识图式;通过值日生主题报告,有意识地选择与该主题相关的背景材料,学生积累了一定量的背景知识后,才有可能通过所接受的某些信息,去判断该材料可能涉及的内容,从而提高理解的正确率。My Gaining 部分,教师通过询问文章体裁,激活学生大脑中已有的关于文章体裁的图式知识;通过提问关键词、关键句,激活学生已有的关于该主题目标语词和语句的图式知识;通过同伴的修改和补充,激活学生之前的听力记忆。My Goal 部分,采取"自上而下"的方式,通过英文歌曲的赏析进一步补充学生关于此话题的文化内涵,帮助学生吸收和同化信息。

另一方面,听力教学规程和实施路径注重学生语言能力的培养。根据《课程标准》,"普通高中英语课程应通过必修课程为所有高中学生搭建英语学科核心素养的共同基础,使其形成必要的语言能力、文化意识、思维品质和学习能力"。其中,"语言能力指在社会情境中,以听、说、读、看、写等方式理解和表达意义的能力,以及在学习和使用语言的过程中形成的语言意识和语感"。②在听力教学规程中,学生通过听前准备、对接主题报告、听记要点、泛听语料等步骤,感知与领悟听力语料的文体结构和主旨大意;之后,学生精听语料,通过关键词句追踪、复述点评,一方面用自己的话来表达语料大意,另一方面对其他同学的作答修改或补充,实现对听力语料的内化与整合;最后,学生通过解释作者观点并说明原因,欣赏新的语料,实现对话题的解释与赏析。因此,通过听前准备、实证评价、迁移升华的 UGG 实施路径,听力教学规程促进学生听力技巧的养成,注重语言能力的培养,帮助学生听见、听到、听清、听懂。

四、指向学科核心素养的高中英语语法教学

指向学科核心素养的高中英语语法教学见表1-5。

表1-5 指向学科核心素养的高中英语语法教学规程

教学过程	板块	具 体 要 求
破冰激趣	趣味引入	选择学生感兴趣的话题,设计2~3个相关问题,通过师生互动拉近师生之间的距离,达到"亲其师,信其道"的效果
		话题内容和问题的表述要与目标语法项目有机地结合起来,且与学生已有语法知识结合起来,以旧带新,逐步过渡
	激励想说	针对同一个内容的问题,鼓励学生用不同的方式回答,师生互动由简到复杂,确保学生积极参与互动,互动问题要呈现渐进性
		根据临场情况,问题指向要兼顾资优生和学困生;激励每个层面的学生都有说英语的欲望

---

① 徐倩.图式理论与英语听力研究综述[J].科技信息,2010,2.
② 中华人民共和国教育部.普通高中英语课程标准[M].北京:人民教育出版社,2018:4.

续表

教学过程	板块	具体要求
交互学习	要诀传递	结合导入环节已经出现的新的语法项目,教师带领学生发现规律,总结特点
		将相关语法项目编制成简洁上口,易记好用的要诀(1~2句话为宜),要求每个学生能够熟练表述并分析应用
	鼓励仿说	鼓励学生将导入环节的问题串在一起回答,形成一个相对完整的问题链;特别注意要求使用目标语法项目表述
		学生参考前面的互动问答,仿照前面的问题,结合自己感兴趣的学习生活话题与同桌进行问答练习,要求答语使用目标语法项目
	延伸话题	话题从开始的围绕教师到围绕学生自己,可以设计相似的问题,也可以设计其他问题,只要问题围绕目标语法和话题内容即可
	尝试学说	要求学生描述或介绍其他同学,话题选择要做到学生熟悉且感兴趣,同样要求运用目标语法项目进行对话
		小组交流,一位学生陈述或描述,其他同学倾听,然后其他同学对陈述的同学表现进行评价,指出优点和需改进的地方;或复述补充
	举一反三	根据目标语法项目,教师选择有关学生熟悉并且喜欢人物的文章或听力材料;学生或阅读或听录音,回答教师设计的问题
		学生找出文章中含有目标语法的语句并尝试用其他形式表述
	助推会说	引导学生以阅读或听录音后教师提出的问题为主,运用目标语法项目简述相关的人或事
		同桌交流简述,互相打磨,提升用英语描述人或事的能力
整合提升	活学活用	学生二次阅读或听录音,教师引导学生理出文中人物2~3个主要特点,结合目标语法项目给学生提供描述人物特点的基础支架
		学生尝试运用基础支架描述人物的1个主要特点,其他学生倾听并给出评价或建议
	赞赏善说	学生整合描述人物的所有特点,关注目标语法项目使用的准确性和语言表达的流畅性
		提醒学生注意表述时内容的逻辑性和完整性,以及关注语言的优美程度;通过学生回忆或教师提供基础框架完成

根据以上教学规程,研制了3A的语法教学规程实施路径。3A分别指 My Analysis、My Application 和 My Amendment。指向核心素养的英语语法实施路径如图1-5所示。

3A English Grammar Teaching Route

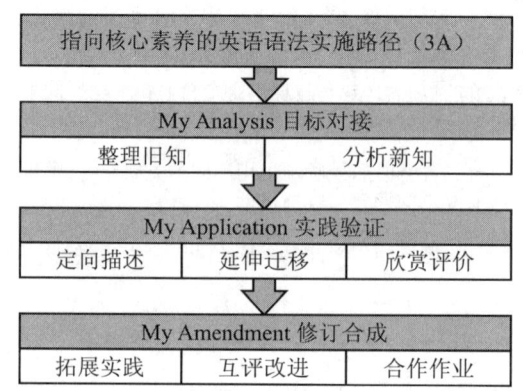

图1-5 指向核心素养的英语语法实施路径

根据语法教学实施路径,整堂课分成 My Analysis、My Application 和 My Amendment 三个部分。My Analysis 部分:以旧促新、对比分析,通过设置语境,学生回忆已学语法知识,引出新授语法知识,在语境中比较两类语法知识的异同。My Application 部分:定向描述、延伸迁移,通过设置新的语境,学生结合新的语法知识,讲述新的故事,巩固新学;其他同学给予评价。My Amendment 部分:拓展实践,互评改进,通过再次设置新的语境,学生巩固相关语法知识,并互动合作,分享感悟,欣赏点评。通过 My Analysis、My Application 和 My Amendment 这三个环节,学生在教师的引导下培养自己辨识与分类、分析与推断、概括与构建、批判与创新的思维能力。

指向学科核心素养的语法教学规程及其实施路径的实效性体现在两个方面:一是注重语境创设,发展语言运用能力;二是注重辨识与分析,培养学生思维品质。

一方面,语法教学规程的实施过程是不断创设语境,提供语言交际平台的过程。根据《课程标准》,"对于语音、词汇和语法知识的学习要特别注意语境的创设,学习语言知识的目的就是发展语言运用能力,因此要特别关注语言知识的表意功能"。①"高中阶段英语语法知识的学习……应在更加丰富的语境中通过各种英语学习和实践活动进一步巩固和恰当运用义务教育阶段所学的语法知识,学会在语境中理解和运用新的语法知识,进一步发展英语语法意识。"② 并且,根据"普通高中英语课程语法知识内容要求",必修课程的第一点就指出"意识到语言使用中的语法知识是'形式—意义—使用'的统一体,学习语法的最终目的是在语境中有效地运用语法知识来理解和表达意义"。

针对以上要求,在指向学科核心素养的语法教学规程中,教师反复构建不同的语境,学生在各种语境中以旧促新、比较新旧、运用新知、巩固新知。My Analysis 部分:创设第一个语境,"选择学生感兴趣的话题","话题内容和问题的表述要与目标语法项目有机地结合起来,且与学生已有语法知识结合起来,以旧带新,逐步过渡"。My Application 部分:创设第二个语境,并拓展延伸,"学生结合自己感兴趣的学习生活话题与同桌进行问答练习,要求答语使用目标语法项目","话题从开始的围绕教师到围绕学生自己,可以设计相似的问题,也可以设计其他问题"。My Amendment 部分:再次创设新的语境,"根据目标语法项目,教师选择有关学生熟悉并且喜欢人物的文章或听力材料","教师引导学生理出文中人物 2~3 个主要特点,结合目标语法项目给学生提供表述人物特点的基础支架"。在每一个语境中,教师或引导学生学习、比较新的语法知识,或帮助学生运用、巩固新的语法知识,真正做到了在语境中有效地运用语法知识来理解和表达意义。

另一方面,语法教学规程和实施路径注重学生思维品质的培养。思维品质是指思维在逻辑性、批判性、创新性等方面所表现的能力和水平。它体现英语学科核心素养的心智特征。在英语学科中培养和发展学生的思维品质,就是"通过引导学生观察语言与文化现象,分析和比较其中的异同,归纳语言及语篇的特点,辨识语言表达的形式和语篇结构的功能,分析和评价语篇所承载的观点、态度、情感和意图等英语学习活动和实践运用途径,帮助学生学会观察、比较、分析、推断、归

---

① 中华人民共和国教育部.普通高中英语课程标准[M].北京:人民教育出版社,2018:19.
② 中华人民共和国教育部.普通高中英语课程标准[M].北京:人民教育出版社,2018:23.

纳、建构、辨识、评价、创新等思维方式,增强思维的逻辑性、批判性和创新性,提高思维品质"。①

在语法教学规程中,学生"观察"已学语法知识和新授语法知识在同一语境下的使用情况,"分析"和"比较"两者的表意区别;My Application部分,学生通过定向描述,延伸迁移,传递信息,欣赏评价,进行"建构"与"评价"活动;之后,拓展实践,学生分享感悟,对当前话题发表看法,其他学生评价改进,完成"批判"与"创新"活动。因此,在语法教学实践中,学生根据所获得的信息,归纳、概括内在形成的规律,建构新的概念,并在实践中,处理、解决新的问题,从多视角认识世界。

五、指向学科核心素养的高中英语基础阅读教学

指向学科核心素养的高中英语基础阅读教学规程见表1-6。

表1-6 指向学科核心素养的高中英语基础阅读教学规程

教学过程	板块	具 体 要 求
双层铺垫	情感认同	选取与目标语篇内容相关,又与学生生活实际相关的热点话题展开互动;或陈述现象,引发学生积极思考,主动参与
		围绕核心话题设计两三个具体易懂的问题(问题链),保证学生有话可说,有话想说;关注学生思维的逻辑性;对学生的观点以鼓励为主,有些也可以作为伏笔
	知识准备	结合热身互动中学生的问题或亮点,要么带领学生温故知新了解相关内容,要么通过放大亮点激发学生的学习热情
		推介或回顾的内容要与目标语篇和探讨的话题紧密联系;根据学生的英语基础控制内容引入的数量,关注学生的班级特点和性格特征,可以采用支架介入或自由表达的形式
框架梳理	文体特点	以问答互动的形式简单梳理目标语篇的体裁特征和题材特点,以及对目标读者的预测等
		对于学生熟悉的体裁,通过互动回顾梳理,对于学生陌生的体裁,通过设问、预测等方式简要梳理
	主旨概要	针对目标语篇设计1~3个核心问题,学生带着问题阅读语篇,通过互动交流梳理语篇内容主旨和逻辑结构
		问题设计或预测,或问答,或图表,或填空,或判断,语言表述要清晰易懂,紧扣语篇主旨
	观点倾向	学生判断作者对相关话题的观点倾向,并提供相关的依据。学生自己对相关话题的观点陈述,并给出理由
		提炼判断要关注学生的预判能力,观点陈述要关注学生批判性思维的养成和打磨
深度理解	释疑解惑	学生提出阅读中的困惑点或知识盲点,教师引导学生找准解决问题的关键点、途径和策略,学生经过自主学习或合作学习或意义协商攻克难点,通过阐述交流学习成果
		聚焦语篇中难以理解的长难句、新的知识点、晦涩的内容等,凡是学生感到疑惑不解的地方都是需要加工处理的重中之重
	质疑评价	学生针对语篇内容和语言,或欣赏,或质疑,或修改,或补充,但都要给出相应的理由
		学生质疑过程应该是一个互动的过程,有老师的介入(追问或评价),也有其他同学的质疑或赞赏,甚至评价

---

① 梅德明.普通高中英语课程标准(2017年版)解读[M].北京:高等教育出版社,2018:70.

续表

教学过程	板块	具体要求
拓展升华	合作交流	结合语篇话题或学生学习过程中的问题，设计一个相关的热点话题，或引申话题，通过同桌或小组讨论巩固本课所学
		问题要有趣味性和挑战性，讨论过程要有任务分工，组内展示要人人参与，讨论展示要使用本课遇到的相关表达法
	展示评价	学生代表或全组成员汇报展示小组讨论的成果，其他同学聆听、质疑、评价展示学生的表现
		引导学生评价时关注其相关性、逻辑性、创新性和参与度

根据以上教学规程，研制了 UCP 的基础阅读教学规程实施路径。UCP 分别指 My Understanding、My Confusion 和 My Perspective。指向核心素养的英语基础阅读实施路径如图 1-6 所示。

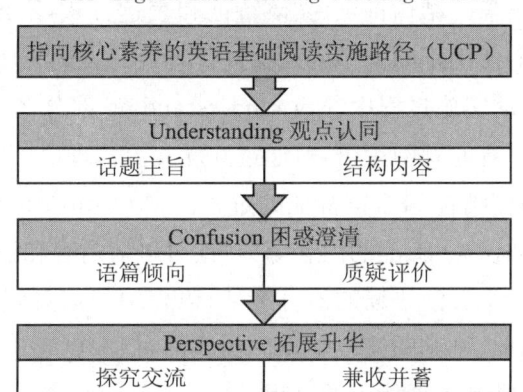

图 1-6 指向核心素养的英语基础阅读实施路径

根据基础阅读教学实施路径，整堂课分为 My Understanding、My Confusion 和 My Perspective 三个部分。My Understanding 部分：梳理文体特征和主旨概要，通过问答互动的形式简单梳理目标语篇的体裁特征和题材特点，通过关于目标语篇的核心问题梳理语篇内容主旨和逻辑结构。My Confusion 部分：深度理解文章难点和质疑评价，通过聚焦学生阅读中的困惑点或知识盲点，引导学生找准解决问题的关键点、途径和策略；通过或欣赏、或质疑、或修改、或补充语篇内容和语言，学生互动，赏析文本。My Perspective 部分：拓展升华相关话题并展示评价，通过引申相关热点话题，学生小组讨论巩固所学，并展示成果，其他同学聆听、质疑、评价。通过 My Understanding、My Confusion 和 My Perspective 这三个环节，学生在教师的引导下培养学习能力，提升思维品质。

指向学科核心素养的基础阅读教学规程及其实施路径的实效性主要体现在以主题意义为引领，以语篇为依托的英语教学活动。

一方面，基础阅读教学规程以主题意义为引领。"英语课程应该把对主题意义的探究视为教与学的核心任务……在以主题意义为引领的课堂上，教师要通过创设与主题意义密切相关的语境,充分挖掘特定主题意义所承载的文化信息和发展学生思维品质的关键点……将特定主题与学生的生活建立密切关系,鼓励学生学习和运用语言,开展对语言、意义和文化内涵的探究,特别是通过对不同观点的讨论,提高学生的鉴别和批判能力。"①

在基础阅读教学规程中,首先,"选取与目标语篇内容相关,又与学生生活实际相关的热点话题展开互动",对接与学生密切相关的主题意义。其次,"学生判断作者对相关话题的观点倾向,并提供相关的依据。学生自己对相关话题的观点陈述,并给出理由;观点陈述要关注学生批判性思维的养成和打磨",鼓励学生思考、讨论、发表意见,提高学生的思维能力。最后,"结合语篇话题或学生学习过程中的问题,设计一个相关的热点话题,通过同桌或小组讨论巩固本课所学",帮助学生建构和完善新的知识结构,深化对该主题的理解和认识。因此,基础阅读教学规程实施的过程,是学生不断深入探讨主题意义,培养学习能力和思维能力的过程。

另一方面,基础阅读教学规程以语篇为依托。接触和学习不同类型的语篇,熟悉生活中常见的语篇形式,把握不同语篇的结构特点、文体特征和表达方式,不仅有助于学生加深对语篇意义的理解,还有助于他们使用不同类型的语篇进行有效的表达与交流。②

在基础阅读教学规程的实施过程中,My Understanding 部分,学生"梳理目标语篇的体裁特征和题材特点","学生带着问题阅读语篇,通过互动交流梳理语篇内容主旨和逻辑结构",这个过程是学生梳理文章语篇结构和语言特征的过程。My Confusion 部分,学生"聚焦语篇中难以理解的长难句、新的知识点、晦涩的内容等","针对语篇内容和语言,或欣赏,或质疑,或修改,或补充",这个过程是学生关注语篇的语言特征,语篇中的信息组织方式,语篇成分之间的语义逻辑关系的过程。因此,基础阅读教学规程实施的过程,就是学生不断学习语篇,通过阅读拓展思维,提高审美、鉴赏和评价能力的过程。

六、指向学科核心素养的高中英语深度阅读教学

指向学科核心素养的高中英语深度阅读教学规程见表1-7。

表1-7 指向学科核心素养的高中英语深度阅读教学规程

教学过程	板 块	具 体 要 求
概要回顾	文体主旨	通过互动和学生一起回顾已学语篇的体裁特征、语篇结构、语言特征和主旨要义
		操作原则:简要清晰,节奏紧凑,问题的设计要具体,还要与目标内容高度相关
	目标认同	询问了解学生在语言和内容学习过程中的疑惑点和难点,结合学科教学要求和语篇特点梳理出典型问题和常规问题
		疑惑点包括语言学习障碍(语词和语句)和内容理解障碍,确定要重点解决的典型问题,数量在3~5个为宜

---

① 中华人民共和国教育部.普通高中英语课程标准[M].北京:人民教育出版社,2018:16.
② 中华人民共和国教育部.普通高中英语课程标准[M].北京:人民教育出版社,2018:17.

续表

教学过程	板块	具体要求
语境语篇	语意确认	学生再读相关语句或语段,借助上下文猜测语词意义,教师可以采用提醒、解释等方式帮助学生理解语词、语句或语段的意义
		助推手段:同义词、反义词、逻辑关系等冗余信息;注意及时检测学生学习的效果,并给予适度的帮助和积极的评价
	语境应用	针对典型问题设计支架,提供有趣、有料、有力的语境,鼓励学生尝试运用所学表达自己的观点
		支架的设计要关注实用性和多样性,学生的知识应用要关注其渐进性(全支架—半支架—无支架)和完整性(逻辑严密)
	语篇审视	学生阅读体会作者的语言(语词语句)是否得体,逻辑是否严密;同时提出自己的观点,并陈述理由
		引导学生欣赏文化,学习知识,锻炼技能;大胆质疑,但要有理有据;善于反思,提升素养
文化融合	引申迁移	结合本课的典型问题和学生的生活实际设计学生感兴趣的问题,学生分组讨论,完成组内交流和评价
		分组讨论要注意任务分配的合理性,组员参与的全员性和主动性,讨论过程的热烈度,知识应用的数量和质量
	展示评价	学生代表或全组成员汇报展示小组讨论的成果,其他同学聆听、质疑、评价展示学生的表现
		引导学生评价时关注其相关性、逻辑性、创新性和参与度

根据以上教学规程,研制了 THAT 的深度阅读教学规程实施路径。THAT 分别指 Target、Highlight、Assessment 和 Transfer。指向核心素养的英语深度阅读实施路径如图 1-7 所示。

THAT English Deep Reading Teaching Route

```
指向核心素养的英语深度阅读实施路径(THAT)
                ↓
       Target 聚焦困惑
    ┌─────────┬─────────┐
    │ 理清问题 │ 探究问题 │
    └─────────┴─────────┘
                ↓
       Highlight 澄清问题
    ┌─────────┬─────────┐
    │ 锤炼思维 │ 传递思想 │
    └─────────┴─────────┘
                ↓
       Assessment 质疑评价
    ┌─────────┬─────────┐
    │ 交流思想 │ 取长补短 │
    └─────────┴─────────┘
                ↓
       Transfer 文化融合
    ┌─────────┬─────────┐
    │ 联系实际 │ 兼容并蓄 │
    └─────────┴─────────┘
```

图 1-7　指向核心素养的英语深度阅读实施路径

根据深度阅读教学实施路径,整堂课分为 Target、Highlight、Assessment 和 Transfer 四

个部分。Target 部分：概要回顾、聚焦困惑，通过回忆和组织语篇概要，理清语篇关键要素，通过聚焦语言学习障碍和内容理解障碍，落实语言知识的正确理解和简单应用。Highlight 部分：澄清问题、传递思想，通过语意确认、语境应用和语篇审视，学生整合细节，深度理解主题。Assessment 部分：交流思想，质疑评价，通过迁移同类话题，比较异同，学生总结语篇中蕴含的文化意义。Transfer 部分：联系实际，兼容并蓄，通过小组讨论与汇报，学生表达思想，提升思辨能力。通过 Target、Highlight、Assessment 和 Transfer 这四个环节，学生在教师的引导下判断、调适、沟通、传播、感悟，提升文化意识。

指向学科核心素养的深度阅读教学规程及其实施路径的实效性主要体现在其引导学生理解文化内涵，比较文化异同，汲取文化精华的英语语言学习活动。

"教师在中外文化知识的教学中，应通过创设有意义的语境……基于语篇所承载的文化知识，引导学生挖掘其意义与内涵，帮助学生在语言练习和运用的各种活动中学习和内化语言知识和文化知识；通过感知、比较、分析和鉴赏，加深对文化异同的理解。"[①]

在深度阅读教学规程中，首先，学生回顾已学语篇的体裁特征、语篇结构、语言特征和内容主旨。因为"句子结构、话语结构和语篇结构等这些层面上的文化内涵在一定程度上也反映了一个民族的思维方式和思维习惯"，因此，在这个部分，学生"感知""观察"语篇中的文化内涵。之后，学生再读相关语句或语段，体会作者的语言（语词语句）是否得体，逻辑是否严密。在此过程中，教师引导学生欣赏文化，学习知识，学生得以"比较""分析"语篇中的文化内涵。接着，学生结合本课学习过程中遇到的典型问题和学生的生活实际分组讨论，组内交流和评价。在此过程中，学生"赏析""汲取"优秀文化，加深对语篇中文化内涵的理解。最后，学生自荐或推荐进行展示汇报，其他学生评价质疑，将文化内涵转化为行为和表征。因此，深度阅读教学规程和实施路径契合了《课程标准》中所提到的深入理解文化知识涉及的几个步骤："感知中外文化——分析与比较；认同优秀文化——赏析与汲取；加深文化理解——认知与内化；形成文明素养——行为与表征。"

在深度阅读教学规程的实施过程中，教师结合教材内容，有意识地帮助学生了解英美等国家文化背景知识。理解、分析、讨论语篇所承载的文化内涵和价值取向，同时引导学生通过探索、体验、比较、对比等多种方式学习中外文化知识，吸收中外文化精华，培养文化意识。

七、指向学科核心素养的高中英语报刊阅读教学

指向学科核心素养的高中英语报刊阅读教学规程见表 1-8。

---

① 中华人民共和国教育部.普通高中英语课程标准[M].北京：人民教育出版社，2018：34.

表1-8 指向学科核心素养的高中英语报刊阅读教学规程

教学过程	板 块	具 体 要 求
课前赏读	双选目标	学生在所订报刊上自选一篇感兴趣的文章阅读,或教师推荐学生所订报刊上的一篇文章让学生阅读
		所选文章关注趣味性、时效性和知识性,以及学生的英语基础和文章的难度(包括词汇、长难句和话题等)
	自主赏读	学生自主品读文章,完成学案任务;也可以自己记好笔记,为课上分享交流做好准备
		学生阅读时梳理出3~5个关键词,整理文章概要(三五句话);收集精美语句(或词汇,或句式,或表达法);结合文章内容联系实际,反思学习和生活,提出自己的观点或想法
交流分享	内容分享	选1~2位学生介绍自己阅读的文章:标题(直接介绍或描述或互动实现理解),关键词和文章主旨
		介绍的学生可以一次性的独立完成介绍;也可以与其他同学互动逐步完成介绍;也可以采用由其他同学采访的形式完成
	知识分享	介绍的学生向其他同学推介自己最喜欢的一个单词,一个短语,一句话,并给出推介理由(意义解释和理由陈述)
		其他同学尝试运用推介语词于自己的学习生活实际(可以由其他同学自主实践,也可以由推介同学带动应用,也可以由教师即时给出支架,设计问题或搭建结构等)
评价鉴赏	评价建议	其他同学对介绍的学生进行评价,评价内容为同学的表现,推介文章和推介语词等
		具体为: 学生表现:标题解读是否正确,关键词是否精准,主旨是否准确,语言是否流畅。文章:是否具有趣味性、可读性及其理由。推介项目:是否具有可读性或实用性,有何价值等。
	共读经典	针对介绍交流的情况,班级表决有无必要共同阅读被介绍的文章,若没有必要,直接进入下一个环节;若有必要,则全班一起阅读文章,体验实证推介的情况
		读后交流体会。实证介绍的内容是否属实,推介的项目是否经典,以及本人读后的体会等
风采呈现	实话实说	学生读后对文章观点的认识陈述,或辩论,或演讲,或讨论;然后结合生活实际阐述自己观点并给出理由
		学生提炼文章作者观点(最好是一句话);提出自己的观点,或讲述自己相关的故事或经历
	提炼升华	教师和学生一起汇总本节课的阅读交流的成果,汲取营养,建构新知,弥补不足
		成果:内容和观点,语言知识和情感缔结 不足:今后报刊阅读应该注意的问题(关注点、阅读策略和阅读习惯等)

根据以上教学规程,研制了ASAP的报刊阅读教学规程实施路径。ASAP分别指Appreciation、Share、Assessment和Performance。指向核心素养的英语报刊阅读实施路径如图1-8所示。

根据报刊阅读教学实施路径,整堂课分为Appreciation、Share、Assessment和Performance四个部分。Appreciation部分:自主欣赏,梳理要点,通过形成学习小组,分配任务,学生自主品读文章,完成学案;通过梳理关键词,收集精美语句,学生整理文章概要,为课上分享做准备。Share部分:内容分享,知识积累,学习小组分主题介绍自己阅读的文章,可介绍文章主旨理解,可推荐自己喜欢的词句并说明原因。Assessment部分:评价建议,共读经典,其他同学对介绍的学生进行评价,全班共读经典,交流体会。Performance部分:思维碰撞,提炼升华,学生读后陈述对文章观点的认识,或辩论,或演讲,或讨论,并结合生活实际;通过总结师生

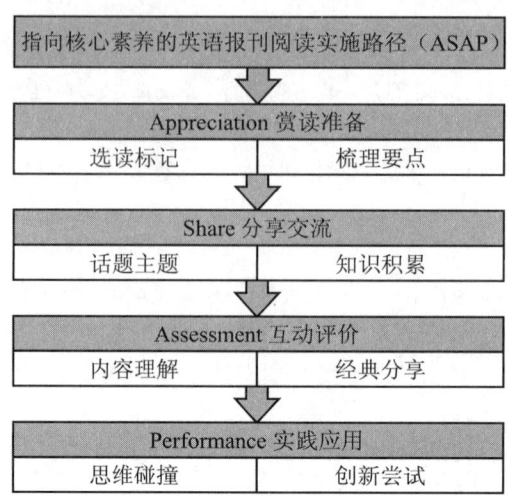

图 1-8　指向核心素养的英语报刊阅读实施路径

交流阅读成果，汲取营养，摒弃问题。通过 Appreciation、Share、Assessment 和 Performance 这四个部分，学生在教师的引导下主动与进取、监控与调控、选择与获取、合作与探究，不断培养自身的学习能力。

指向学科核心素养的报刊阅读教学规程及其实施路径的实效性主要体现在两个方面：一是以学习小组为单位的学习共同体建设；二是通过任务型教学法，关注学生学习能力的培养。

一方面，报刊阅读教学规程的实施过程以学习小组为单位，将学习共同体的建设贯彻到报刊阅读的整个过程中。学习共同体是学习者在共同目标的引领下，在同伴支持和知识共享的基础上，通过对话、分享、协商、反思等实践活动，以达到有意义学习为目的，以促进个体发展为主旨，以追求共同事业为目标的特殊组织形式。在以师生关系为基础的学习共同体中，以民主平等的师生关系为准则，改变教师传统角色，转换学生角色，树立平等的师生观，更能达到共同目标、共享信息、主动参与学习过程的目的。

在报刊阅读教学规程中，学生先要确定符合学习共同体的真实目标，即文章分享与赏析，并根据任务单进行任务分解，确保每位共同体参与者发挥其主观能动性。Share 部分，每位共同体成员分任务赏析文本，介绍文章主旨或推荐自己喜欢的词句并说明理由。共同体中参与者的认知和情感态度是有区别和差异的，这既是自然状况，也是促进学习共同体不断发展的重要因素，Share 过程尊重参与者差异，并给予参与者表达的平台。Assessment 部分，其他组同学对分享组的成员评价、建议，既可以评价分享者的表现也可以评价分享的内容，在共同体学习中培育良好的互动情境，为参与者的个性发展和学习共同体的成长提供良好的展示空间。Performance 部分，总结成果并反思提升，为学习共同体提供有效的保证机制，既为之后的学习提供整体的行动导向，又通过成果汇总给参与者动力支持，保证学习共同体的持续发展。

另一方面，报刊阅读教学规程及其实施路径秉承问题为导向的任务型教学法，在解决问题的过程中培养学生的学习能力。任务型教学法以任务组织教学，在任务的履行过程中，以参与、体验、互动、交流、合作的学习方式，充分发挥学习者自身的认知能力，调动他们已有的目的语资源，在实践中感知、认识、应用目的语，在"做中学"，在"用中学"。

在报刊阅读教学中，学生有以小组为单位的主题任务，如概括文章主旨，查找文章主题句，分享文章精美词句，点评作者观点等，也有分解给个人的单项任务。阅读日志模块及设计意图见表1-9。

表1-9 阅读日志模块及设计意图

阅读日志模块	设计意图
1. 根据标题预设3~5个问题	有的放矢的阅读
2. 略读文章，写下中心句/概括主要内容	提升对文章的理解和概括能力
3. 扫读，写下可回答的预设问题的答案	提升搜集信息的能力
4. 查找好词、短语、句型结构、中英文标注	学会梳理语言知识
5. 结合文章内容联系实际，反思学习和生活，表达自己对这篇文章的看法	积累并尝试运用语言知识创造性地表达个人观点
6. 记录完成时间与组员任务分配情况	激活元认知策略；关注小组合作学习情况

在完成各项任务的过程中，学生主动进取，以明确的学习目标和积极主动的学习态度主动参与语言学习；同伴间监控调控，面对学习困难能够自我激励、自我调适，学习小组能时时反思和评价学习效果；学生多方面选择获取学习资源，对相关信息资料进行选取和整合，广泛涉猎；学生合作探究，通过自主学习、合作学习、探究学习，多角度、多视角去观察和理解语言现象，探究文化内涵。因此，报刊阅读教学规程及其实施过程是一个以学习共同体为单位，以任务为驱动，不断培养和提升学习能力的过程。

八、指向学科核心素养的高中英语写作指导教学

指向学科核心素养的高中英语写作指导教学规程见表1-10。

表1-10 指向学科核心素养的高中英语写作指导教学规程

教学过程	板块	具 体 要 求
课前准备	选题预习	教师根据教学内容、教学要求、时事热点、学生的学习问题，选择合适的话题，搜集相关信息材料，将其编制为写作题目（图画、图表、文字均可），并设计学案，布置给学生，要求学生按学案完成预习任务
		学生读题明确文体，锁定关键词发现题眼以确定写作内容，展开联想整理有关词汇和句式
	学案准备	学案要简洁，建议包含关键词，核心内容和相关语词，最后两处留白用于课上写初稿和修订稿使用

续表

教学过程	板 块	具 体 要 求
破题风暴	头脑风暴	学生分享破题收获：交流关键词、梳理思路、提炼核心内容和相关语词；现场确定内容主旨和恰当的表达形式
	思路梳理	学生根据题目要求和头脑风暴成果，通过互动交流理出开头、正文和结尾的主框架；提醒学生运用已学典型语词，涵盖核心内容，力求结构清晰
入题实践	自主写作	学生根据梳理结果，结合自己的认识独立完成习作初稿；注意格式的规范性、内容的完整性、要点的清晰性、语言的流畅性、表达形式的多样性，以及描述和议论的结合度，书写整洁等
	同桌交流	初稿完成后同桌交换审读，互相阅读习作，简单评价（优点和不足）并给出修改建议；评价涉及内容是否切题完整、语言是否正确流畅、结构是否清晰、逻辑是否合理；然后确定各自的初稿，做好交流准备
开题分享	自评赏析	选1～2位学生介绍并评价自己的习作初稿（以投影的形式展示给全班同学，给1分钟阅读，然后倾听）；先总体评价，然后分项（内容、语言、结构）陈述理由，最后结合上一环节同桌的建议给出自己的想法，或提出自己的困惑
	互评赏析	请2～3位其他同学根据习作者的介绍和习作阅读，对该习作进行客观积极的评价，包括整体印象、优点（内容、语言、结构）及其理由、不足及其理由，并给出修改建议
结题修订	习作重写	结合展示分享环节同学给出的意见和同桌给出的建议，全班同学各自重新审视自己的初稿，进行二度写作
		具体围绕三个方面：梳理内容，或增加，或删减，或调换；打磨语言，或改错，或调换，或整合；调整结构，注意分段和表达的逻辑性和清晰性
	评价摘录	通过投影展示1～2个学生的习作修订稿，由习作者本人或同桌或其他学生比较分析两次习作的变化，对修订稿给出评价和进一步修改的建议，最后教师对学生的习作给出评价意见
		课后任务：①学生根据课上其他同学和教师的意见，3次修订自己的习作；②收集3～5条班级同学习作中自己最喜欢的好词妙句

根据以上教学规程，研制了 ABCD 的写作指导教学规程实施路径。ABCD 分别指 Accumulation、Boot up、Criticism 和 Digestion。指向核心素养的英语写作指导实施路径如图 1-9 所示。

ABCD English Writing Teaching Route

指向核心素养的英语写作指导实施路径（ABCD）

Accumulation 读题破题	
破解题眼	积累语料

Boot up 入题实践	
独立写作	初稿审读

Criticism 开题评估	
交流介绍	改进建议

Digestion 结题内化	
修改重写	消化吸收

图 1-9　指向核心素养的英语写作指导实施路径

根据写作指导教学实施路径，整堂课分为 Accumulation、Boot up、Criticism 和 Digestion 四个部分。Accumulation 部分：读题破题，通过头脑风暴梳理题目中的主要信息，积累与题目相关的内容和词汇。Boot up 部分：入题实践，通过梳理上一环节的学习成果和自己的认识，学生独立完成习作初稿，并与同桌交换审读，根据 checklist 简单评价。Criticism 部分：开题评估，选取 1~2 名学生介绍评价自己的习作初稿（以投影形式展示给班级同学），其他同学对该习作进行客观积极的评价。Digestion 部分：结题内化，通过思考分享环节，针对同学的评价和给出的意见，重新审视自己的初稿，二度写作；展示学生的习作修订稿，比较两次习作的变化并给出进一步修改建议。通过 Accumulation，Boot up，Criticism，Digestion 这四个环节，学生在教师的引导下丰富语言知识，提升语言技能。

指向学科核心素养的写作指导教学规程及其实施路径的实效性主要体现在其以过程性写作教学法为指导的教学过程。

传统的作文指导教学通常是教师提供范文→分析范文→布置写作任务→学生被动完成→教师批改→教师评析的过程。教师对于学生所呈现的作品往往只是选择传统的批改形式，即在文章中对词句和语法错误或亮点圈改并附上评语，强调培养学生连词成句的能力，最终的分数也通常基于词汇和句型使用的准确程度。这种教学方式学生参与度低，主观能动性弱，容易打击学生对于英语写作的积极性，且对于学生的逻辑思维能力、英语语言知识的应用能力缺乏质的提升，因此这种传统的"结果性写作法"已然无法满足新课标下的高中英语课堂教学的需求。过程性写作教学认为写作是一个动态变化的过程，提倡学生主导制，并将重点放在写作的过程及内容上，而教师充当的是"引路人"的角色，从以往的只看学生写了什么到真正了解学生的写作过程。过程性写作教学法将写作分为写作前、写作中、写作后三个基础部分。写作前分析题干，开拓思维，搜集素材；写作中理清思路，整理成文，适时补充；写作后学生自评，同桌互评，教师补充。聚焦学生写作难点，营造自由轻松的写作氛围。①

指向学科核心素养的写作指导教学规程及其实施路径把握过程性写作教学法的思想，**重视对学生写作过程的指导，特别强调写前的梳理以及写后对习作多方面的评价。**

关于写前梳理：Accumulation 部分，学生"搜集相关信息材料，按学案完成预习任务"；学生在课上"分享破题收获，根据题目要求和头脑风暴成果，通过互动交流理出开头、正文和结尾的主框架"，老师"提醒学生运用典型语词，涵盖核心内容，力求结构清晰"。在写前阶段，通过学生独立思考、收集信息、同学分享、头脑风暴，老师适时提醒、帮助支持的形式，充分调动各方资源，深度解析写作主题，为写作做好充分准备。关于写后调整：Criticism 部分，同桌间交换审读，简单评价。评价过程也有量表可依："评价涉及内容是否切题完整、语言是否正确流畅、结构是否清晰、逻辑是否合理"。来自同桌的评价，是第一读者的反馈，有利于帮助每一位学生初步评价自己写作成果。接着，"选 1~2 位学生介绍评价自己的习作初稿，请 2~3 位其他同学根据习作者的介绍和习作阅读，对该习作进行客观积极的评价"。通过全班分析和评价某几位同学的习作，解决同学们习作中容易出现的共性问题。Digestion 部分，学生二度写作，并且"由习作者本人或同桌或其他学生比较分析两次习作的变化，对修订稿给出评价和进一步修改的建议，最后教师对学生

---

① 秦芳.过程性写作法在高中英语写作教学中的应用[J].校园英语·下旬，2016，12.

的习作给出评价意见"。过程性写作教学法认为写作实质上是一个不断循环的过程,此过程需要群体之间的互动协调。在写作指导教学规程中,学生写作→评价→反思→再写作→再评价→再反思,不断循环,并收到来自自身、同桌、班级同学、老师的多方建议,在反复的写作过程中不断开拓写作思路,树立写作的信心,增强写作的兴趣和热情,共同提高写作技能和水平。

九、指向学科核心素养的高中英语写作讲评教学

指向学科核心素养的高中英语写作讲评教学规程见表1-11。

表1-11 指向学科核心素养的高中英语写作讲评教学规程

教学过程	板块	具体要求
课前准备	选料加工	教师批阅学生习作,并挑选出班级中等水平的作文1篇,将这篇文章印发给每一个学生(印发时隐去教师批阅的痕迹),让学生按要求批阅该篇习作;同时搜集全班学生习作中的好词好句和典型问题
课前准备	培训分析	教师指导学生从内容、语言和结构三个方面研究分析习作,并提出自己的改进建议或疑惑点
展示交流	批阅交流	学生独立研究分析习作,找出亮点,发现问题,提出建议,并对该习作做出自己的评价
展示交流	批阅交流	学生分享习作中的好词妙句,原则是正确、地道、合适;符合主题的表述,原则是扣题、连贯、相关且富有逻辑
展示交流	批阅交流	学生交流指出习作中的典型问题,包括语言错误,内容的相关度,结构是否凌乱等
展示交流	改进建议	学生结合提出的习作中的问题,给出自己的改进建议,并简单陈述改进的理由
展示交流	改进建议	教师带领班级梳理、评价学生提出的意见,提出重写该篇习作的建议和要求
二度写作	习作重写	习作者根据大家的意见,重写自己的文章,比较前后文章的不同之处,吸收众家之长,积累写作经验
二度写作	习作重写	其他同学也针对习作进行改写,要求:①扬长避短,即保留亮点,改正问题;②锦上添花,即保留亮点,添砖加瓦
二度写作	习作重写	教师巡视,了解学生重写的进度和质量,选择合适、典型的习作
互动分享	分享比较	教师展示原习作者的重写文章,和全班同学一起比较、欣赏作者两次写作的不同之处和可喜变化
互动分享	分享比较	教师选择2篇其他同学的改写文章(基础篇和进阶篇),和全班同学一起欣赏两篇佳作,同时给出进一步改进的建议或应该注意的问题
互动分享	精彩重现	教师展示介绍批阅时搜集的好词妙句(注明作者),激发学生学习英语、写好作文的热情
互动分享	精彩重现	教师帮助学生梳理英语写作时应该注意的问题,形成简洁好记的要点并收藏
个性提升	感受变化	原习作者和全班分享自己英语写作的收获和感受
个性提升	感受变化	邀请2~3位学生分享自己本节课在英语写作方面的收获和感受,以及今后如何写好英语作文的打算和想法
个性提升	实践提升	根据课上的互动交流,每位学生重新审视自己的原作,重新改写自己的文章,改正原有的错误,更新语言,充实内容
个性提升	实践提升	教师批阅学生的改写作文,筛选变化大、质量高的典型范例,及时反馈评价,促进学生英语写作能力的提升

根据以上教学规程,研制了 DRESS 的写作讲评教学规程实施路径。DRESS 分别指 Demonstration、Revision、Exchange、Share 和 Self Revision。指向核心素养的英语写作讲评实施路径如图 1-10 所示。

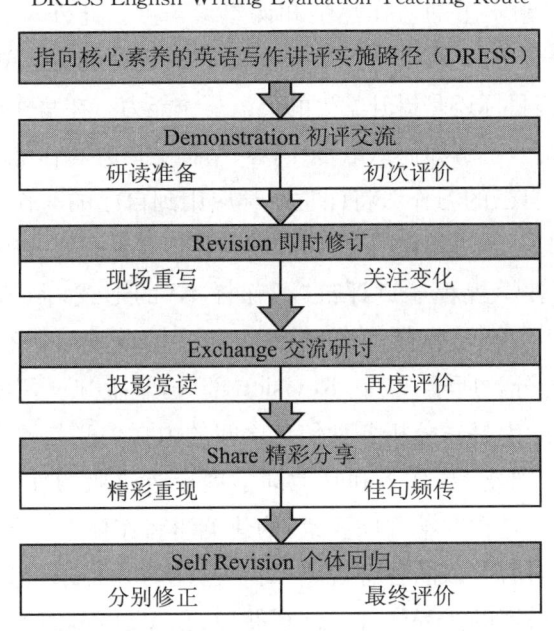

图 1-10　指向核心素养的英语写作讲评实施路径

根据写作讲评教学实施路径,整堂课分为 Demonstration、Revision、Exchange、Share 和 Self Revision 五个部分。Demonstration 部分:展示交流,选取 1 篇班级中等水平的作文展示,学生初次交流,分享习作佳句并指出典型问题,提出改进意见。Revision 部分:即时修订,根据上一环节对习作的建议和要求,全班对习作进行改写,比较前后文章的不同之处。Exchange 部分:交流研讨,展示原习作者的重写文章,全班比较、欣赏作者两次写作的变化;展示其他同学对原习作的改写,同学们欣赏、评价、给出改进意见。Share 部分:精彩分享,学生、教师分享写作时学生使用的好词好句,梳理写作时应该注意的问题。Self Revision 部分:个体回归,通过学生分享自己本节课在英语写作方面的收获和感受,总结本堂课要点;通过学生重新审视自己的原作并评价、修改,巩固本节课所学。通过 Demonstration、Revision、Exchange、Share 和 Self Revision 这五个部分,学生在教师的引导下学会辨识与分类,通过分析与推断,概括与建构英语写作体系,最终对自己的习作进行评价与改进。

指向学科核心素养的写作讲评教学规程及其实施路径的实效性主要体现在其以评促写的教学理念和促进学生思维品质提升的教学过程。

一方面,写作讲评教学规程建立了多方位、多渠道的评价体系。英语作文的有效批改既能调动学生写作的积极性,又能使教师的讲评更具针对性。但传统的全批全改的方式不但让教师的工作量变大,还不能针对学生作文中具体问题进行纠正,费时费力收效低。所以,提倡多元化的评价体系并且发动学生的主观能动性才能更好地"以评促写"。

首先,写作讲评教学规程中以学生为主体,评价的主体更加多元化。Demonstration 部分,由同学评价;Exchange 部分,由习作者自评;Share 部分,由教师参与评价。整个课堂以学生评价为主,教师评价为辅,更能调动学生的写作热情和课堂参与度。此外,写作讲评教学规程采用分享→评价→修改→分享→评价的讲评模式,学生在做中学,以评促写。单纯的评价容易让学生纸上谈兵,写作讲评课的最终目标还是提升学生的英语写作能力。在写作讲评课的实施过程中,学生通过改写"习作样本",深入了解如何从语言、内容、结构上提升写作能力;全班对"改进版习作"分享讨论之后,学生改写"自己的习作",将课堂所学应用到自己的写作当中。通过两次改写,多次评价与分享,学生能充分了解写作评价要点,并根据评价要点在实践中提升自己的写作水平。

另一方面,写作讲评教学规程通过评价"习作样本"的形式,促进学生思维品质的提升。Demonstration 部分,学生"看"习作样本,"分析"习作中的典型问题和"赏析"习作中的佳句,这个过程学生是在辨识与分类所学知识。Revision 部分,学生"改写"习作样本,"比较"两次作品之间的异同,这个过程学生是在分析各种信息之间的内在关联与差异,推断优秀习作的逻辑关系。Exchange 和 Share 部分,原作者和其他同学展示改进版习作,同学们梳理写作时应该注意的问题,这个过程学生是在归纳共同要素,构建英语写作体系。最后,Self Revision 部分,学生回归自己的文本,针对所获取的各种观点,对自己的习作提出批判性建议,达到提升写作水平的目的。因此,写作讲评的过程体现了信息获取、信息处理和信息输出的整个过程,教师按照学习活动次序和认知规律,帮助学生提升思维品质,培养学生良好的思维习惯。

十、指向学科核心素养的高中英语概要写作教学

指向学科核心素养的高中英语概要写作教学学科规程见表 1-12。

表 1-12　指向学科核心素养的高中英语概要写作教学规程

教学过程	板　块	具　体　要　求
课前准备	策略解锁	教师解读概要写作的策略(KID),即明确话题、锁定关键词、理出主旨句、打磨初稿;通过询问确认学生的策略认同和要领掌握
		统一学生对概要写作的认识:①新话题,老内容,在生活中无处不在;②KID 操作简单,应用简便,在心理上建立自信
	学案准备	选一篇 300 词左右主题鲜明的文章,难度略低于高考 C 篇(10 级),要求学生课前完成学案准备
		学生理出语篇话题,找出 5~6 个关键词,然后结合关键词和文章主旨写出 5~6 个句子,最后简单整合所写的句子,形成概要初稿
展示交流	明确要点	以互动的形式确定语篇话题,检查汇总学生挑出的关键词和相关语句,经过讨论确定 5~6 个关键词和相关语句
		学生挑选的关键词若符合语篇主旨,则开展拓句谋篇;若不符合,则通过意义协商引导学生重新调整关键词和相关语句

续表

教学过程	板块	具体要求
展示交流	合作加工	学生相互交流阅读同桌的概要初稿并给对方提出修改意见,或选1~2篇通过投影,全班一起欣赏修改;标准是:话题是否恰当、关键词是否合适、语句是否合理、要点是否齐全、表述是否连贯
		以头脑风暴的形式提炼概要整合的路径(CNPC),即运用复合句,非谓语动词,词组或连接词凝练语言,提升概要品质
	自我修订	学生结合之前的交流学习,运用 CNPC 修订自己的概要初稿;要有字数要求和语言要求
		选1位学生的作品,利用投影展示比较该学生的初稿和修改稿,请该学生自评,也可以请其他学生评价初稿和修改稿,并给出意见
新篇尝试	独立梳理	教师提供1篇长度难度相当的新语篇,学生按照 KID 策略独立完成概要写作的任务
		提醒学生关注主旨和重要内容;按步骤进行,防止遗漏要点;注意语言结构,避免低级错误和单调乏味
	交流展示	通过互动和投影展示1~2位学生的作品,可以让学生本人介绍自己的概要,然后其他同学提出修改建议;也可以全班一起欣赏修改
		学生的介绍或建议要按照步骤,围绕标准,突显要点;学生的评价和建议要从整体、内容和语言三个方面进行,可肯定,可否定;要有条理,有逻辑,有依据;讲求客观性和真实性
评价总结	认识体会	学生谈自己对概要写作的认识,主要交流 KID 策略和 CNPC 知识操作使用的可行性和自己掌握的情况
		学生可以提出改进意见,也可以提出更好的方法。或让学生即兴对课堂所学进行概述,再进行互评
	问题建议	学生表述自己在做概要写作时还存在的问题,或心理,或认识,或语言,或要点
		教师评价学生在本节课中的表现,以课堂证据(学生的表现)褒扬学生的进步,客观指出有待改进的地方和建议

根据以上教学规程,研制了 My USA 的概要写作教学规程实施路径。My USA 分别指 My Understanding、My Strategy 和 My Achievement。指向核心素养的英语概要写作实施路径如图1-11所示。

My USA Summary Writing Teaching Route

指向核心素养的英语概要写作实施路径(My USA)

My Understanding 语言输入
| 锁定关键词 | 梳理主旨句 |

My Strategy 语言输出 I
| 知识回顾 | 初稿打磨 | 分享评价 |

My Achievement 语言输出 II
| 二度修订 | 现场概述 | 同伴评价 |

图1-11 指向核心素养的英语概要写作实施路径

根据概要写作教学实施路径,整堂课分为 My Understanding、My Strategy 和 My Achievement 三个部分。My Understanding 部分:语言输入,通过教师解读概要写作策略,学生统一对概要写作的认识,学生理出语篇话题,找出关键词,梳理主旨句。My Strategy 部分:语言输出,通过讨论和教师引导,确定关键词和主旨句;同学相互交流阅读同桌概要初稿,并给出修改意见;学生结合交流意见,运用 CNPC 知识修订自己的概要初稿。My Understanding 部分:新篇尝试,学生当堂阅读新语篇,结合之前学习的路径独立完成新语篇的概要写作;学生互动,本人介绍自己的概要,其他同学提出修改意见;最后学生回顾本堂课所学,整理概要写作要点,教师评价学生本节课的表现。通过 My Understanding、My Strategy 和 My Achievement 这三个部分,学生在教师的引导下开展自评和互评,培养批判性思维。

指向学科核心素养的概要写作教学规程及其实施路径的实效性主要体现在其将逆向设计理念应用于概要写作教学中,帮助学生实现真正的基于理解的学习过程。

一方面,概要写作教学规程及其实施路径以逆向设计的教学理念为指导,设计教学步骤,有效达成教学目标。逆向设计的教学理念由美国教育评估专家格兰特·威金斯(Grant Wiggins)和杰伊·麦克泰格(Jay McTighe)在《追求理解的教学设计》一书中提出。与常规教学实践相比,逆向设计的一个主要变化是:设计者在决定教什么和如何教之前必须思考如何开展评估。要求我们在开始设计一个单元或课程的时候,就要通过评估证据将内容标准或学习目标具体化。逆向设计的三个阶段包括:确定预期结果、确定合适的评估证据、设计学习体验和教学。

在概要写作教学规程中,教师明确本课的教学目标,即通过确定关键词和主题句撰写概要初稿,通过学习写作策略打磨初稿,通过多元评价巩固课堂所学。实施的每一步,都有相应的评估标准检测学生的理解和掌握程度。My Understanding 部分,通过师生互动检测学生是否掌握语篇要义、理出关键词和主题句;My Strategy 部分,通过同桌间互评习作再次检测学生是否掌握语篇内容,同时初步检测学生是否掌握概要写作 CNPC 知识;My Achievement 部分,通过同学评价、教师评价,检测学生是否完全掌握理解概要写作策略。因此,教学过程的设计紧扣概要写作中语言和内容两个方面,通过不断的评估反馈达到检测学生的学习情况。

另一方面,概要写作教学规程及其实施路径为学生提供了大量的表现性活动,帮助学生实现真正的理解。《追求理解的教学设计》指出:真正的理解是能够灵活有效地使用知识和技能并能够进行迁移的能力。提出理解一般包含以下六个侧面。

(1)解释:恰如其分地运用理论和图示,有见地、合理地说明事件、行为和观点。
(2)阐明:演绎、解说和转述,从而提供某种意义。
(3)应用:在新的、不同的、现实的情境中有效地使用知识。
(4)洞察:批判性的、富有洞见的观点。
(5)神入:感受到别人的情感和世界观的能力。
(6)自知:知道自己无知的智慧,知道自己的思维模式与行为方式是如何促进或妨碍了认知。

概要写作的教学过程就是践行理解这六个侧面的过程。特别是 My Strategy 部分,通过投影学生结合概要写作评价标准进行现场自评和互评。这个阶段展示了学生如何"应用"(在新的真实情景中有效地运用知识)、"洞察"(批判性的观点)、"神入"(感受别人的情感和世界观)、"自知"(了解自己的思维模式如何促进或妨碍了认知)的过程。学生通过讨论和教师启发,总结和运用 CNPC 知识,完成概要写作。其中,学生互评习作,提出建设性意见体现的是洞察侧面;学生学习其他同学概要写作中的亮点,体现的是神入侧面;学生重新审视和修订自己的不足之处,体现的是自知侧面;学生对新语篇进行概要提炼体现的是应用侧面。因此,在概要写作教学规程中,通过巧妙设计各类表现性活动和有效指导以及及时积极的评估,帮助学习者自我建构概要写作的知识体系,实现真正的理解。

十一、指向学科核心素养的高中英语试卷评析教学

指向学科核心素养的高中英语试卷评析教学规程见表 1-13。

表 1-13　指向学科核心素养的高中英语试卷评析教学规程

教学过程	板块	具体要求
培训预习	统一认识	通过班会课、班干部会议、骨干会议和个别谈心等,使全班学生形成学习中犯错误是难免的,错误往往还能够成就我们;教师讲得精彩不是真正的精彩,学生讲得精彩才是真正的精彩的学习理念
	指导预习	教师指导学生梳理自己的错题。鼓励学生尝试分析自己错题句子的结构,理解句子的意思,梳理解题的思路
		教师选择 3~5 个典型错题,教会学生如何抓住问题的关键进行分析,发现并培养部分学生尽快掌握错题分析的要领和方法
	自我分析	学生根据自己的错题,通过语法结构理清句子的结构,通过上下文理解句子的意思,通过逻辑分析弄清解题的思路;在自我分析的基础上可以和同学讨论
		教师了解学生错题的分布情况,学生错题分析的进展情况,鼓励并欣赏学生独立分析错题,或与同学讨论错题,为上课做好充分的准备
展示交流	成果呈现	教师反馈先前班级所做题目的正误情况,筛选出问题比较严重且普遍存在的典型问题
		学生针对教师提出的典型错题可以主动申请分析某一个错题,也可以由教师指定学生分析相关错题(可以是该题出错的学生,也可以是其他学生),其他学生聆听、辨析、判断、评价
	交流反馈	在发言的学生讲完后,由其他学生或补充分析,或发表不同意见,待问题基本讨论清楚时,教师及时评价并赞赏学生的表现
		若遇到学生无法解决的错题,或学生的思路都明显不对时,教师开展思路引导,或由教师给出思考路径,由学生完成思路的加工和阐述
	延伸梳理	针对学生刚刚分析过的错题,教师提供变式练习,学生完成变式练习(口头),教师实时进行评价
		若错题中涉及重点知识或技能,教师引导学生梳理与该问题相关的知识和技能,特别是学生容易混淆的知识和技能

续表

教学过程	板块	具体要求
实践评估	当堂实践	结合学生分析的错题信息,教师准备并提供给学生与错题相关的新题目,要求学生当堂限时独立完成。同时,教师静静地巡视,了解学生独立完成新练习的情况
	检测评估	限定时间结束,教师反馈学生完成新题目的情况,只报给学生有问题的题号,要求学生再检查这些问题,做出必要的调整
		学生调整结束后,教师核对答案,正确的题目基本不纠缠,有问题的题目,教师或引导学生运用先前的思路分析解决,或邀请该题做对的学生阐述理由,或由教师讲解
		现场统计新题目完成的正误情况,并将这一结果与课前完成的练习情况比较,总结班级和学生个体前后的变化情况,进行实时评价和鼓励

根据以上教学规程,研制了 TAPP 的试卷评析教学规程实施路径。TAPP 分别指 Training、Analysis、Practice 和 Production。指向核心素养的英语试卷评析实施路径如图 1-12 所示。

TAPP English Test Evaluation Teaching Route

```
┌─────────────────────────────────────┐
│ 指向核心素养的英语试卷评析实施路径(TAPP) │
└─────────────────────────────────────┘
                  ↓
┌─────────────────────────────────────┐
│         Training 课前准备            │
├──────────────────┬──────────────────┤
│ 统一认识(思想方法) │    分头准备      │
└──────────────────┴──────────────────┘
                  ↓
┌─────────────────────────────────────┐
│         Analysis 展示交流            │
├──────────────────┬──────────────────┤
│     解读思路      │    归类识别      │
└──────────────────┴──────────────────┘
                  ↓
┌─────────────────────────────────────┐
│         Practice 变式实践            │
├──────────────────┬──────────────────┤
│     即时应用      │    评估检测      │
└──────────────────┴──────────────────┘
                  ↓
┌─────────────────────────────────────┐
│        Production 尝试实践           │
├──────────────────┬──────────────────┤
│     新篇尝试      │    对比变化      │
└──────────────────┴──────────────────┘
```

图 1-12 指向核心素养的英语试卷评析实施路径

根据试卷评析教学实施路径,整堂课分为 Training、Analysis、Practice 和 Production 四个部分。Training 部分:课前准备,通过思想上统一认识,鼓励学生不怕犯错,在错误中学习和进步;通过学习小组的方式,由组长带领组员过关,如何从语法结构和上下文语境等不同方面分析错题,掌握解题技巧。Analysis 部分:展示交流,选取学生想听的题目和老师想讲的重点题目,学生主动申请或者由教师指定学生分析错题,其他学生聆听、辨析、判断、评价;分析完之后由其他学生或补充分析,或发表不同意见;待问题基本讨论清楚时,教师及时评价并赞赏学生的表现。Practice 部分:变式实践,针对学生分析过的错题,挑选 3~5 个学生掌握不好的核心知识点,教师引导学生梳理与该问题相关的知识与技能,并提供变式练习,学生口头完成变式练习,教师实时进行评价。Production 部分:教师给出新的语篇,着重考查错题中反映出来的学生未掌握的知识点或解题技巧,学生限时当堂独立完成,反馈新题目完成情况后,学生再次检查这些问题,运用之前的解题思路,做出必要的调整。通过 Training、Analysis、Practice

和Production这四个部分,学生在教师的引导下辨识与分类错题,分析与推断错误原因,概括与建构解题思路,在新的语境中提高解决问题的能力。

指向学科核心素养的试卷评析教学规程及其实施路径的实效性主要体现在两个方面:一是践行指向英语学科核心素养的英语学习活动观;二是通过"做中学""教上学",培养学生的思维品质和学习能力。

一方面,试卷评析教学规程及其实施过程通过一系列学习理解、应用实践、迁移创新活动,培养学生的英语学科核心素养。Training部分和Analysis部分,学生"尝试分析自己错题句子的结构,理解句子的意思,梳理解题的思路","在自我分析的基础上可以和同学讨论",这个过程帮助学生自主学习解题技巧;课堂上,学生讲解错题,其他同学补充分析,这个过程帮助学生巩固讲题技巧,复习所学知识。Practice部分,学生完成变式练习,"错题中涉及重点知识或技能,教师引导学生梳理与该问题相关的知识和技能,特别是学生容易混淆的知识和技能",这个过程帮助学生应用所学,在实践中巩固英语知识。Production部分,"提供给学生与错题相关的新题目,要求学生当堂限时独立完成","教师或引导学生运用先前的思路分析解决,或邀请该题做对的学生阐述理由,或由教师讲解",然后为学生提供新的语境,再次尝试实践并总结前后变化。因此,通过学习理解不同题型的解题技巧,应用实践课堂所学的语言知识和解题策略,迁移创新到新的语境中,学生在各类学习活动中提升英语学科核心素养。

另一方面,试卷评析教学规程及其实施路径践行了"做中学""教上学"的学习理念,帮助学生从"被动学习"转化为"主动学习"。"知识和技能学生从'知'(知道)到'能'(能用,但不熟练并时有出错)到'熟'(脱口而出的熟练运用),是个逐渐内化、整合语言知识和技能的过程。"①为了让学生从知到能到熟,为学生提供"做中学""教上学"的环境尤为重要。也就是说,我听了,我会忘了;我看了,我记住了;我做了,我明白了。无独有偶,美国国家训练实验室提出的学习(成效)金字塔表明(如图1-13所示),学习者通过传授知识和技能给他人的学习方式所取得的学习成效是最好的。

图1-13 学习金字塔

---

① 梅德明.普通高中英语课程标准(2017年版)解读[M].北京:高等教育出版社,2018:57.

在试卷评析过程中,学生自主分析错题,理解相关知识点,是为"知";学生讲解错题,评价、补充他人的分析过程,是为"能";学生迁移到新的语境,巩固所学知识,是为"熟"。学生在知能熟的进化过程中,不是被动的听讲、阅读、视听或演示,而是讨论、实践,甚至将所学传授给他人。在不断的实践中,学生从被动要求转为主动进取,从我听了我忘了,到我做了我明白了,再到我教了我有了,有利于切实培养学生的学习能力。并且,学生在试卷评析过程中,辨识、分类知识点,分析推断错误原因,概括相关知识点,构建自己的解题体系,在新的语境中批判创新,提升思维品质,提高学习能力。因此,试卷评析课的实施过程就是不断促进学生语言知识学习、语言技能发展、多元思维提升的过程。

【本章小结】

沉浸式研训依托于教师学习共同体,旨在建构科研训一体化的研训模式,提升研训效能。研训活动确立获取研训核心技术、提升教师教学核心技能、培养学生核心素养的三大教研活动目标,形成了一个良性循环发展的教学生态。

以语言技能为导向,沉浸式研训针对英语学科10种不同课型,研制了相应的教学规程和实施路径。听说教学规程遵循输入为基础、输出为驱动的二语习得理论,并且以学生为主体,讲学生自己的故事,表学生自己的观点;听力教学规程将图式理论与听力过程相结合,关注学生听力技能的提升,并且注重学生语言能力的培养;语法教学规程的实施过程不断创设语境,提供语言交际平台的过程,注重学生思维品质的培养;基础阅读教学规程以主题意义为引领,以语篇为依托;深度阅读教学规程引导学生理解文化内涵,比较文化异同,汲取文化精华;报刊阅读教学规程贯彻学习共同体的建设,并且秉承以问题为导向的任务型教学法,在解决问题的过程中培养学生的学习能力;写作指导教学规程以过程性写作教学法为指导开展教学;写作讲评教学规程建立了多方位、多渠道的评价体系,促进学生思维品质的提升;概要写作教学规程应用逆向设计理念,帮助学生实现真正的理解;试卷评析教学规程通过"做中学""教上学",培养学生的思维品质,践行指向英语学科核心素养的英语学习活动观。各课型教学规程和实施路径基于《课程标准》中六要素整合的英语学习活动观,汲取了先进的教学理念,有利于培养学生英语学科的核心素养。

第二章 教学核心技能

第一节　备课

一、备课工具

备课是教师日常教学中必不可少的环节，备课的成效直接决定了教师课堂教学的效度。然而，备课也常常是一门"玄学"，许多教师不知道怎么准备好一节课，课堂的准备常常依靠感觉或个人经验。究其原因，主要是教师备课缺乏客观依据：教师往往依托于自己的经验或者结合教参进行备课。但是，经验是有局限的，太过主观；教材配套的教学参考书目固然有教学建议，却是针对某一个单元的通式建议，缺乏针对性，教师无法具体的把握某一种课型的系统的教学方法。可以说，如何高效备课是广大教师"头疼"的问题。为了解决教师的这一困惑，沉浸式研训结合英语学科的特点，提供了基于英语学科核心素养的一整套备课工具，帮助教师系统、科学且不失个性地进行备课。

沉浸式研训团队基于英语学科核心素养的内涵和外延要求，研制了10种课型的教学规程和实施路径，帮助教师科学合理，简洁高效的备课。在《教学规程：将教学理念转化为教学行为的指南》一文中，吴永军教授揭示了教学规程的意义："所谓教学规程，是指在一定的教育教学理论或理念指导下，旨在培养学生的某些特定素质或体现某种理念而对教师教学行为提出的若干规定及其相关的操作策略，它是引导教师转变教学行为以符合某种教学理念的规则、要求及其操作策略，对于教师教学行为的转变提供一系列或一整套的规范与操作指南，因而具有导向作用。"[1]由此可见，教学规程是一种理性的教学方式，通过教学规程，可对教师教学行为进行合理的指导和引导。教学规程在使用中，其核心教学理念要保持不变，培养目标保持不变，但教师的教学行为需要根据学情和教学内容及时调整和变化。以下就教学规程中如何"控制变量"简单说明一下。

1. 第一不变量：教学理念

教学的基本目标之一是帮助学生理解掌握知识。检验学生是否理解目标知识，可以让学生转述、表达、评价，对目标知识加以重组，或是根据对知识的理解，独立或合作完成规定动作。实际上，理解的关键主要落在阐释和行动两个层面上。

---

[1] 吴永军.教学规程：将教学理念转化为教学行为的指南[J].课程·教材·教法，2015，5.

《追求理解的教学设计》①提出"理解六侧面"的理念,它指出理解包括解释、阐明、应用、洞察、神入和自知六个侧面。在沉浸式研训中,教师的备课和学生的学习都是从"理解六侧面"进行考量的,沉浸式研训可以帮助教师避免许多备课误区。比如将"讲授"同"教授"相混淆,教师错误地认为只要讲到了,学生就应当能够掌握。

沉浸式研训中的教学规程将"理解六侧面"融入具体教学设计中,作为教师活动设计的灵感来源和监测依据。下面以"指向学科核心素养的概要写作教学规程"中的"板块"为例讨论教学规程是如何帮助学生达成"理解"的。

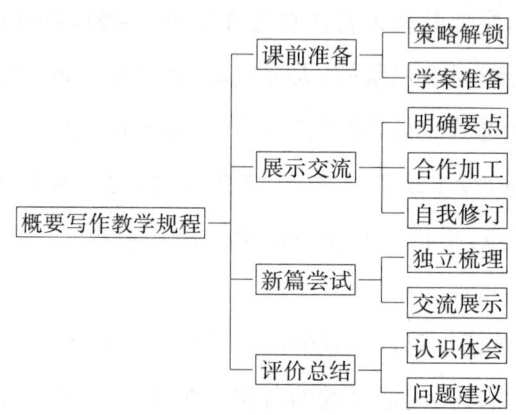

图 2-1 概要写作教学规程

概要写作教学规程如图 2-1 所示,"课前准备"和"展示交流"体现了理解中的"独立解释"元素,而"新篇尝试"和"评价总结"则体现了"独立行为"元素。"策略解锁"和"学案准备"要求教师在进行设计的同时,鼓励学生解释概要写作的核心策略,即"提取关键词"。"明确要点""合作加工"和"自我修订"则要求教师的概要写作教学设计体现学生能够运用"提取关键词"和"CNPC"知识确定概要要点和连接主旨句两大策略。"独立梳理"部分,教师为学生提供平台,鼓励学生将"提取关键词"和借用"CNPC"知识运用到新的语篇概要梳理中。"交流展示"部分,教师帮助学生通过评价自己和他人作品,体现学生学习过程中基于证据的洞察侧面。"认识体会"部分,要求学生能在课堂中倾听并评价他人对于概要写作及其两大策略的理解。"问题建议"部分,要求学生能进行深度理解,反思自己是否真正掌握概要写作的策略。由此可见,在教学过程中,教师引导学生解释新知、阐明要点、独立运用、洞察评价、倾听欣赏、自我反思,通过各种各样的教学活动帮助学生加深对目标知识和技能的理解。

---

① [美]格兰特·威金斯(Grant Wiggins),[美]杰伊·麦克泰格(Jay McTighe).追求理解的教学设计(第二版)[M].上海:华东师范大学出版社,2017.

那么,教师如何进行教学设计才能达到让学生"理解"的教学目标呢?教学规程中提供了针对不同课型教学的实施路径。以概要写作教学规程为例,见表2-1。

表2-1 概要写作教学规程的设计目的与表述

设计目的	规程中的表述
学什么?	● "明确话题,锁定关键词,理出主旨句" ● "新话题,老内容,在生活中无处不在"
怎么学?	● "以互动的形式确定语篇话题,检查汇总学生挑出的关键词和相关语句,通过讨论确定5~6个关键词和相关语句" ● "学生相互交流阅读同桌的概要初稿并给对方提出修改意见,或选1~2篇通过投影,全班一起欣赏修改;标准是:话题是否恰当、关键词是否合适、语句是否合理、要点是否齐全、表述是否连贯" ● "以头脑风暴的形式提炼概要整合的路径(CNPC),即运用复合句,非谓语动词,词组或连接词凝练语言,提升概要品质" ● "教师提供1篇长度难度相当的新语篇,学生按照 KID 策略独立完成概要写作的任务"
如何帮助学生反思自己的学习行为?	● "学生结合之前的交流学习,运用 CNPC 修订自己的概要初稿。要有字数要求和语言要求" ● "选1位学生的作品,利用投影展示比较该学生的初稿和修改稿,请该学生自评"
如何帮助学生评价自己的学习结果?	● "通过互动和投影展示1~2位学生的作品,可以让学生本人介绍自己的概要,然后其他同学提出修改建议;也可以全班一起欣赏修改" ● "学生的评价和建议要从整体、内容和语言三个方面进行,可肯定,可否定,要有条理、有逻辑、有依据,讲求客观性和真实性"
如何采用多种方式来帮助学生建构新知?	● "学生谈自己对概要写作的认识,主要交流 KID 策略和 CNPC 路径操作的可行性和自己掌握的情况"
怎样组织学生获得最好的学习效果?	● "学生课前完成学案准备" ● "以互动的形式确定语篇话题" ● "通过问答形式引导学生" ● "学生相互交流" ● "学生可以提出改进意见,也可以提出更好的方法"

教学规程不仅明确了教学的目的、路径和手段(如策略解锁和明确要点等),还阐明了每个教学行为的目的和具体操作建议。此外,教学规程留有充分的补充和修改空间。规程中规定学生需要完成的基本任务,教师可以根据具体学情,搭建学习支架或提高任务难度,为不同英语基础的学生设定具体教学目标,产出不同的教学效果。对于教师来说,这是一份比较理想的备课工具,因为教师可以根据具体学情,合理预测教学行为可能会取得何种教学效果,既保证了教学行为的规范性,也激发了教师教学的主观能动性。

教学规程以"理解"为目标,基于先进的教学理念,有统一的教学目标和实施路径,同时留有空间让教师可以发挥主观能动性,帮助教师高效完成备课。

2. 第二不变量:培养学科核心素养的育人理念

《课程标准》提出了培养学生学科核心素养的理念,明确提出在教育教学中必须渗透培养学生的学科核心素养。学生的学科核心素养如图2-2所示。

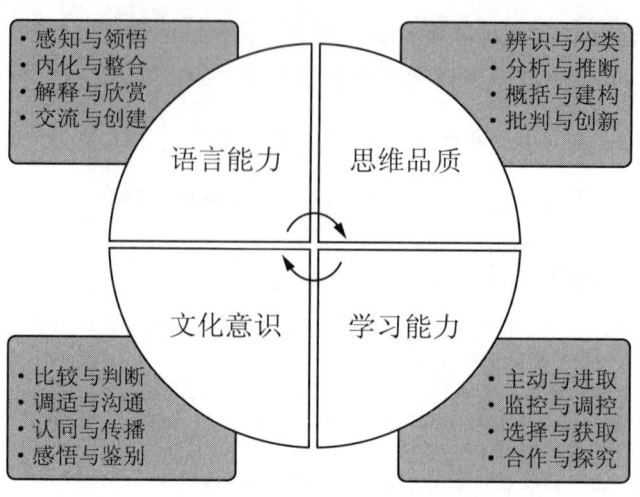

图 2-2　学生的学科核心素养

核心素养体现了英语学科的特色。"这四大要素相互渗透、融合互动、协调发展……是英语学科立德树人的育人目标,也是高中英语教育成效和学生英语学业质量的评价标准。"[①]在沉浸式研训中,各种课型的教学规程,依据课程标准,体现了立德树人的育人目标和高中英语的学科特色。下面以"概要写作教学规程"为例,具体阐述教学规程如何体现学科核心素养。概要写作教学规程体现的核心素养见表 2-2。

表 2-2　概要写作教学规程体现的核心素养

核心素养	核心素养的内涵	规程中的表述
语言能力	感知与领悟	"教师解读概要写作的策略(KID),即明确话题,锁定关键词;理出主旨句"
	内化与整合	"以互动的形式确定语篇话题,检查汇总学生挑出的关键词和相关语句,经过讨论确定 5~6 个关键词和相关语句"
	解释与欣赏	"选 1 位学生的作品,利用投影展示比较该学生的初稿和修改稿,请该学生自评,也可以请其他学生评价初稿和修改稿,并给出意见"
	交流与创建	"学生可以提出改进意见,也可以提出更好的方法。或让学生即兴对课堂所学进行概述,再进行互评"
思维品质	辨识与分类	"学生挑选的关键词若符合语篇主旨,则开展拓句谋篇;若不符合,则通过问答形式引导学生重新调整关键词和相关语句"
	分析与推断	"学生理出语篇话题,找出 5~6 个关键词,然后结合关键词和文章主旨写出 5~6 个句子,最后简单整合所写的句子,形成概要初稿"
	概括与建构	"学生谈自己对概要写作的认识,主要交流 KID 策略和 CNPC 路径操作的可行性和自己掌握的情况"
	批判与创新	"学生表述自己在做概要写作时还存在的问题,或心理,或认识,或语言,或要点"

---

① 梅德明.普通高中英语课程标准(2017 年版)解读[M].北京:高等教育出版社,2018.

续表

核心素养	核心素养的内涵	规程中的表述
文化意识	比较与判断	"学生结合之前的交流学习,运用 CNPC 修订自己的概要初稿"
	调适与沟通	"以头脑风暴的形式提炼概要整合的路径(CNPC),即运用复合句、非谓语动词、词组或连接词凝练语言,提升概要品质"
	认同与传播	"教师提供 1 篇长度难度相当的新语篇,学生按照 KID 策略独立完成概要写作的任务"
	感悟与鉴别	"教师评价学生在本节课中的表现,以课堂证据(学生的表现)褒扬学生的进步,客观指出有待改进的地方和建议"
学习能力	主动与进取	"学生课前完成学案准备"
	监控与调适	"提醒学生关注主旨和重要内容;按步骤进行,防止遗漏要点;注意语言结构,避免低级错误和单调乏味"
	选择与获取	"学生挑选的关键词若符合语篇主旨,则开展拓句谋篇;若不符合,则通过问答形式引导学生重新调整关键词和相关语句"
	合作与探究	"学生相互交流阅读同桌的概要初稿并给对方提出修改意见,或选 1~2 篇通过投影,全班一起欣赏修改;标准是:话题是否恰当、关键词是否合适、语句是否合理、要点是否齐全、表述是否连贯"

在备课的过程中,教学规程为教师架起了一座桥梁,连接了看似抽象宏观的学科核心素养和具体的教学过程和内容,将核心素养的内涵元素转化为有序、有效的"学习理解类活动、应用实践类活动和迁移创新类活动"。①沉浸式研训的课堂教学规程可以有效指导、帮助教师高效备课。

在沉浸式研训中,教学规程通过特定的教学板块和具体要求规范了教学过程,为教师备课指明了方向。助力教师备课有据可依,帮助教师避免受个人经验等影响的"惯性"备课,有些教师常常只为了达成某个孤立的教学目标,其教学设计不符合甚至违背了科学的教学理念;有了教学规程之后,规程通过对教学行为的具体描述,界定了教学流畅的概念并提供了教学建议,教师备课就有了方向。同时,教师在规程指导下实践的过程也体现了"做中学"的教学理念,在"做"中进一步理解相关的教学理念和操作策略。

3. 变量: 基于学情的个性化备课

教学规程不同于教学模式,不牵涉教学方法,并不是一种方法论,"它往往是一些体现某种理念的'元素'(要素)构成的,这些元素不必然地构成一定的操作程序,元素之间是可以任意组合排列的,其操作的空间更大,弹性更足……"②。教师可以根据学校、班级的具体情况,在遵循基本教学规律和教学规程要求的前提下,对教学设计进行更新升级。

具体实施如图 2-3 所示。

---

① 中华人民共和国教育部.普通高中英语课程标准[M].北京:人民教育出版社,2018.
② 吴永军.教学规程:将教学理念转化为教学行为的指南[J].课程·教材·教法,2015,5.

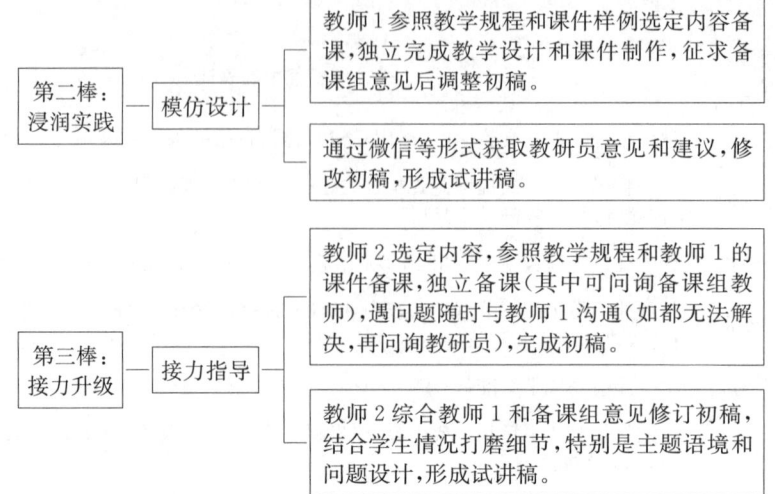

图 2-3 基于学情的个性化备课

图 2-3 说明了教师在备课中如何进行个性化的更新升级,即"独立思考"和"前人解惑"。"独立思考"指的是授课教师应当基于自身的性格特点和教学风格,结合具体学情,依照规程,独立进行个性化教学设计;"前人解惑"指的是备课、试讲、磨课过程中,前几棒教师帮助授课教师明确教学目标和教学重难点,预估课堂上可能出现的情况,弥补授课教师由于思维定势所造成的教学盲点。同时,可以将前几棒教师的教学情况与所授班级的学情进行对比,有的继承,有的更新,有的升级——不论何种情况,前几棒教师基于学情的教学设计都可以帮助接力教师正确评估自己教学的预期效果,帮助接力教师基于学情调整教学策略。

以两节高中英语概要写作课接力教学为例。

上海大学附属中学(市实验性示范性中学)司南老师在学校高三年级理科班开设一节高中英语概要写作课。在"明确要点"环节中,鉴于授课对象为高三理科班学生,英语基础较好,因此教学设计严格按照概要写作教学规程中对应的教学环节,学生先自主讨论并确定概要语篇所需要的5~6个关键词,独立完成概要并相互评价、修改,紧接着,用同样的方法再次完成一篇新的文章的概要写作。

沉浸式研训概要写作课型的下一棒由司南老师传给了同学校的刘颖老师。刘老师的教学对象是高一年级平行班的学生。在备课过程中,刘颖老师提出,高一年级学生的英语知识储备和掌握程度不如高三学生,确定关键词之后难以立即开始概要写作,因此,如果照搬规程,让高一学生一节课内完成两篇文章的概要写作是比较困难的。通过团队教师的讨论,刘颖老师对概要写作规程做了一些修改,在确定说明文段落主旨的关键词之后,通过问题引领学生生成概要主题句,再布置学生独立写作,并引导学生对同伴的概要初稿充分讨论、赏析、评价,依据评价意见当场做出修改。虽然刘老师的概要写作课只讨论了一篇文章,但对文章的充分讨论帮助学生理解并掌握了概要写作的策略。这是基于学情和前几棒教师教学情况做出的合理调整,是对沉浸式研训概要写作课型的更新升级,做到了"拷贝不走样,拷贝要走样"。

两位教师用同一份概要写作教学规程,结合不同年级学生的特点,虽然教学设计有所区别,但是一直紧扣教学规程的核心理念,遵循教学规律,最终圆满完成了教学任务。

综上所述,沉浸式研训中使用的教学规程基于先进的教学理念,帮助教师设计培养学生指向学科核心素养的教学活动,为教师备课提供依据并指明方向;同时坚持"拷贝不走样,拷贝要走样"的研训理念,鼓励教师基于学情开展实施个性化教学,是广大教师教学参考的实用工具。

二、备课过程

指向学科核心素养的教学规程是一种备课工具,是教师教学设计的指南。但是正如所有的类"规程"条令一样,教师在使用教学规程时容易陷入为规程而规程的尴尬境地,错误地将教学规程奉为唯一准则,换句话说,教师容易把教学规程中所建议的教学行为认为是不可改变的,不具兼容性,把教学规程原封不动用于所有的情况。对于这个问题,还是需要澄清对教学规程的一些误解:教学规程不是一种"方法论",而是一系列基于教学理念的教学行为,可以进行更新升级,以适应不同的教学环境需要。因此,教师在备课的过程中,需要对教学规程进行适当的更新升级,这不仅需要自身对教学规程和学情的了解,也需要前几棒教师的真诚帮助。图 2-4 所示为在沉浸式研训活动中,教师使用教学规程备课的四个步骤。

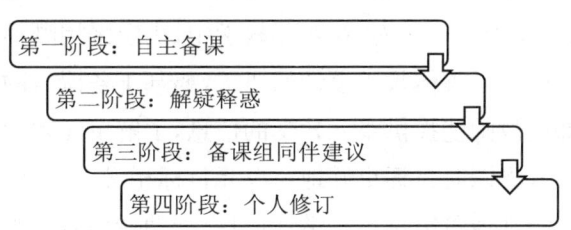

图 2-4　使用教学规程备课的四个步骤

1. 自主备课

教师需要注意教学规程中的教学过程、板块和具体要求,如图 2-5 所示。"教学过程"是践行教学理念需要完成的教学步骤,"板块"是针对各个教学环节的教学安排,"具体要求"是给教师的具体教学建议。这三块内容相辅相成,为教师提供了易操作好使用的教学方案。比如,在"概要写作教学规程"的"展示交流"环节,教师可以明确这一环节的教学目的(明确文章要点)和操作形式(以互动、讨论和问答的形式,检查、确定和调整关键词句)。

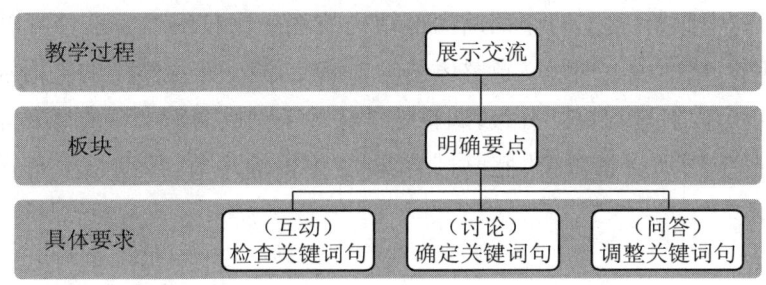

图 2-5　教学过程、板块和具体要求

2. 解疑释惑

在具体参考教学规程备课时，由于教师风格，学情和教学环境不同，每位教师对于教学规程会有不同的理解。比如，成熟教师和青年教师对于"头脑风暴"的理解就不一定一样，同样是进行头脑风暴，成熟教师会通过快问快答的方式导入话题，省时且有效；而年轻教师可能会花费大量的时间和精力进行互动。此外，职初教师也学过一些教育教学理念，但是对具体操作却不甚明了，无法将理论与实际有效结合。

面对这些问题，教师在独立备课的基础上，需要获得团队和专家的帮助，比如对教学规程中先进理念和具体实施步骤的答疑解惑。在"沉浸式研训"中，授课教师可以向前几棒教师寻求帮助，他们可以解释教学规程中各环节的具体实施方法和策略以及注意事项，可以提供课堂教学录像、课件和教案等。这些"多模态"的方式能够有效帮助备课教师理解教学规程。因此，在沉浸式研训活动中，解疑释惑环节为教师的备课过程起到了很大的帮助作用。

3. 备课组同伴建议

解疑释惑也可以依托本校备课组获得帮助。与前几棒教师或教研员交流的主要目的是帮助授课教师更精准地了解教学规程的内涵，以及教学规程在课堂实践中的应用或变通；而本校备课组的作用主要是为授课教师多角度、多渠道提供教学进度及学情信息。备课教师的教学设计可以根据备课组教师的意见，进行改进。一方面，单元整体教学设计，各个教学规程所规定的是某种课型具体的操作指南。然而，在实际教学中，决定采用哪种课型取决于备课组的教学进度，而教学进度要按照单元整体教学设计的要求，要基于备课组的统筹安排。因此授课教师进行教学设计时，备课组教师能提供单元教学的信息，了解单元教学的整体信息可以帮助授课老师更好地把握重难点，将课时目标更好地与单元目标相融合。另一方面，对于同年级的学生，备课组的教师提供年级其他班级学生的学情信息，帮助授课教师更好地把握学情并且通过交流讨论，授课教师可以获取丰富多样的教学策略和方法。

以上海大学附属中学刘颖老师在高一年级开设的概要写作课为例。在确定主题的时候，高一年级正在进行的单元为新世纪英语教材第二册第五单元，主题语境为人与自然，单元主题为"动物"。鉴于这一情况，高一英语备课组组长建议刘颖老师选取的概要语篇可以和"动物"相关，基于单元主题帮助学生拓展阅读。因此，刘颖老师选取了题为 *Howling*（《狼嚎》）的说明文语篇。

刘颖老师备课过程中，备课组内其他老师基于高一年级学情，又提出以下建议：第一，高一年级同学还处于高中起始阶段，对于语篇内部结构的理解比较困难。是否可以增加说明文文体的语篇分析环节，帮助学生理解文章整体结构。第二，高一年级学生的英语水平与高三学生有较大差距，是否可以对规程更新升级，调整教学任务从完成两篇文章的概要写作更新为完成一篇，并在此基础上增加文章分析、概要打磨、同学评价等环节，帮助学生充分掌握概要写作技巧。

4. 个人修订

经过来自纵向（教研员和前几棒的教师）和横向（备课组的老师）的建议和帮助后，备课教师再对自己的教学设计自我修订,这次修订需要综合并内化自己对于教学规程和学情的理解、教研员对教学规程的解读、前几棒教师对教学规程实施的建议和反思、备课组的单元整体教学设计以及备课组其他老师对学情的多维度分析。经过如此反复打磨之后,备课任务顺利完成,接下来就是到课堂教学中实证检验了。

三、备课变化

沉浸式研训促使教师对传统备课和依据教学规程备课进行比较,对教学设计的认识发生了巨大的变化。

《普通高中英语课程标准(2017年版)解读》一书中提到,教师需要从"把课上对"转变为"上对的课",从"把课上好"转变为"上好的课"。然而,在过去,许多教师有一种固有观念,认为教研活动都是关乎一些高大上的理论,公开课都是展示性质居多的课堂呈现,无法迁移到日常教学中去。结果,教研活动中,老师惊叹于公开课上先进的理念和师生精彩的表现,自己很难企及,纵使有机会能够开一堂课,那也是劳心劳力,大费周折,折腾足足几周甚至数月才能够完成一节公开课的设计。最终导致先进的教育教学理论无法落地,公开课准备阶段的费心费力让众多教师对"上对的课""上好的课"茫然无助、望而却步。

沉浸式研训在这一问题上有了实质性的突破。研训过程中,团队成员听、评教研员的示范课、学习消化教学规程、模仿上示范课、撰写教学课例,为下一棒教师磨课、评课、开展校本研修。教研活动中教学理念和策略不仅可以复制,而且易于操作,效果良好,教学设计不再是烦琐的、孤立的、费力的一件事,而是易于操作、省时省力,还是便于应用于日常教学中的教学助推器,也为教师的教学带来了许多的变化。

沉浸式研训给教师带来了教学设计理念上的变化。

过去,教师备课往往容易"误入歧途":公开课备课重心往往侧重关注课堂气氛和预设任务,家常课更是变成了枯燥的知识点讲授课。最终效果往往不尽如人意。学生面对新知识茫然不知所措,或是单纯的"背会了"知识但是既不会观察,也不会分析,更不会批评和调整。这些知识都是惰性知识,而只有活性知识才是有效的知识。何为活性知识?那就是学生真正理解的知识,是学生参与、体验、评价、内化后的知识,是体系化、结构化并且可迁移的知识,是可以促进发展学生核心素养的知识。

沉浸式研训中提供的教学规程可以帮助教师把备课的重心放到学生英语学科核心素养的培养上,帮助教师在教学设计的时候结合单元整体学习的特点,凸显一节课在整个单元学习过程中所应该起到的作用,帮助学生达成真正的知识理解和素养的提升,同时重视课前和课中两大时间板块:课前活动以既有知识为依托,对新知识进行预习;课中关注学生的动态生成和多元评价,在教学设计阶段真正做到了依托先进理念,以学生为本,关注学生活性知识的获取。

对教学设计认识理念的改变也促使教师在教学设计中的具体实施行为发生了改变,具体体现在教学目标的制定环节。在以往教研活动的公开课中,教学目标往往会呈现出这几个问题:①教学目标过于宽泛,针对性不强;②教学目标过于片面,无法迁移到日常的教学活动中去;③教学目标流于形式,与实际教学内容相去甚远。沉浸式研训活动倡导教师在撰写教学目标时,要依据相关教学理论和教学规程,注重学生学科核心素养的落地培养。

以行知中学陈雅琴老师的一节主题为《"Dress"量体裁衣》的作文讲评课为例,教学目标如下:

By the end of the period, the students will be able to

- review and focus on the criteria of English compositions while writing
- learn about the characteristics of a well-written composition:FIONA＋Variety
- improve their compositions according to the criteria effectively

短短三句话的教学目标体现了陈雅琴老师对学生英语写作素养的高度关注。平时,许多教师认为写作教学是公开课的雷区、日常教学的盲区,究其原因,就是教师觉得写作课的教学难以把握。而在沉浸式研训活动中,教师在写作教学规程的指引下,在教研员和接力团队的帮助下,陈老师特别关注学生思维品质的培养,其中包括:①基于证据的观察和比较,目标1中描述了学生应基于高中英语写作的几个评价标准去审视一篇作文;②分析与建构,提取学生易于理解的FIONA这五个字母作为优秀习作的五个标准(流畅、内容、顺序、书写和准确度),帮助学生能够对自己、对他人的写作进行评价,并且将这样的评价方式作为提升自己写作能力的工具,最终达成学生写作技能的有效提升。

在上大附中刘颖老师题为 Feed Your Heart, Not Just Your Head 的报刊阅读课上,她的教学目标如下:

By the end of the class, the students are expected to

- improve reading skills by summarizing the main idea and the writer's attitude of the passage, looking for details and information from the passage and inferring according to the context.
- accumulate language knowledge by recommending a word, phrase or sentence from the passage and illustrate their reasons.
- make assessment on peers' performance, the passage and language points.
- relate the topic discussed with personal experience and give opinion.
- cultivate cooperative spirits in teamwork.

从上述教学目标中可以看出,刘颖老师特别关注学生在课堂上的评价活动。尤其是目标3~5,刘颖老师的教学目标之一是帮助学生以合作的形式,对同伴的表现,基于文章主题和个人经历发表意见,这有利于促使学生通过他人的表现来审视彼此的学习过程,内化所学知识,并基于语篇内容和个人经历交流分享对文章主题的看法,有助于批判性思维的形成和发展。

沉浸式研训对教师教学行为的影响不仅帮助教师依托教学规程,而且在接力教学的过程中,进行合理的更新升级。可以说,沉浸式研训是一把帮助教师打开科研训一体化研训发展大门的钥匙,帮助教师加强理论学习,改进教学实践,最终形成基于学情的个性化教学风格。

第二节　上课

一、课堂转型

沉浸式研训为教师的备课带来了许多变化,备课过程和备课观念的改变也深刻影响了教师的课堂教学行为。在传统的课堂教学过程中,教师的角色是课堂节奏的掌控者和课堂内容的诠释者,课堂中唯一的"演员",学生仅仅是被动地听和记,很少有互动活动。根据学生达成"理解六侧面"的检测标准,这样的课堂明显是低效的,学生能获取的主要还是零星的知识,距离"理解六侧面"的要求还有很大的差距。而沉浸式研训推崇的课堂教学是一个不同于传统课堂教学,是一种全新的课堂教学,师生角色发生了根本的变化,课堂教学也收到的喜人的效果。

1. 师生角色

在沉浸式研训活动中的课堂教学中,师生的角色较传统课堂教学发生了很大的变化。教师如同导演和教练,起到了组织、引导和提醒的作用;学生如同演员和运动员,他们才是真正的参与者、表演者和实践者——换言之,教师的工作是组织、引导学生,为学生搭建提供更广阔的表演舞台和更充分的表达空间。

课堂教学的终极目标是帮助学生学会理解,即学生能解释、能转述、能迁移、能批判、能共情、能自省。教师是学生学习的引导者,通过策划设计各类教学活动达成这些教学目标。在活动中,教师可以创建主题情景,设计多样、连贯、有针对性的活动,给学生创造学习英语和使用英语的平台。学习英语和运用英语并不是泾渭分明的,而是相辅相成,互相促进的,这打破了过去的碎片化灌输,构建了基于主题语境的课堂话语体系,激发了学生的参与兴趣,提供了深度学习的途径和自我监控的标准,从而提升学生的学科核心素养。

在指向学科核心素养的高中英语教学规程中,贯穿着以活动为载体的课堂组织。例如,在语法教学规程中,有"趣味引入""激励想说""要诀传递""鼓励仿说""延伸话题""尝试学说"等几大活动板块。在上大附中司南老师执教的一节题为 To Have Done & To Be Doing 的语法课中,司南老师首先以"上课使用手机"引入话题,通过互动,聚焦相关语句,鼓励学生尝试使用动词不定式进行替换表达;其次,让学生比较谓语和非谓语发生的动作时间,再将总结出的动词不定式结构进一步转变为 He appeared to be doing something else. 和 He is believed to have sent several messages 这两个包含 to have done 和 to be doing 的简单句,通过互动,学生归纳得出 to be doing 和 to have done 的语法功能,总结得出 SP 策略。而后学生学习 to be doing 和 to have done 重新讲述课堂开始的故事,并在关键词的提示帮助下,借助 to be doing 和 to have done 的结构,独立讲述一个关于考试作弊的故事。在此之后,学生阅读一篇关于"南京大屠杀"的短文,一边阅读,一边填空,通过阅读和动词填空,巩固对 to be doing 和 to have done 的理解,并用这两个结构概括短文,同时进行同伴评价。在最后一个活动中,学生运用 to be doing 和 to have done 发表对南京大屠杀的看法和态度,加深学生对此历史事件的印象,要求学生必须使用目标语法项目表达自己的态度和观点。

从以上活动设计的目的和说明可以看出,教师设计了一个又一个的任务和活动,创建了多个语境;学生参与这些活动,是活动中真正的主角,对目标知识有了比较系统的学习,通过活动对 to have done 和 to be doing 的用法有了真实的体验和实践。在活动的梯度上,遵循学习理解类活动(在主题的引领下,了解这两种不定式变体的来源)、应用实践类活动(用 to have done 和 to be doing 来复述之前主题下的故事)、迁移创新类活动(将这两种不定式运用到新的主题——南京大屠杀的语境中,并形成自己的观点和看法)循序渐进的原则,概括出 SP 策略帮助学生学习这两种不定式的变体。实际上,这节课既是学生语法知识的学习过程,也是学生口语能力的锻炼提升过程,有助于学生养成良好的学习习惯。

2. 师生话语特征

师生角色发生转换的特征之一是师生课堂话语的转变。试想一下,一个标榜以活动为引领的课堂,如果教师用语居然是命令式的,那课堂沉闷是必然的结果。课堂要实现转型首先就要改变师生的对话方式。对教师来说,师生的对话似乎是很平常的事情,但是如果师生会话只是教师单方面的灌输和指导,教学实施过程看似非常顺利,但是学生真正掌握的知识其实很少,学习能力和思维品质也很难得到提升。这样的对话体系是伪对话,其监督功能要大大超出交际功能。所以,建立良好的师生话语体系是实现课堂转型的重要因素。

首先,师生话语应该是真实的,教师的问题要多问开放性问题,以启发学生的思维。同时,教师对学生的评价和反馈要基于学生答语内容,而不是回答的表述形式。教师的用语应尽量口语化,不刻意制造听力障碍,并且要和学生不断进行有意义的协商,鼓励学生提出真实的看法甚至是质疑。这样的课堂话语才是真实的,因为它会随着课堂活动的推进,话语的控制者会在师生之间来回切换。

其次,师生话语要有互动性。课堂师生话语的互动性千万不要混淆为有过对话就是有了互动性。互动性应该体现在互动的过程是自然的,话语体系不会刻意被某一方所控制——教师不会进行大段的独白,当然也不应该是完全没有教师介入的学生的陈述。在互动协商的过程中,学生会自然地接触语言、使用语言、学习语言,语言使用的形式会自然地通过这种方式达成,教师和其他学生的注意力也不会仅仅关注在语言形式上。其实互动的核心目的就在于意义的协商和信息的交流——其他的要素都应服务于这两个原则。

教师用语要有逻辑性。这个逻辑性并不是探讨教师说的话到底是有条理还是语无伦次(虽然这两点很重要),而是在于教师的用语是否符合教学逻辑,换句话说,教师的话语是不是基于学生已有的知识水平?教师能不能为学生创造一定的学习空间,让学生的活动和回答能在这个空间自然展开?教师的话语从头到尾是不是围绕某个主题而展开?有没有无关话题的切入?

最后,教师用语要有规范性。教师的用语需要正确、准确而且得体。教师的用语无需特别复杂,但是要注意用语的正确性,尤其是一些容易给学生产生强烈误导暗示的语言应当予以避免。同时,教师要注意课堂主题和学校环境两方面的制约因素,所采用的话语要得体,符合语境。下面以吴淞中学张灵犀老师的一节题为 Toscanini 的深度阅读课为例,来看看教师话语的这几个特性是如何体现出来的。

教学片段1

Teacher: Compared with Toscanini, what do you think of Kong's performance?

Student 1: They are both passionate, confident and... eye-catching. (Students laugh,后简写作 Ss)

Teacher: Exactly. I just can't move my eyes from their passionate performance. Anyone else?

Student 2: I prefer Kong's. It's more touching.

Teacher: Why?

Student 2: Because the Chinese music is more familiar to me and I can get the meaning of the tone. It's inspiring.

这轮对话发生在张老师给学生看了孔祥东指挥的音乐视频之后。张老师提出的第一个问题,紧扣视频内容:"你觉得孔祥东的表现怎么样?"学生的回答也体现了交际的真实性,从不假思索说出熟悉的单词 passionate 和 confident 到努力回想最近课文中学习的 eye-catching,学生不仅说出了自己的看法,同时展开联想、回忆,最后能够运用之前所学进行恰当的表达。在随后张老师的反馈中,她形象地用 can't move my eyes 来呼应表达她对该学生的赞同。第二位学生的回答用词简单,但从情感共鸣上分享了对演出的看法,张老师用 why 这个简单、口语化的词汇对学生追问,鼓励其进一步思考。在张老师的启发下,学生进一步思考:作为中国艺术家,孔祥东音乐中的中国文化元素引起了听众的共鸣,其深沉的情感让人感动。整段对话自然、流畅,张老师的提问语言简单,且都属于开放性的问题,鼓励学生发散思维;根据学生的回答,张老师有针对性的追问,引导学生深入思考,在这个过程中学生的思维品质也得到了相应的提高。

在这段会话中,张老师的个人观点较少,以学生观点的表达为主体。这种语言氛围的营造并非一蹴而就,而是在张老师看似简单的问题串的启发下,学生主动积极的参与下获得的。学生不仅表达了观点,还回忆想起了许多学过的知识点,对没有参与回答的学生来说,又是一种语言的输入,有助于学生梳理知识,运用所学于实践交流中。

二、教学效果

沉浸式研训模式和指向核心素养的教学规程,转变了师生的角色,改变了课堂的话语特征,从而给人带来了一种耳目一新的教学效果。教师开始认识到教是为学服务的。课堂的教学活动开始围绕学生的"学"展开,学生在课堂上开始呈现出主动学习的态势,教师通过各类英语学习活动帮助学生激活旧知,点燃学生的学习趣点,鼓励学生积极思考,学习新知,引导学生迁移创新,巩固所学。

1. 教师:减负增效

对于教师来说,沉浸式研训产生的是减负增效的效果。教师管得少,听得多,重复劳动更少了,学生做得多,想得深,主动学习更多了。在传统的教学过程中,教师的教学大多是被动的,教师要花大量的时间,向学生灌输语言点,一遍又一遍地重复,不仅教师费心劳神,学生听课效果也不好,知识留存率偏低。沉浸式研训将教师从枯燥、重复的劳动中解放了出来,将时间和空间交还给学生。在沉浸式研训倡导的课堂中,教师不再是单纯的讲授者,更多是设计者、组织者、指导者和评估者,帮助引导学生主动学习和有效学习。

仍以张灵犀老师的 *Toscanini* 的教学片段为例。

教学片段 2

Teacher: Compared with Toscanini, what do you think of Kong's performance?

Student 1: They are both passionate, confident and… eye-catching. (Ss laugh.)

Teacher: Exactly. I just can't move my eyes from their passionate performance. Anyone else?

Student 2: I prefer Kong's. It's more touching.

Teacher: Why?

Student 2: Because the Chinese music is more familiar to me and I can get the meaning of the tone. It's inspiring.

Teacher: A sound explanation. Then do you think it difficult for the foreigners to accept Chinese folk music? Can you find some clues in the text?

Student 3: No. The nation is the world. In the last paragraph, it is said that Kong's *Dream Tour* is a success all over the world.

Teacher: Great! Then, when it comes to the success, do you think Kong is a success in the first video?

Student 4: Yes. It was a performance on CCTV during the Spring Festival. He must have been famous.

Teacher: Compared with Kong at that time, what do you think of him now in the second video?

Student 5: He looks more confident.

Teacher: Where does the confidence come from?

Student 5: I think he was proud.

Teacher: Why was he proud?

Student 5: He was a Chinese.

Teacher: He was a Chinese in the first video and he is a Chinese now. What made a difference?

Student 6: Although he was a famous pianist, he lost his identity until he recovered the beauty of Chinese folk music.

Teacher: Why did he turn to Chinese folk music? What was he aware of?

Students: He was a Chinese.

Teacher: In brief, what is it that helps him achieve the breakthrough?

Students: It is the awareness of identity that helps Kong achieve the breakthrough.

在这个教学片段中,在学生观看了孔祥东的介绍视频之后,张老师通过问题串帮助学生回顾 Toscanini 一文中所提炼出的 Admiration(人物介绍)、Background(生平背景)、Characteristics(人物性格)、Deeds(典型行为)和 Evaluation(总体评价)五个人物传记要素,并通过对话,帮助学生自己说出介绍孔祥东的五个元素,为后期的"传记"写作打下了基础。

2. 学生:高效学习

指向学科核心素养的高中英语教学规程中所包含的学习活动要求教师从学生的视角设计开展活动,这一点与传统课堂教学不太一样。在传统课堂教学中,学生往往被教师牵着走,学生在课堂上很多时候仅仅是在听和记,获取的也只是考点知识而已,学生的学科核心素养的培养难以落实。沉浸式研训下的指向学科核心素养的课堂教学将主动权交还给了学生:学生发表观点、评价他人表现;教师观察学生行为,及时反馈,鼓励参与,引导思考。

以学生为主体的课堂教学符合学生的认知规律。区别于传统课堂碎片化的语言点教学,沉浸式研训下的课堂教学遵循学生的认知规律,聚焦认知激活、开动学习、促进学习三个阶段。这三个阶段与《课程标准》中的学习理解类活动、应用实践类活动和迁移创新类活动的理念不谋而合,如图 2-6 所示。

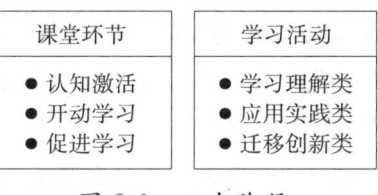

图 2-6　三个阶段

在"认知激活"阶段,学生实践学习理解类活动。沉浸式研训的课堂中,学生在原有的知识储备和思维水平基础上,主动积极地参加活动,在活动中学习新的知识。根据不同课型要求,沉浸式研训团队的教师采用了师生问答、小组讨论、观看视频、看图描述等不同的方式激活学生的认知。尽管采用的方法不尽相同,但是达到的效果都是一样的,学生在熟悉的情境中,通过回忆复现了主题词汇,通过比较反思构建了新的知识结构,锻炼了思维,积累了学习经验。比如,在司南老师的 To Have Done & To Be Doing 语法课上,首先司老师创造了学生熟悉的"上课使用手机"的情景:It appeared that he was doing something else. He pretended that he was listening to me. I believed he had sent several messages. He felt sorry that he had behaved improperly during the class.这四句话的语法结构是学生已学内容,首先,司老师将其中的一句话用新的语法知识推演和复述了一遍,如图 2-7 所示。

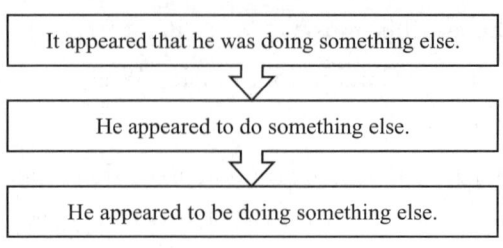

图 2-7　课堂实例

教师示范之后,学生模仿推演,用 to be doing 和 to have done 复述了这个故事。

"开动学习"阶段,学生参与应用实践类活动。根据教学规程的描述,学生在这个阶段或以小组分工,在教师的引导和帮助下,确立学习活动目标和操作步骤。同样,在上文提到的语法课中,学生通过认知激活和学习理解,了解到动词不定式结构有不同的变式用法,比如动词不定式的进行体和完成体。He appeared to be doing something else. 和 He is believed to have sent several messages. 通过小组讨论的形式,归纳得出 to be doing 和 to have done 的语法功能,总结得出 SP(Spontaneous & Previous,同步和异步)策略。之后,借助关键词和 to be doing 与 to have done 的结构,学生独立讲述一个关于考试作弊的故事,其他同学以 SP 策略为工具,评价该学生的成果表现。

"促进学习"环节对应迁移创新类活动。教学规程中的最后几个环节提出学生将课内知识迁移至课外,开展探究创新活动。在这节课上,我们看到了一个令人欣喜的现象,学生不仅想说,而且能说、会说。比如,在 To Have Done & To Be Doing 这节课的后半部分,学生根据教师的问题提示,借助 to have done 和 to be doing 语法结构,独立完成短文概述,同伴间的评价,并交流分享对"南京大屠杀"这个历史事件的感受。在这个过程中,学生能够运用新授语法知识进行高质量的概述,并且通过互评作品、分享感悟开展深度思维,学会辩证地看待问题,对话题也能有更深层的理解,提升了学生的思维品质。

在指向学科核心素养的课堂教学中,教学设计符合学生的认知规律,学生通过不断总结、反思、评价,在各类英语语言学习活动中强化语言知识和技能,不仅提高了知识留存率,同时也通过这种新的学习路径提升了思维品质,学生学会通过小组活动和评价参考标准来监控调整自己的学习行为,有利于学生学习能力的提高。

第三节　磨课

一、磨课的意义

学生是课堂活动的主体。《课程标准》要求教师能通过课堂教学提高学生的英语学习能力、语言能力、文化意识以及思维品质。在指向学科核心素养的教学规程的帮助下,教师拥有了教学活动设计的行为指南。此外,借助沉浸式研训活动的组织形式,授课教师通过观察、询问、探讨等方式,借鉴、传承并升级前几棒执教教师的做法,对教学规程有了个性化的改良实践,这些实践帮助教师通过课堂教学切实培养学生的英语学科核心素养。但是,一人之力总是避免不了思维的局限性,由于环境和自身因素的影响,一个教师可能只关注到教学的某一个侧面,教师习惯于已形成的思维定势。表现在教学活动中,教师们容易选择性地满足班级内某一类学生群体的需求,忽视另一部分学生的需求。这种教学现象无关责任心问题,而在于思维定势所造成的视野盲区。在此情况下,反复磨课研讨便成了提升教师课堂教学设计不可或缺的必要环节。

对执教者来说,磨课的过程,是反复实践、反思和提升的过程,是上课教师与听课教师思维碰撞的过程。通过磨课,问题的设置能更加精准,活动的设计能更为合理和贴近学生实际情况,预设活动和课堂即时生成之间能有更好的契合。在磨课的过程中,教师的课堂教学技术的使用会更为熟练,多媒体和传统教学方式结合会更加紧密,课堂话语也会更为精准、规范,教学规程倡导的理念会在具体的学情中更有效地落地。对磨课者来说,磨课的过程,不仅能帮助执教者打磨、构建一节精品课,也是一个通过观察、分析执教者的教学行为,系统梳理和内化自己教学理论的过程,磨课者通过理论研读和对他人的评价来审视、提升自己的教学行为。联合国教科文组织国际教育发展委员会所著《学会生存》一书中提出:"教师的职责现在已经越来越少地传递知识,而越来越多地激励思考;除他的正式职能以外,他将越来越成为一个顾问,一位交换意见的参加者,一位帮助发现矛盾论点,而不是拿出现成真理的人。他必须集中更多的时间和精力去从事那些有效果的和有创造性的活动:互相影响、讨论、激励、了解、鼓舞。"①磨课者正是放下"教师是教学生"的职业属性,投入到与执教者的交流中,对课堂教学打磨和升级,最终既帮助执教者提升教师教学技能,也通过交流、研读和反思,提升了自己的专业技能。

对于观"磨"者来说,磨课的过程也是从旁观者的角度经历了从上课、磨课到再上课的全过程,观察到了一节课从第一次试教到最终成型不断完善的过程,是反思和提升自己作为教师的专业行为的过程。旁观的过程也是反思的过程,在执教者和磨课者之间的思维碰撞中,旁观教师能够结合两者的思想,反思自己的教学行为,并且加以提炼、转化,然后反哺到未来自己的教学实践中。旁观磨课的全过程,能够帮助自己认识到教师的专业态度,观察优秀教师如何以《课程标准》和先进教学理论为准绳,如何研读教材和课堂教学行为,如何通过思维的碰撞来加深对教育的理解和课堂活动的建构,从而促使自己转变观念、打磨自己的教学细节,真正将学生的理解作为教学设计的第一原则。

二、磨什么?

磨课对于执教者、磨课者和观"磨"者都有着非凡的意义。磨课应该磨什么呢?换句话说,磨课应该以什么作为依据?这个问题很关键。在传统教研活动中,由于缺乏课堂观察的证据意识、

---

① 联合国教科文组织国际教育发展委员会编著.学会生存[M].北京:教育科学出版社.1996.

标准意识，磨课时经常出现磨课教师东一榔头，西一棒子提意见或建议的情况。A说这里有问题，B说那里可以改进，结果每个老师给出的建议都很棒，但每个老师依照自己的标准给出碎片化的建议，这些建议很多时候无法共存相融，甚至互为矛盾。对于执教者来说，这样的建议越多，就越会让人迷失，和最初的目标就会离得越远；对于磨课者来说，缺乏系统的、宏观的课堂观察，缺少体系化的磨课策略，无法将教学理念和教学实际结合，无法给出最系统适切的教学建议，自己也失去了一次自我反思的机会；由于缺乏统一标准，整个磨课过程变的松散而无重点，对于观"磨"者来说，自己花了很多时间经历整个过程，却所学甚微。这样的磨课等同于走过场。那么，磨课究竟应该磨什么呢？在沉浸式研训活动中，磨课主要从两方面进行：磨文本和磨操作。

1. 磨文本

对于执教者来说，教案和课堂演示文稿（如PPT）是最重要的教学文本，教案体现了教学目标、学情分析、教学过程设计和教学行为，而课堂演示文稿则是课堂教学内容和任务的载体。这两者是课堂教学思路和内容的静态呈现，是课堂教学的支点，影响教学效果和教学节奏。

教案是教师实施教学活动前所制定的教学方案，教案设计结合了课程标准、学生特点以及教学理念。在评价一份教案时，以下几个维度可以作为评价标准。

教案是否融合了课标要求和学情。《课程标准》是教学的基本规范和依据，为执教教师提供了课堂教学和评价的依据。因此，教案的制定自然必须以《课程标准》作为基本依据。但是，《课程标准》面向的是全体学生，怎么按《课程标准》要求细化自己的单元目标和课时目标？这需要对《课程标准》进行分解和应用，学生学科核心素养的培养不是一蹴而就的，需要在教师的引导下从知道到应用，从迁移到创新逐步进阶式完成。事实上，指向学科核心素养的高中英语课堂教学规程能够指导教师进行课标分解和落地。除了对《课程标准》的分解和应用，教案中也应该体现执教教师对学情的分析。教学目标的制定是否符合学生目前的学段年龄特征和知识储备？是否考虑到了班级的差异？是否结合差异设计了符合不同层次学生的教学活动？

这些是教师的教案设计中经常会出现的问题。第一，教师在教案中过分强调教师主体，忽略了《课程标准》要求和学科知识特点。《课程标准》中强调英语学习活动观，鼓励通过活动促进学生学科核心素养的培养。一份面向学生、符合学生学习特点的教案，应该围绕主题语境，基于多模态形式的语篇，通过学习理解、应用实践、迁移创新三类学习活动层层推进学生对语言、思维和文化的学习，体现基于语篇、深入语篇和超越语篇三个阶段的活动。因此，教案设计应该避免过分强调教师主体。如果对文本解读全部凭借教师个人的主观理解，过于强调教师的教的设计，弱化教师过程引领的设计，不顾所教学生群体的独特性，忽略学生习得的过程，那么教案设计就会脱离《课程标准》的要求和学生的实际学情。第二，教案中容易出现单纯知识方面的传授，忽略学生对知识的真正理解。执教者过于看重学科知识本身，过于注重如何理解、串联和挖掘知识点，其本质上仍然是教师对学生单方面的知识灌输。高中阶段是学生发展自身学习能力的关键时期，培养学生学习能力、思维品质等素养是教师教学的主要目标。如何帮助学生在英语学习中选择、评判和监控，并且在自主学习、合作学习和探究式学习中具体落实，如何帮助学生成为学习评价的主体，是当今英语教学的关键所在。

除了磨教案之外,磨课堂演示文稿也是非常关键的。以 PPT 为例,演示文稿容易出现以下几个问题:①PPT 一页内容呈现过多,甚至教师的所有指令都出现在 PPT 上,使得演示文稿重点指向不明;②PPT 的预设内容过多,导致留给课堂即时生成的空间太小,甚至会造成学生眼花缭乱、疲于应付的局面;③PPT 的设计不符合审美,要么字体太小看不清楚,要么文字行间距或图文比例失当,容易引发学生对 PPT 内容的反感。

PPT 上的内容不是越多越好。有的部分是可以用 PPT 呈现的,有的部分是可以在课堂动态生成的,课堂教学过程不可能全部放在 PPT 上。在课堂上,PPT 上只需呈现静态的预设内容,因为课堂教学本质上更是一个动态生成的过程,过多的预设内容,会打乱自然教学的节奏,抵消教学效果。对于来自课堂即时的师生动态呈现,利用好板书是一个更好的选择。比如,沉浸式研训的试卷评析课遵循"两想两讲"的原则,即选择"学生想要分析的题目"和"教师想要学生掌握的题目",通过"学生讲为主""老师补充为辅"的方式。学生想要分析的题目反映了学生知识点的掌握情况,讲解此类题目能帮助夯实基础知识和基本技能、加强薄弱知识板块,此类题目通常是无法预测的,需要根据学生试卷完成情况实时做出调整,不用放在 PPT 上。教师想要学生掌握的题目通常是教师根据考纲要求以及最近所学知识的重点,希望学生能完全掌握但学生还没掌握好的知识点,此类题目可以在课前预设,在 PPT 上呈现对应知识点的练习,辅助完善学生的知识体系。

在 PPT 的设计上,应当要注意不要太过花哨,以免分散学生的注意力。简约的设计便于突出教师预设的主题。PPT 的背景设计也应当符合课堂内容,且字体与背景分离,又要保证配色的柔和,力求演示文稿的简约和美观。

需要指出的是,PPT 不仅是对教师课堂指令的辅助,其本身也承载着独立的教学功能。《课程标准》中指出,教师在进行英语课堂教学时,应采用多模态的教学手段。教师在运用传统教学手段的同时,也应发挥现代教育技术对教学的支持和影响,便于引导学生开展主动、个性化的深度学习活动。PPT 在某种程度上可以承载这样的功能(如视频、网页的链接等)。磨课堂演示文稿需要精心打磨。要关注结构分配是否合理,预设文字、图片、视频或者即时网络链接效果如何等,能否更好地体现以现代信息技术为基础的多种教学手段。提醒借助这些手段,创设更为真实的课堂语境,助力学生高效地完成语言实践活动。

2. 磨操作

教案决定了教师上课的活动流程和教学行为。打磨教案就是帮助执教教师理解《课程标准》,依托《课程标准》分析学情和制定相应的教学活动的过程;打磨演示文稿是帮助执教者开展多模态教学,提供预设内容,区分静态生成和动态生成。然而,计划的制定和文本的打磨仅仅是设想,如果不能将其转变为课堂上的实际教学行为,再好的计划依旧是徒劳的。这时,磨课者需要通过一系列的课堂观察找出执教者在教学行为中的问题,帮助执教者修正这些问题。但是,如果缺乏课堂观察的聚焦点,磨课者很难系统地介入执教者的实际操作,磨课也就失去了效果,形同虚设。因此,在这个部分,我们将提供以下课堂观察的聚焦点,帮助磨课者有章可循,这些聚焦点包括:对教师行为的观察、对学生行为的观察、对师生话语的观察和对时间节奏的观察。

教师的课堂教学行为是磨课者进行课堂观察时的第一切入点。第一，磨课者观察并评估执教者是否关注了学生。英语教学不仅仅是知识技能的教学，更是思维的碰撞和文化的传递，是人与人之间的交流。这种氛围往往建立在教师对不同学生的关注程度和关注方式：教师是否能够平等对待性别不同和学习能力不同的学生？是否让班级每个位置上的学生都能感到安全感和存在感？第二，磨课者观察执教者的课堂组织调控能力。当课堂教学发展与教案中的预设产生矛盾的时候，执教者是否依旧能够在学生理解的基础上调整教学方式和教学环节，保证课堂任务的顺利完成？第三，磨课者观察执教者是否能够捕捉课堂出现的闪光点。在课堂教学的过程中，学生的反馈超出了教师的预设或超出该学段学生的正常水平，或者学生在课堂上提出非常有价值的疑问或质疑。此时，教师是否能够把握该亮点，利用各种教育资源，激活学生的学习热情和探究欲望？第四，教学活动的开展也是需要被关注的内容之一。在课堂上，教师是否能依据学生个体差异，开展富有层次的教学活动，以满足不同学习能力的学生需求？第五，磨课者需要观察执教者的语言。这里的语言和之后所提到的师生话语略有区别。执教者的语言指的是教师的指令是否清楚，是否以英语表达作为课堂活动的主要交流媒介等。

一节精彩的、有效的课是师生共同构建的。因此，要打磨升级一节课，除了观察执教教师的教学行为，学生在课堂上的行为更应该是一个重要的关注点。对学生的观察，应该注意哪些方面呢？磨课者首先应该观察学生在课堂上的参与度，参与度是指学生的参与面（参与活动的学生人次）及积极程度（主动举手的学生人次和场景）。这是判定教学环节有效性的重要参考。接着，观察学生在课堂中的地位。磨课者应当观察并分析执教者是否是以学生为活动主体，具体表现在：教师的话语变化、教学策略、教学方式有没有以学生的需求或学生的课堂反应和表现作为出发点。此外，磨课者还需关注学生对教学内容的感知度。学生是否可以在执教者的引导下，发现问题，提出问题，并且发表自己的见解？是否能够在超越语篇的活动中表现出创新能力和批判性思维？学生是学习活动的主体，观察和打磨好学生活动，改善学生行为，教学设计要确保以学生的"学"为核心。

师生的语言表达推动着课堂的进行，因此课堂师生语言表达也需要磨课者的观察和打磨。师生的话语交际包括言语和非言语两个部分。言语交际主要指教师和学生谁在说，说了什么，提了什么问题，做了什么回答；非言语交际指的是教师和学生的面部表情、肢体动作、姿态仪态等。磨课者对此要仔细地观察和分析。对于课堂组织的话语交流，磨课者应关注教师说话时长和学生说话时长的比例，观察学生的说话是不是占主要比例；在教师提问方面，提问的内容是真实启发学生思维的内容，还是属于无效的封闭性问题；对于学生的回答，教师是否可以进一步提出建设性的问题，启发学生层层深入，培养其思维品质；教师是否能够从学生非言语反应体察到学生对于问题的态度和对教师评价的感受，教师是否能够在体察到学生非言语交际的含义的同时，进行个性化、针对性的启发和引导；教师的指令是否清晰、易懂，是否配有非言语交际作为指令的辅助；教师是否能够在对学生错误的回应中甄别出关键错误和非关键错误的区别，是否能够在不打断学生的情况下，在学生作答之后再鼓励学生自纠错误等。

最后，关注时间分配问题。磨课者观察执教者对课堂时间的把握和节奏的控制。恰当的时间分配和课堂教学节奏能够提高学生对课堂内容的关注，提升教学活动的效果。时间分配不合理或上课节奏过快，学生无法充分地参与；过慢，学生会觉得疲劳而注意力分散。不论是哪种情况，都将使得教学效果大打折扣。因此，磨课者要帮助执教者把握每一个教学环节的时间，让课堂稳步推进，在适当的情况下，需要对某些教学活动缩短、删减或者调整。

三、怎么磨？

从以上内容我们已经初步知道了磨课磨什么，在这一部分，我们将关注磨课该怎么磨？教学规程清晰地把这个问题进行了拆解：①以何种证据或标准入手？②如何帮助授课教师修改教学设计？③磨课的组织形式应该是什么？下面以这三个问题为切入点，谈谈该如何磨课。

教学规程强调，一节课的教学设计和课堂呈现应该以《课程标准》作为依据，对于一节课的打磨，第一标准也自然是《课程标准》。《课程标准》重在培养学生的英语学科核心素养，即语言能力、文化意识、学习能力和思维品质，这四种素养又有三级标准划分，磨课者可以借助这些标准进行磨课。

下面以文化意识的三级标准为例，结合 To Be Doing & To Have Done 英语语法课，阐释沉浸式研训活动中教师是如何磨课的。试讲时，授课教师完成 to be doing 和 to have done 的语法教学之后，要求学生改写教师提供的关于"南京大屠杀"的语篇，以达到知识迁移的目的；学生改写完成后，教师再提供一些涉及目标语法结构的填空题，整堂课结束。但是问题来了，改写语篇的意义体现在哪里呢？仅仅是作为一个活动程序吗？课堂活动的基础是语篇，如果语篇的选择是随机的、可以被随意替换的，那么一节课的核心价值观就无法得到很好的体现。这个活动一定要修改。修改的依据是什么？根据《课程标准》中对文化意识的三级要求，即"分析、鉴别文化现象所反映的价值取向，自觉坚定文化自信；汲取优秀文化，具有正确的价值观、健康的审美情趣和道德情感"，基于《课程标准》，教研员建议授课教师在 Post-Task 环节升华语篇主题，即结合语境引导学生运用新学语法结构表达自己的看法。经过讨论修改，最终的课堂活动呈现如图 2-8 所示。

图 2-8　课堂活动呈现

学生根据所给出的关键词和新学语法结构，表达自己对南京大屠杀这一历史事件的看法，并且以史为鉴，反思今日。通过这个环节，增强学生的文化意识，增强学生的民族自豪感和文化自信心。

但是，《课程标准》往往提供的是教学导向，而非具体方式。比如，《课程标准》要求培养学生元认知策略，其中包括"计划、监控、评价和反思认知策略、交际策略和情感策略的学习和使用，总结经验，并根据需要进行调整"。磨课者以此为切入点对执教者的教学行为进行评价，但是却存在这样几个问题：这项元认知策略的要求只能在课堂上呈现吗？如果通过课后任务能够实现提升，那它和课堂教学行为是什么关系？怎样才能把课后和课上进行有机结合以更好地培养学生的元认知策略呢？以上这些策略追问体现了磨课和评课的最大区别：磨课不仅需要评价，还需要给出后续的具体建议，该建议将转化为教学活动设计，并运用在二次实践中。磨课者依据什么提出修改建议呢？那就是教学规程。指向学科核心素养的高中英语教学规程包含大量的行为描述，帮助磨课者评价、打磨一节课，给出许多合理化的建议。比如，对于刚刚提到的元认知策略，在"概要写作教学规程"中有如下的表述：课前，"学生理出语篇话题，找出5~6个关键词，然后结合关键词和文章主旨写出5~6个句子，最后简单整合所写的句子，形成概要初稿"，课堂上，"以互动的形式确定语篇话题，检查汇总学生挑出的关键词和相关语句，经过讨论确定5~6个关键词和相关语句。"这两个行为，一方面将学生的任务合理分配到课下和课上，解决了课堂容量过大的问题；同时，在这个过程中，学生获得了概要写作认知策略（找出5~6个关键词），获得了评价措施（以互动和讨论的形式，检查、汇总并确定学生挑出的关键词和相关语句）。在这个过程中，学生知道了该做什么、如何做、怎么确定自己做的是对的，这不就是学生的元认知策略吗？因此，教学规程为教学行为提供了参考，帮助磨课者解析《课程标准》，提供切实有效的修改建议。

在了解了磨课的依据和标准之后，如何给执教教师提供合理化建议呢？

课堂提问经常会出现无效或者低效的情况。如果教师所提的问题较难，学生无法回答，这样的问题往往是无效的；如果教师所提出的问题过于简单，或者只是涉及唯一答案的问题闭循环，低估了学生的学习水平，这样的问题也是低效的。磨课者可以通过以下几个维度来帮助执教者打磨教学设计、优化提问策略：第一，教师提出的问题是否能引起学生好奇等积极心理变化？是否能启发学生思考？第二，执教者的提问是否聚焦于本节课学生需要掌握的核心语言知识或技能？是否能帮助学生提升认知能力？第三，执教者所提出的问题是否能够启发学生的发散性思维？第四，执教者的提问是否运用了某种语气或非言语交际策略，帮助学生解除紧张心理，让学生可以积极表达自己的想法？第五，执教者的提问是否具有吸引力，激发学生表达的欲望，并能在回答之后得到正向反馈？第六，执教者是否能够通过问题，激发学生已有知识，以旧促新？

为了达到这六个标准，磨课者可以通过三种策略打磨课堂提问。首先，要帮助执教者精心设计自己的问题，考虑学生能够通过问题学到什么，激发学生展开思考和想象。其次，运用候答的方式进行提问。建议执教者在提出问题后，给予学生思考的时间，让学生能够整理自己的思路，从容回答问题。这样，才能体现学生是课堂主体的原则。问问题的方式可以分为追问和反问两种方式，追问指的是学生作答之后，执教者根据学生回答再次提问，帮助学生深入思考；反问指的是教师通过疑问句传递信息，强调关键信息并促使学生思考所答内容是否合理。当然这里的反问不是讽刺和责难，而是启发性的反问。是课堂动态生成的提问，因此，磨课者要帮助执教者复盘上课时的场景，并且结合以上策略，给出合理化建议。最后，磨课的组织形式。磨课的过程，是以团队为单位，互帮互助，提出问题并解决问题的过程。正如在"磨课的意义"中所提到的那样，每个教师都有自己的思考方式，大家能够从各个侧面对一节课提出自己的看法，帮助执教者获得更宽广的视野和空间。沉浸式研训中的磨课活动，前几棒执教的教师和被磨课教师课后共同研讨，关注问题及应对策略，比较当下课与前两棒课的异同，探究个性化施教的最佳方案。在具体的组织形式上，可以有以下三种方法。

第一种，问题突击型磨课。在这种形式中，团队中的教师集中在一起，就课中的某一重点和难点进行多次、反复的推敲和讨论。这样的组织形式便于参与磨课的教师发挥众人所长，聚焦、克服课堂中所呈现出的某些问题，打造精品课。第二种，单元延续型磨课。一节课不会孤立存在，而是服务于整个单元的教学。基于这个理念，在单元延续性磨课中，各个磨课教师可以结合该课之前或之后课时的教学目标，帮助执教教师反思、修正本课的教学设计和教学活动，使其能够服务于单元整体教学。第三种，基于课堂实录的磨课。磨课时，教师往往是通过记忆来回顾课堂教学的情况，但是记忆可能会有偏差、模糊，这会影响磨课的效果。而视频观摩，可以帮助磨课教师和执教教师直观地看到师生互动、教师教态、活动时长、学生整体投入程度等，这样执教教师和课堂实录观摩者能够清晰、客观、全面地掌握课堂教学情况，给出全面合理的后续教学建议。

四、磨后跟进

磨课是为了让执教教师有更完美、更科学的课堂呈现，但磨课只是磨课者工作的一部分，另一重要部分是磨后跟进工作。这部分的意义完全不亚于磨课本身，因为磨课中的修改意见通常基于理论和磨课者的经验，而课堂实践会随着教学环境、学情的变化而产生许多变数，因此，实际操作时，需要根据磨后跟进情况进行多次磨课调整。

以沉浸式研训活动中概要写作课程第二棒为例。这节概要写作课的教学对象为高一学生，教学设计参考了第一棒执教教师针对市实验性示范性中学高三年级开设的一节概要写作课的教学设计，因此，在第一次试讲中，学生要当堂完成两篇文章的概要写作。

然而，实践发现，由于高一年级学生的知识储备和英语水平尚未达到高三学生的程度，要完成两篇文章的概要写作困难较大。因此，磨课教师建议执教教师将完成两篇文章概要写作的任务缩减为完成一篇文章的概要写作。

按照这个建议修改后，整节课的容量符合高一学生的水平，教学任务能基本完成。但在实践过程中，又出现了另一个问题：高一学生难以通过关键词拓展生成主旨句。一个英语语段一般会以增补、转折、原因和时间等方式展开。以原因为例,只有将因果关系呈现完整,才能确切反映一个语段的大致内容。第一棒执教教师的授课对象为高三学生,英语水平较高,所以很少出现从关键词到主旨句之间的信息遗漏。

然而,第二棒执教教师引导学生由关键词过渡到主题句时,耗时长效果还差,学生花了超过预期一倍的时间,却还是遗漏了一些关键信息,这直接影响了后续的评价环节。为什么会出现这样的情况呢?由于高一学生进入高中后才开始系统的语篇学习,知识储备不及高三学生,难以从语篇分析入手准确定位关键词;因为不擅长分析句间关系,高一学生在拓展生成主旨句时,往往会遗漏段落中的其他关键信息,程度较好的同学发现了问题,但一时想不到解决方法,犹豫之间,浪费了很多时间。基于这个情况,磨课教师建议授课教师增加一个教学环节,即梳理关键词和语篇其余段落的连接方式,引导学生找出段落关键信息。授课教师根据这一建议调整了教学设计,增加了细节信息的筛选环节,帮助学生从关键词逐渐过渡拓展成主旨句。

在随后的第三次教学实践中,学生从关键词到主旨句的生成过程非常顺利,学生有更多的时间进行自评、互评等超越语篇的创新类活动。由此可见,磨后跟进、反复磨课能够帮助执教教师不断发现、改进教学中的问题,优化自己的教学行为。磨课是帮助授课教师教学螺旋式上升的过程,是根据学情践行《课程标准》的要求,依据教学规程调整教学实践的过程。以《课程标准》、教学规程为基石,以磨课为杠杆,教师就能够真正做到"拷贝不走样,拷贝要走样"的研训理念,完成一堂既符合先进教学理念又符合具体实际学情的好课。

第四节　评课

一、谁来评课?

评课是一种有效研究课堂教学的方法,是教师相互学习,切磋教学技能,研究教学理论的重要途径。通过评课,教师可以提高自己的教育教学水平并获得专业上的迅速成长。传统的教研活动中,一堂公开课后往往是由专家、教研员或教研组长进行评课,这种评课形式自然有许多益处,因为这些教学权威可以科学地、理性地对执教者这堂课做出基于先进教学理念的合理评价。但是在这样的教学研讨中大部分听课教师的获得多为被动接纳,鲜有普通教师对听课内容主动发表意见,更不用说思考规整听课所得、并运用到日常教学中,甚至有些教师可能处于不能理清思路的状态中,就匆匆结束了活动,这样的教研实效是有限的。此外,鉴于公开课的特性,大多评课意见多为溢美之词,即使点出不足之处也如同隔靴搔痒。因此,即便是公开课上的很漂亮,大部分的听课教师却不能够将公开课上体现的先进教学思想最大程度地内化、借鉴并迁移到自己的教学中,帮助其解决教学实际问题的作用不大。也就是说,教研活动后公开课中的先进教学理念在日常教学中的实践推广实际上是非常困难的。

在沉浸式研训中,我们试图突破常规评课做法,把评课权交给每个参与接力的教师,以理论指导实践,以实践指导评课,以评课促进实践,取得了很好的研训实效。沉浸式研训规程中对评课的要求见表2-3。

表2-3 沉浸式研训规程中对评课的要求

教研过程	谁来评	有何好处
下沉示范 第一棒 (我行)	教研员/ 骨干教师	专家型教师评课 ● 结合先进教学理论谈课堂教学,帮助听课教师提升理论水平; ● 详细阐述该课型教学规程的理论基础,结合实践谈教学规程实施重难点和实施过程中容易出现的问题; ● 实证评估教学规程的有效性和可操作性
浸润实践 第二棒 (你行)	第一棒 执教教师	实践教师评课 ● 对比自身实践教学规程,明确本堂课的亮点和特色; ● 结合磨课,阐述本堂课步步提升的过程,进一步阐述教学规程的理论基础
接力升级 第三棒 (他行)	第一棒和第二棒执教教师及其他参与活动的教师	实践教师评课 ● 结合自身实践过程,发掘教学规程的可操作性与可复制性,挖掘教学规程的理论深度; ● 对比前两棒教师的评课观点,拓宽其他教师评课思路; ● 更多教师参与评课,有助于呈现教学规程在操作中遇到的困难,并能在前两棒教师的帮助下解决困惑
辐射推广 第四棒 (都行)	前三棒执教教师及其他参与活动的教师	实践教师评课 ● 分工合作,让评课视角更宽广,有利于教师反思自己的课堂,加强自身理论与实践结合能力; ● 评课队伍规模不断扩大,有利于其他教师主动运用教学规程进行评课,也有助于其他教师根据自己的学生特点,调整教学设计

从表2-3中可以看出,沉浸式研训中,随着每一棒的接力传递,评课队伍不断壮大,每次评课内容也越发深入。第一棒执教的教师通常全面诠释课型特点、详细阐释教学规程和实施路径(一般第一棒由教研员示范,也可以由骨干教师担任)并进行示范评课。此时的评课更接近于交流学习,观课教师可以进行质疑和研讨,并对该课型的可操作性进行评估,授课教师答疑解惑,便于后续教师接棒。第二棒教师上课后,同样进行全区研讨,此时评课教师更多地关注学生梳理整合、应用实践、迁移创新的过程和实效。对于课堂存在的问题,通过评课的形式提出改进意见,并在之后的接力中及时修改。第三棒教师上课后,主要由前两棒的教师进行评课,并与其他教师进行交流。在评课中,教师关注该课型的教学规程是否具有可复制性,在不同类型的学校、面对不同学情是否依然可复制,易于操作。第四棒教师上课后的点评则放手给前几棒老师,每棒老师从实用性、实效性和实践性的角度依次评课,同时为了避免评课内容的重复,每棒教师自主分工合作,选取不同的观察点,有的放矢的进行评课。同时参与接力的教师也将从自身实践后的课堂变化亲证教学规程的实用性。

将评课的话语权交给一线教师,可以大大提升教师参与教研活动的积极性,让教师成为教研的主体,让教研真正、切实解决日常教学中的难题,拓展了教研的广度与深度,评课教师"能说会道",理论与实践能力大大提升,听课教师也积极思考,跃跃欲试,希望成为下一棒的接力者。参与沉浸式研训的教师深深地感受到这样评课的好处。图2-9所示为团队教师评课后在微信群分享的心得体会。

李老师：之前很少参与大型活动的评课，轮到我评课时，心里就会很紧张，主要担心切入口不合适，评不到点子上。而参与了沉浸式研训后，厉老师要求我们必须上台点评，如果说第一次还比较生涩的话，到了第三、第四棒后，我就驾轻就熟了，包括对规程的理解，对课堂的把握，并能运用《课程标准》中的教学理论进行点评。有了成竹在胸，我评课时再也不紧张了。

沈老师：我以前评课往往是"从心而评"，凭借自己的经验，就自己看到的某些点、某个环节提出建议，而对于课堂整体结构、流程设计，通常没有概念。而经过多次沉浸式研训后，我已经能尝试着解读课堂教学背后的理论基础，对《课程标准》的解读、教育理念的理解也更加深入；还能尝试着提出一些专业性比较强的意见，帮助执教教师丰富课堂形式、完善课堂结构；更让人开心的是，整个团队就如同一个学习共同体，我不是一个人在探索。

图 2-9 评课后分享的心得体会

正是在这样的评课接力中，每棒教师都成了评课的主力和专家。

除了参与实践的教师的评课能力得到提高外，所有参与沉浸式研训的教师也感受到了翻天覆地的变化。教师们原本对教学规程是有疑虑的，看到好的展示课只觉得其中作秀的成分比较多。但通过每棒实践教师的点评，分享磨课过程、讲述教学规程实施的重难点，听课教师发现这其实是实实在在的课堂教学研讨，评课教师针对教学环节为听课教师一一答疑解惑，许多教师有了想要亲自上研究课的冲动。平时听课教师不会参与评课，现在每个教师都可以评课，愿意评课，尤其听前几棒执教教师评课，感觉少了以往专家带来的距离感，听课教师们都忍不住想要说上两句：

李老师：今天听了一堂试卷评析课，原本对于上课要讲什么内容很疑惑，听了沈雅茜老师的评课，很有启发，她说选取老师想讲的重点题和学生想听的易错题来讲，觉得豁然开朗，教学困惑得到解除，自己也想尝试下试卷评析课。

王老师：以前教研活动大都是被动地听，但今天在通河中学听了一堂优秀的听说课，我很想说几句：学生们积极踊跃、言之有物。一些共性地东西，前面的评课教师已经说的非常清楚，我不再赘述。我想说的是，我校学生和他们的学生有很多共性，我感觉规程会非常适合我们，也希望李老师能把课件分享给我们，让我们在自己的备课组进行实践。

从这些参与沉浸式研训的教师的心声中可以看出：一线教师参与评课，锻炼了评课教师的能力，提升了听课教师的积极性，实证了教学规程的有效性，促进先进教学理念落地，大大提升了教研实效。

二、评什么？

评课究竟评什么？相信每一位教师都有过这样的困惑。教师们希望从公开课中学到一些对自己教学有用的东西，然而传统教研活动的评课活动中，许多教师的评课没有章法，想到哪儿评到哪儿，随意性较大；谈到课堂教学设计时面面俱到，讲到问题就蜻蜓点水。一些教师通过评课学到些许形式上的教学手段，由于自己学生的学情有别，使用起来又无法得心应手，因为课堂中的实质内涵没有学到。这好比是武功中的花拳绣腿，看似学会了，实际上只会招式，自己却没有内力加以融合，结果只能自我赏玩，不能拿出去动真格。沉浸式研训中的评课，不只关注其中的一招一式，更注重课堂教学背后的教学理念和教育思想。为了达到这一目的，沉浸式研训从评教学目标、评过程策略、评学生参与度等方面为教师提供了评课标准和相应的要求，为评课教师指明了评课方向，为教师评课制定了明确的评价参考坐标。

1. 评教学目标

教学目标是一堂课的核心，是判断课堂有效性的基本指标，在《追求理解的教学设计》一书中提出的逆向设计："先确定预期结果，学生应该知道什么、理解什么、能够做什么"，其实这就是我们所说的教学目标。根据目标设计来指导学生学习体验与教学活动，所有的教学设计都为了达成教学目标服务。因此在评课时，教学目标的完成度是评课的重要标准。我们从评教学目标与课标要求的一致性、评教学目标与教学内容的一致性、评预设目标与课堂生成的达成度这几个角度来评教学目标。

（1）评教学目标与《课程标准》要求的一致性。

《课程标准》中指出，培养和发展学生的核心素养将始终处于学校教育的中心地位。在未来的英语学科的课程及教改中，"核心素养"既是课程内容的纲要，也是教学环节的主线；既是学生发展的目标，也是教师教学的追求；既是教学活动的导向，也是学业质量的标尺；既是教材编写的依据，也是教师培训的指引。《课程标准》更强调对学生语言能力、文化意识、思维品质和学习能力的综合培养，同时《课程标准》倡导指向学科核心素养的英语学习活动观和自主学习、合作学习、探究学习等。的确，知识只有通过学习者在特定情景下的自主参与、互动体验、分析评价、内化迁移才能真正建构起来。沉浸式研训的各种课型教学规程都符合《课程标准》的要求和教育理念，因此在评课的时候，我们需要关注课程设计是否与《课程标准》一致，是否具有适切性。以淞浦中学（上海市普通中学）王慧老师执教的听说课 *Growing Pains* 为例，教学目标呈现如下：

By the end of the period, students are expected to
- recall expressions in the passage such as *hope*, *try*, *forbid*, *What matters is* and their

extension.
- manage to apply the expressions to express their own stories and attitudes toward dad.
- get bolder to speak English to the best of their ability in and after class.

评这堂课的教学目标时,我们可以提出以下几个问题:课堂是否依托一定的主题语境展开教学?是否引导学生对主题意义展开探究?教学目标是否体现了《课程标准》中所提倡的英语学习活动观?教学目标的设置是否合理?教师如何检验教学目标实际达成情况?通过回答上述问题,评课教师能够迅速判断目标的制定是否紧扣《课程标准》要求、是否合理。

依据以上思路,沉浸式研训听说课第一棒李伊老师对 Growing Pains 的评课内容如下:

本课依托人与自我的主题语境。成长的烦恼一直围绕着高中生的学习生活,学生对这个话题有话可说。从课堂反映看出,同学们听到该话题时就议论纷纷,跃跃欲试。其次,本课有机结合了三种英语学习活动观,依托语篇,帮助学生回忆此话题的重点语词和知识点,学生根据上下文理解语词,在新的语境中迁移应用目标语词。教师由浅入深推进活动的开展,比如说,通过让学生寻找文章的关键词为突破口,这好比给了学生一个支点,用这个支点"撬"起整堂课的学习。王老师对语词的复习属于非常基础的学习理解类活动,但是她的处理很有特色,学生回忆原有熟悉的知识,造句补充,不仅加深对这些语词的理解,还为后续的活动作了充分的准备。在说故事、表态度环节,王老师以支架、提问、图片等形式为学生搭建脚手架,引导学生用学过的语词讲述自己的成长烦恼以及解决烦恼的态度,这正好体现应用实践类活动的特点,而教师提供的帮助,降低了原有活动的难度,让普通中学的学生达到了"跳一跳能够摘到苹果"的学习效果。学生的自评以及同伴之间的互评,是语言的迁移运用的最佳体现,符合迁移创新性类活动的特点。既要听懂他人所讲,又要运用自己掌握的语言去评论他人的作品,实现了基于语篇又超越语篇的教学理念,着力培养了学生的核心素养。美中不足的是,语篇的量比较少,学生的输入不够,从而输出也非常的有限,教师可以在课后或者课前为学生适当补充类似话题的语篇,或许本课的效果会更好。

依据《课程标准》评教学目标的好处是:将教学理论与教学设计相结合,能迅速判断目标设定是否合理,并迅速定位教学重难点,有助于教师把握课堂教学的核心内容。

(2) 评教学目标与教学内容的一致性。

依据所设定的教学目标,我们能够迅速厘清课堂脉络,规整零散的课堂片段。有些看似设计很好的教学环节,由于缺乏对这个教学环节的意义和目的的深入思考,课堂的教学内容与教学目标割裂,目标没有载体,这些活动达不到预设的目标,导致学生参与了教学环节却没有实质收获。因此,在评课时要注意教学目标与教学内容的一致性。

以上述听说课 Growing Pains 为例,教学目标提出 recall expressions in the passage such as *hope*, *try*, *forbid*, *What matters is* and their extension. 为了达成这一目标,教师通过 PPT 展示音频中的核心语词,学生尽可能多地回忆其同义词、反义词并拓展造句,帮助学生在回忆的同时,形成语汇链。之后 My Story 环节,学生运用上述语汇,讲述了自己与同学或父母间的烦恼故事,这一教学过程与教学目标 manage to apply the expressions to express their own stories and attitudes toward dad 一致。

再以沉浸式研训中试卷评析课型为例,教学目标是 recall and solidify the important language points reflected in the test paper。评课时,我们注意教师如何帮助学生回忆和巩固重点知识,如果仅仅是让学生讲题,那么只完成了部分教学目标,目标中 solidify the important language points 实际上没有达成。所以,评课教师需思考:教学设计中是否有对应环节帮助达成这一教学目标?是部分达成还是全部达成?如果达成有困难,需要如何调整?

因此根据教学目标评教学内容,能判断教学设计是否合理,评价教学实效,并提出行之有效的改进意见。

(3) 评预设目标与课堂生成的达成度。

对教学目标的文本解读不是无限制的,要和期待学生达成的学习效果一致。解读不是目的,把解读出来的内容通过活动设计转化为学生的学习经历,引领学生在探究语篇主题意义的过程中感知吸收,内化迁移才是其意义和价值所在。

评课时,教学目标的达成与否取决于学生在课堂学习前后的变化,不是以简单的 good 或 great 来评价的。对于评课老师来说,也不是只关注教师的教学环节,或是简单地关注学生的学习行为,比如举手次数等,还要关注学生对目标任务的完成情况,上课前他们对教学目标是否知晓,对教学内容是否理解,课堂上的表现如何,而课后表现又如何,与课前相比有什么变化或进步等等。

沉浸式研训活动为教师提供了一些课堂观察量表,帮助每一棒接力执教教师从不同的观测点出发,观察课堂。此外,评课时教师对数据进行加工,以数据论证课堂的有效性,以及目标达成度。下面以行知实验中学(区实验性示范性中学)龚赟老师执教的一堂概要写作课为例,沉浸式研训评课时采用了目标的达成度观察量表,见表2-4。

表2-4　目标的达成度观察量表

核心目标	教学环节	学生回答评价	教师如何引领学生思考	教师如何处理生成的问题
extract the main points of an exposition based on key words	学生交流关键词	关键词有点分散	通过问题驱动	采用学生间意义协商的方式
make a summary after reading an exposition via CNPC knowledge	学生运用CNPC知识写概要	用从句连词较多,其余知识较少	通过分解段落,先从连词成句入手	通过语言鼓励及部分提示
appreciate and evaluate others' performance in class	点评交流	能点评自己或他人的作品,但一些同学语言用词较匮乏	提供checklist	从语言到结构给学生提供支架

课后,沉浸式研训团队成员根据观察量表点评如下:如何选出关键词和语篇要点是普通中学学生在概要写作中经常遇到的难题。龚老师的学习目标中,第1条就是根据关键词抓住说明文的要点,于是我们在听课中关注了她的这些环节。关键词是由学生通过预习选出的,在全班确定关键词的时候,龚老师采用了意义协商的方法,但是从分享的结果来看,个别同学选取

的关键词比较分散,与教师的预期不符,这成为整堂课的一个难点所在。这时龚老师请了一个同学发表了自己的看法并分析理由,全班同学认同后再确定其为语篇关键词,教学环节非常紧凑,教学效果明显改变。从锁定关键词到确定语篇要点的过程中,龚老师采用让学生从关键词出发,在文章中找出与这个关键词有关又能表达相关要点的方法。学生在交流的过程中,个别同学没能找到要点,龚老师采用问题驱动的方式,如 What's the purpose of listening? 来引导其找到要点,通过教师的启迪帮助学生达成学习目标。再如学生评价环节,设计的初衷以评促学,通过评价他人表现反思自己的完成情况并予以提高。然而起初,学生只以 good 或者 I like it 来评价,这就失去了希望通过评价建立起对他人或自身作品的欣赏与评价这一目标设定的初衷,这时龚老师为学生及时提供 checklist,学生可以借此进行评价,此时的互动互评有结构的提示,也有内容的支撑,从而实现了教学目标较高的达成度。

团队通过"课堂观察量表"评课,帮助评课教师迅速切中要害,更清楚地评价预设目标与课堂生成,从而判断课堂教学的有效性。

综上所述,沉浸式研训通过"评教学目标与课程标准要求的一致性""评教学目标与教学内容的一致性""评预设目标与课堂生成的达成度"这三个维度来评教学目标,结合理论与实践,明确教学的方向,帮助教师及时调整教学。

2. 评教学过程和策略

教师理解学生的学习吗?新课程背景下提倡的以学生为本的教学理念在课堂教学中如何体现?沉浸式研训从观察学生的学习过程及关注教师对学生学习策略的指导两方面评价教师的课堂教学。

(1)观察学生的学习过程。

学生在学习时需要帮助,但他不希望教授者剥夺他在学习上作出努力的机会,如果仅是教师简单的示范,或者替他完成,则剥夺了他自己探索的机会。在评课中,评课教师要关注学生上课的过程,也就是关注学生自己进行创造性思维的过程及其完成认知学习过程的策略。在听课前我们需要了解学生的知识基础和学习方式,要看教学规程是否有助于学生习得语言。布兰斯福特等人发现,当学习者外显化并表达自己正在形成的知识,学习效果会更好,他们认为最好的学习方式是学习者在知识尚未成形时就开始尝试进行表述,并一直贯穿于整个学习过程,这样学习与表达得以在反馈中相互促进。①他们认为很多情况下,当学习者开始清晰表达某个知识时,他们才真正学会了。

评课时,我们要观察教师是如何将学习者的学习认知过程外显化的,以此来探究学生的认知过程,这些外显化的学习过程有助于评课教师评价学生真实的思维过程和学习状况。

下面以沉浸式研训中陈娅琴老师执教的一节写作指导课为例,探讨评课时如何采用柯林斯认知学徒制的方法②来观察学生的学习过程,见表 2-5。

---

① Bransford, Brown, Cocking. How People Learn:Brain, Mind, Experience, and School[M]. Washington, DC:National Academy Press, 1999.
② [美]索耶主编.柯林斯认知学徒制[M].徐晓东,等,译.北京:教育科学出版社,2010:59.

表 2-5　写作指导课示例

方　法	内　涵	课堂表现
示　范	教师演示操作任务，学生进行观察，并对完成的目标过程形成概念模型，这就要求教师将常规的内部活动外显化	教师提供学案，预设破题任务
辅　导	当学生执行任务时，教师对其进行观察并提供反馈建议	在学生对核心词一筹莫展时，教师举例，引导学生寻找核心词汇。以 sports meeting 为例，通过师生交流，共同回顾本学期的田径运动会，梳理必备词汇，如：athlete, field/track events, champion, gold medal, break the record 等
脚手架	教师提供特定领域内的稍高一些层级的支持，来帮助学生执行任务	学生无法理解两个核心维度 description, opinion or impact 时，教师为学生创设真实情境，引导学生结合生活经历拆解维度
表　达	学生明确陈述某个领域中的知识推理或问题解决的过程，教师鼓励学生表达他们的知识和想法	有的学生不愿意上台交流时，教师先就共性的问题进行指导，而后邀请部分学生上台分享习作，同时也请同组的成员评价该同学的闪光之处和缺陷并提出相应的改进意见
反　思	将学生自己的问题解决过程与专家、其他学生的解决过程进行对比，还要和专家智慧的内部认知模式进行比较，对某些可以体现专家和新手行为的关键特征进行抽象重播	当学生未能了解好作文的标准，给予的分数缺乏合理性时，教师举例帮助学生理解评价细则的含义
探　索	引导学生自主寻找解决问题的模型，通常教师先制定总的目标，然后鼓励学生关注感兴趣的子目标，建议学生提出自己的问题并及时解决	教师鼓励学生有根据地修改习作，基于小组成员的建议，改善习作中存在的问题

通过上述观察，课后评课时评课教师作如下点评：

本课根据写作指导课教学规程，采用过程性写作教学法，重视对学生写作过程的指导。与常规作文指导课教师提供范文不同，课前陈老师为学生提供学案，让学生主动地找寻该作文题目的入手处，寻找破题之法。从课堂学生的表现来看，他们对作文题目已有足够的认知，一个小小的步骤让学生由被动接受范文转向对作文内容的主动探究。课中，陈老师根据学生的写作学习过程及表现情况，适时地调整课堂教学，帮助学生逐步从语言、内容、结构上提升写作能力。针对学生表达卡壳的情况，陈老师通过师生交流的方式，带领学生逐步梳理回忆，构建相关话题的核心语汇链，从而帮助学生形成语词积累。针对写作课学生不愿主动上台交流这一共性问题，陈老师采用指导助力→榜样带动→同伴鼓励等循序渐进的任务，逐步帮助学生克服畏难情绪。

由此可见，利用课堂观察量表观察、记录学生的学习过程，让评课教师能够更加清晰地观察教学规程指导下的课堂教学，可以帮助教师做到精准评课。

除了观察学生外显化的认知过程，课堂中的师生互动，学生自主表达，理性分析也应该成为课堂观测的另一个关键点。在教学过程中，教师提供有针对性的辅导，不是直接告诉学生答案，而是创设能让学生表达观点的情境，为学生提供脚手架，通过脚手架的提示与线索，促使学生积极的投入学习。这也是我们通过实证分析教学规程合理性的一个重要点。以评价上海市

通河中学李伊老师执教的听力课 I'm Proud of My Scar 为例:

活动的设置充分考虑了学生对听力语料的理解过程。学生在找关键词与主旨时,十分自信,一是有材料配套相关问题作为提示,二是所选材料文本是记叙文,学生此前已经学习了记叙文的相关阅读策略,因此当阅读形式变成听力形式后,学生自然而然地能够迁移所学技能和策略。在这一过程中学生通过以旧带新,积极主动地建构自己的知识结构,教师的引导也是脚手架,随着学生能力的发展和提高,可以逐渐拆除或调整脚手架。

上述评课思路关注了教师为学生搭建学习支架的作用,教师通过铺设支架帮助学生顺利的获取听力信息,为接下来的自主表达奠定了基础。

教师熟知了这样的评课思路,在教学中就会更多地关注学生外显化的认知过程、师生互动过程,更多地关注学生的学习过程。这样,评价体系随时指导教师改进自己的教学,提高教学的有效性。

(2) 关注教师对学生学习策略的指导。

在六要素整合式教学中,学习策略主要指学生为促进语言学习和语言运用而采取的各种行动和步骤,是学生在语言学习和运用的活动中,因问题意识的驱动而采取的调控和管理自己学习过程的学习行为。然而,学习策略不是学生生来就会的,需要教师通过日常教学点滴渗透、引导学习。要求教师注重思维训练,提升文化意识,教师不能仅仅满足于完成一节课英语知识的传授、语言技能的训练,还需要通过语言教学的内容及语言本身,促进学生在学习技能、交际技能等方面的良性发展。

以高中英语深度阅读课型第一棒张灵犀老师执教的课为例。要评价阅读教学中教师是如何对学生学习策略进行指导的,首先要熟悉相关的阅读学习策略。《课程标准》中列出了有关阅读的学习策略,见表 2-6。[①]

表 2-6 有关阅读的学习策略

必修	认知策略	在语境中学习词汇和语法; 根据篇章标题、图片、图表和关键词等信息,预测和理解篇章的主要内容; 根据语篇类型和特点,了解篇章的主要内容和写作意图; 根据语篇中的核心词等理解段落或句子之间的内在衔接; 通过快速浏览理解篇章大意; 通过扫读获取篇章具体信息; 借助图表等非语言信息进行表达
选择性必修	认知策略	根据不同语篇中的衔接方式,理解语篇的逻辑以及段落间的衔接; 通过观察、比较、分类和总结等手段,概括语篇的文体语言和结构特点,概括作者如何根据不同的交际目的,选择不同的语篇类型; 利用语篇衔接手段,有逻辑的组织信息

结合《课程标准》要求,张老师通过任务驱动课堂,指导学生掌握阅读学习策略,达到深度阅读的效果。与以往阅读教学方法不同,张老师牢牢抓住人物传记这种极具代表的语篇特征

[①] 中华人民共和国教育部.普通高中英语课程标准[M].北京:人民教育出版社,2018:41—43.

与文体结构,开头解构文本:从五个维度分析人物生平,即 Admiration、Background、Characteristics、Deeds 和 Evaluation,为了强化学生的应用能力,张老师引入另一篇关于音乐人孔祥东的介绍,让学生通过分析→对比与比较→重合→迁移,实现学生语篇阅读能力的提高。此外,张老师抓住传记的写作顺序,巧用时间轴,帮助学生梳理及理解段落和事件之间的内在衔接。但若阅读只停留于文字本身,放弃其中"人文价值"的挖掘,会使学生在习得文本内容的同时却失去了对思想意义探索的趣味。而本课最亮点的地方在于,张老师重构文本后抓住文本关键词与主旨,突出了作者的写作意图和价值取向,借此机会提升学生的文化意识。以下师生间寥寥数语,体现出学生对孔祥东深厚的家国情怀的体验和感悟。

T: Why did he turn to Chinese folk music? What was he aware of?

Ss: He was a Chinese.

T: In brief, what is it that helps him achieve the breakthrough?

Ss: It is the awareness of identity that helps Kong achieve the breakthrough.

结合《课程标准》有关学习策略的论述,课堂评价关注教师对学生学习策略的指导。通过评价教师的有效教学行为,探索引导学生掌握和运用学习方法,让学生在学方法、选方法、用方法的过程中,掌握学习策略与方法。

3. 评学生参与度

学生的参与度是教师评课时另一个重要关注点。《课程标准》指出以学科核心素养为指向的英语学习活动观,学是核心,教和评都以促进学为目的,整个教学活动聚焦于学生的学习活动。低效的课堂教学,往往是教师讲得多,学生学得少。要扭转这样一个局面,教师必须要注意几点:一、充分认识英语教学活动,首先是学,然后才是教,教是为学服务的;二、牢记学生是学习活动的主体;三、确保评价以促进学习为目的。①

在语言教学的课堂中,师生使用的语言本身是推动有效教学的一个关键因素。在与学生对话交流的过程中,教师应该注意自然地分配话轮,不是教师一个人说话,而是让尽可能多的学生说话;教师说话时,不是不间断地说很多话(如大段的独白),而是尽量引导学生说话;教师提出问题之后,要给学生必要的思考时间,不要急于给出答案或发表自己的意见。即使学生暂时遇到困难,教师也不宜直接提供答案,而是给学生必要的提示或引导。

又如,在概要写作中,我们在寻找关键词时,往往会采用意义协商的方法。在意义协商过程中,教师和学生通过对话的方式传递信息,沟通思想,建构意义(《二语习得理论》,Rod Ellis, 2003)。学生在这个过程中接触语言、体验语言、学习语言和使用语言。意义协商的过程主要关注语言的意义,而不是语言的形式。

作为语言学习课,师生互动中还应适度关注语言形式。因为互动的主要目的是意义协商或交流信息,因此必须在关注意义的前提下关注语言形式,否则有可能出现忽略意义、单一关注语言形式的"假互动"。

---

① 梅德明.普通高中英语课程标准(2017年版)解读[M].北京:高等教育出版社,2018:131.

为达成以上目标,沉浸式研训的评课活动同样采用观察量表的方式,学生参与度观察量表见表2-7。

表2-7 学生参与度观察量表

观察内容	教学环节								
学生参与度	学习主动性(主动举手/迟迟不举手)								
	学习兴趣(兴奋/一般/无所谓)								
	学习行为(观察/倾听/讨论/思考/评价)	行为	参与人数	行为	参与人数	行为	参与人数	行为	参与人数
	回答的质量(简单句/复合句/分词结构/段落)								

观察量表通过记录数据,检测师生互动的有效性、学生参与的广度和深度。比如,在听说课第二棒教学中,上课开始阶段,学生的回答以简单句为主。到 My Story 环节,学生的回答中包含了复合句甚至以段落形式呈现。可以看出,学生语言的质量得到了提升,思维能力得到了提高,达到了预期的教学效果。因此,通过完成观察量表来评课,评课更为准确,也避免给出一些比较宽泛没有实际指导意义的建议,比如要"面向全体学生","课堂互动要增加"等。

综上所述,从评教学目标、评过程策略、评学生参与度等角度入手,通过使用"目标的达成度观察量表"、"柯林斯认知学徒制的观察方法"、"学生参与度观察量表"等观察量表帮助评课教师透过现象看本质,并有的放矢地进行精准深刻的评价。

三、怎么评?

1. 亮点与不足

每堂课都有值得肯定的地方,传统的教研活动中,评课大多一味的说好话或避重就轻,失去了教研交流的目的,既不利于优质课堂的推广,也不利于教师的发展;有时只挑问题不提建议或泛泛而谈建议,不仅容易挫伤授课教师的信心,也不能切实解决实际教学问题。沉浸式研训的评课活动既肯定课堂中的亮点,也指出教学中的不足,并提供切实可行的建议供观课教师参考,沉浸式研训的评课活动旨在真实有用,以评促教。

一方面,肯定亮点。课堂的亮点是能够基于《课程标准》和教学规程,符合学生认知规律的精彩教学。评课老师将其提炼并阐释给观课教师,并且结合自己在课堂中观察到的目标达成度、过程策略的效度、学生参与度等,根据自己在观察时所记录的数据,论证教学设计的精妙之处。

以沉浸式研训语法课第一棒司南老师执教的课为例。传统语法课多是教师使用汉语组织教学,且以讲解语法规则为主。司南老师则另辟蹊径,全英文授课,学生也用英语与老师一起互动;教师没有将语法规则直接给学生,而是引导学生通过回忆已学语法知识,引出新授语法知识,在语境中比较两类语法知识的异同。运用 to have done 和 to be doing 两种不同的语法形式,讲述关于 iPhone 被没收的故事,从学生身边的事入手,学生听到就露出了兴奋的表情,有些同学开始若有所思。司老师成功地创设了一个学生感兴趣的语境,分别用已学语法知识和目标语法知识描述故事,引导学生比较两种语法结构的异同,以旧知促新知,帮助学生迅速理解和掌握目标语法。在 My Application 环节,学生借助教师的问题提示,运用现场所学的语法结构,独立完成对"南京大屠杀"一文的归纳概述,从而完成以旧带新的过渡环节,帮助学生完成知识的迁移与延伸使用。接着,教师并没有停止对学生批判性思维的培养,司老师鼓励学生分享自己对"南京大屠杀"的感受,从学生悲伤的表情和慷慨激烈的语气中,能够感受到学生愤怒的情感。课堂上学生实现了知识从建构到运用,再到迁移的升华,这堂课给人以耳目一新的感觉,俨然跳出了传统语法课教学的框框,是一堂集育德、育智、育人为一体的好课。

像这样能够标新立异,突破传统,却又十分接地气的课,在点评时就要把这种创新点展现出来。同时,课堂教学的创新还需兼顾实用性,一堂无法复制的公开课是难以推广传播的,也无法惠及广大一线教师的。所以,课堂教学的实用性是如何体现的,如何复制与推广,也是评课的内容之一。

以沉浸式研训试卷评析课第一棒执教教师沈雅茜老师的课为例。传统的试卷评析课通常是教师的"一言堂":教师挑选错题,讲解思路,总结知识点;学生被动聆听,闷头做笔记。将错题的分析讲解放手给学生,教师是需要有勇气和智慧的。沈老师的课依托于认知金字塔理论,通过"学生讲为主""老师补充讲为辅"的方式分析题目,学生成为课堂的主体,积极主动参与学习。学生在讲题的过程中,通过分析词性、句子结构、句意等方式直击问题的关键;从课堂现场来看,学生声音响亮、自信,可以看出学生课前也做了充分的准备,而教师及时鼓励学生积极思考,帮助学生提升分析、解决问题的能力。此外,沈老师讲解的题目是经过挑选的,主要是错误率在 30%～70%之间的题目,或者是学生想不明白的题目,这样经过挑选的题目大大提高了课堂教学效率,一节课内能够处理一份高三试卷的大部分内容。学生在讲题的过程中,不是被动的听讲、阅读、记笔记,而是在讨论、实践、教会他人。当学生讲题时表现出自信又条理清晰时,相信这位学生已经熟练地掌握了目标问题。这种学生讲得多,老师讲得少,学生愿意说,教师善于引,课堂气氛轻松活跃的试卷评析课的确很实用。很快,沈老师学校英语教研组的其他教师也开始尝试改变自己的试卷评析课教学方式了。

评课时除了发掘亮点以外,还要对比不足。不足之处说明教师对教学规程的理解或课堂教学的把控还有提升的空间。当然,现实中每堂课都会存在不足之处,但评课时要点评到位,不宜笼统含糊,如"表扬用语可以再丰富一些""要给学生留足够的时间思考"等。

以试卷评析课第四棒执教教师李一奇老师的课为例。从课堂上看李老师对试卷评析课的教学规程已烂熟于心,学生也非常认可这种模式的试卷评析课,课堂如行云流水般一气呵成。

那这节课还有什么可以改进的呢?

评课时,对比第一棒执教的沈雅茜老师和磨课前后李老师课堂的变化:李老师试讲时题量比较少,只能讲两个大题左右;学生讲了一半时,教师会不由自主地想要帮学生去完成未讲完的题……这些不足是我们在公开课时看不到的,而评课教师的讲述帮助听课教师规避了自己实践操作时容易走入的误区,帮助教师深入理解指向核心素养的试卷评析教学规程。沈老师在点评时,分析讲什么题(what),怎么讲题(how),如何通过课前训练帮助学生掌握讲题思路,如何通过两"想"两"讲"提高课堂教学的效率,这样的点评让听课教师直观地了解了试卷评析课的具体操作过程。通过前几棒执教教师的点评,听课教师认识到上好一堂课不仅仅是课堂40分钟,更要有课前的精心准备和课后的及时跟进,这样才能在研训活动中有的放矢的学习新理念,在实践中顺利复制、升级改进自己的课堂教学。

此外,另外两棒已执教过试卷评析课的教师对本节课Production环节也提出了自己的见解。根据教学规程,教师在Production环节给出新的语篇,旨在考查学生对自己所犯典型错误的掌握情况,学生要运用课堂上大家运用的解题策略与思路,独立完成对新语篇的处理。本堂课李老师在Production环节中给出了几句语法练习以及一句翻译练习。两位评课教师指出,语法练习偏重于单句的操练,依旧属于Practice的范畴。如何才能跳出Practice的范畴,帮助学生实现思维的提升呢?评课教师指出:可以采用语篇的方式,将知识点整合在内。也可以充分利用试卷中的语篇材料,挑选语篇中的长难句进行翻译,或挑选其中一个话题开展写作训练,或挑选某一语篇开展概要写作训练。因为在语言教育中语言学习的基本单位是语篇,而不是单词、词语或句子,"语篇是语言意义和文化信息的载体,而单词词语和句子作为语言的结构性体系,虽然各具基本意义,但这种意义在语言使用中常常只提供一种意义诠释,最终决定文中使用的词语和句子意思的是相关言语语境,包括言者或笔者的意图、情感态度及对其言语情境的理解。"①所以,在Production环节中建议教师更多关注与语篇相关的活动。

由此可见,评课教师提出不足时,语言不易过于笼统,流于表面形式,而应该结合实际给出操作性强的建议与意见,而评课教师也可以通过分享磨课过程和自己的实践过程提醒听课教师实践时避免走入误区,帮助教师在实践中成功复制、升级自己的课堂教学。

沉浸式研训评课时关注教学过程中的亮点与不足,帮助教师客观地看待课堂教学的优劣,通过去粗取精,去伪存真,让自己的课堂更具魅力和效力。

2. 经验与分享

沉浸式研训中,评课不仅关注课堂教学的亮点与不足,还为评课教师与听课老师的互动分享搭建了平台,也为教学实践和教学理论的融合架起了一座桥梁,让教师们在听评课的研训过程中,吸收大量的教学实践经验和先进的教学理念。执教教师在评课环节交流自己的教学经验及对教学规程的理解与思考,听课教师进行换位思考:这堂课我来讲会怎么做,怎样把这些先进理念带回去成就自己的家常课,哪些地方值得我去学习,哪些问题在我操作时需要避免。

---

① 梅德明.普通高中英语课程标准(2017年版)解读[M].北京:高等教育出版社,2018:52.

以沉浸式研训概要写作课教学为例。第一棒和第二棒的执教教师均来自上海大学附属中学（上海市实验性示范性中学）。在交流评课时，行知实验（区实验性示范性中学）的一位老师提出了自己的困惑：上大附中的学生，英语水平比较高，比较容易找到语篇的关键词、主旨句。而对于普通高中的学生来说，最大问题就是要点定位不准，该怎么解决呢？对于这样的问题，前两棒执教教师给出了这样的应对措施：关于寻找关键词，学生课前预习文章时，先自主思考关键词；课堂交流时，学生通过意义协商，小组或全班讨论关键词。由于关键词通常是复现率较高的词，经过讨论学生还是比较容易找到答案的。至于主旨句，是从关键词出发，找到与其相关的句子。如果学生掌握了这样的技巧，就可以快速抓住概要写作的关键所在。从抓关键词到找到主旨句，难度级别呈阶梯式的螺旋上升，易于被学生接受。除了提出建议和讲解教学规程操作的细节，前两棒执教教师借机邀请行知实验中学的老师接棒执教，开设一堂概要写作课的公开教学课，通过亲身实践来验证概要写作教学规程是否在不同层次的学校都能进行推广使用。在轻松愉快的氛围下，无意中又促成了行知实验中学教师承接概要写作课的第三棒接力执教展示任务。

可以说，评课时的经验与分享，能够帮助参加活动的其他教师在实践教学规程时避免走错路，或少走弯路。让教师觉得教学规程拿来就能用，拿来好实用，切实达成教学规程的推广使用，研训的实效才能落在实处。

3. 过去与现在

传统教研活动中，教师参与评课的积极性不高，不愿说或不会说；教研活动的效率偏低，听课教师评课时被动听评以至于听过就忘，也是教师参加教研活动的积极性不高的一个原因。在沉浸式研训中，基于《课程标准》和教学规程的评课，正在悄悄改变这种现象，这些变化体现在如下五个方面：准备充分、互动热烈、平台延伸、创新模板、专业支持。

（1）准备充分。每一位评课教师都是有备而来。教研员事先把教学规程发给大家，每位教师课前对教学规程做充分的研读，厘清规程的脉络以及操作的路径。此外，教研员也专门组织了多次对《课程标准》的专题培训，帮助教师轻松将教学规程与《课程标准》的要求对接起来。有的教师已经亲自执教实践过要研讨的主题单元教学课型，积累了丰富的经验，每个步骤都驾轻就熟；有的教师跃跃欲试，把自己可能在实践中出现的问题，对教学规程中不理解的地方一一罗列下来；有的教师抱着学习的态度，准备好了自己的同课异构稿……很多教师都迫不及待地想与上课教师面对面的交流，这也让评课环节变得更有吸引力，针对性也更强了。以往教研活动听课研讨前，教师们大多不知道此次教研活动的主题是什么，而现在主题早在活动前就已深入听课者之心，每个人都奔着这个主题提前主动思考。因为这样的主题研讨与自己的实际教学息息相关，每个教师都不愿放弃这一学习的好机会。教学规程为教师提供了辅助指导性的工具，让教师的备课上课变得轻松自在，这也促使教师自觉自愿地做好听课前的准备以及提升自己评课时想要评课的欲望。

（2）互动热烈。评课是各种思想火花的激烈碰撞，而不是一言堂。沉浸式研训活动评课时，大家都很想表达自己的观点，前几棒的教师希望将自己的经验、所学的理论和看到的问题分享给同仁，帮助大家更好地去审视课堂和理解教学规程，从而少走弯路。而接棒执教的教师则思考着自己看到的课堂教学的亮点，比如学生跃跃欲试，不仅想说而且能说、会说等，渴望找到促使学生课堂有效输出的途径与方法。他们往往提出自己的困惑，而这也正是其他想要尝试此类课型教学的教师的共同困惑。比如，写作讲评课公开课观课后评课时，有教师提问：为什么不能整合学生常出现的问题到一篇文章中修改，而要选择一篇班级中等水平学生的原文展示修改？综合了学生常犯的错误，有针对性的文章不比仅仅一位同学的文章效果来得更好吗？问题犀利，却也道出了大多数教师的心声。这时前几棒执教的教师对此作了中肯的解释：一是选择某一个学生的原作，这样的材料是原汁原味的，无论是文字也好，错误也罢，包括书写，都呈现了学生本来习作的真实面貌，这是教师整合习作后无法媲美的；二是这样更能调动学生参与互动的热情，习作来自本班熟悉的同学，其他同学为其打磨点评的积极性更高了，习作者本人就更不用说了；三是教师不用煞费苦心地整合打印文章，对教师也是一种减负增效嘛！

此外，不同学校的教师面对不同层次的学生，其站位也是不同的。他们会有疑虑，同样的课型，同样的教学规程，在自己的学生身上是否也同样适用？为了让教学规程更适合自己的学生，自己在提升层次或是降低难度上该如何操作？这时除了前几棒执教的教师会给你支招之外，实践无疑是最好的老师。当场邀请有困惑的教师亲自试一试、讲一讲、辩一辩，很多困惑也就迎刃而解了。

（3）平台延伸。研训活动受到时间和空间的限制，并不是每位教师都有机会在评课现场发言，而互联网的出现让评课有了方便延伸的平台。现场研讨结束了，但是教师们的研讨热情高涨。回到家里，教师们翻出了微信群，忍不住写下自己对观摩课堂的点评，如图2-10所示。

图2-10　微信群中教师们对观摩课堂的点评

就这样,微信群里默默记录下这道别样的评课风景,沉浸式研训的评课平台向线上延伸,为更多教师提供交流、探讨、学习的平台。

(4) 创新模板。很多老师评课喜欢采用一定的模板,因为这样简洁方便。而常用的模板往往是叙述性的,把整堂课从头到尾描述一遍,然后再提出一些见解,这样的评课显得拖沓、冗杂。因此,沉浸式研训团队在多次磨课、评课中总结经验,提出了自己团队的评课模板四维评课法。如下:

1) 师生教学给人的共同印象(general statement)。

2) 用理论或课标等来评课(theory)。

3) 用数据或例子支撑你的评课论点(data & example)。

4) 给出建议:具体可操作的步骤(suggestions)。

该模板简洁直观,依托理论和数据支持下的评课让评课更具有说服力,给出的建议也不是纸上谈兵,一带而过,而是带有具体的实践操作的步骤和策略,可以直接运用于改进课堂教学。

(5) 专业支持。并不是每位教师一开始就擅长评课的,刚开始独立评课时,教师们还是感到胆战心惊,不知所措。所以,开始阶段教研员对教师进行的专业指导至关重要,比如从哪些方面,哪几个角度,通过何种方式来进行评课。在评课之初,教研员会给评课教师鼓励与支持,为教师评课提供一些专业书籍,帮助教师评课时更专业、更有底气。同时教研员还会定期与教师分享自己的观课体会。有一次,在评课中,一位教师提到授课教师对学生赞扬的话语比较单调,并建议其丰富语言,并举了两三个例子。结束后,教研员特地分享了美国教师如何赞扬学生的方法,近百种不同的表达方法,让大家佩服不已。正是因为得到了教研员的专业支持,研究团队的教师才能够精准评课,并快速成长。

综上,沉浸式研训活动的评课环节准备充分、互动热烈、平台延伸、创新拓展、专业支持,使评课活动深受教师的喜爱。教师们在沉浸式研训中逐渐改变自己的评课行为,从最初参加教研时被动接受转向主动研讨,从不愿说到很想评,从不会评到能评、会评、评到位。这些也是教师们参加沉浸式研训后最深切的感受。

在评课这一节中,我们通过"谁来评"、"评什么"和"怎么评"全方位展现了沉浸式研训倡导的与众不同的评课模式。无论是以参与教师为主的评课接力;或是依托理论结合实践,评教学目标、评过程策略、评学生参与度;抑或是评亮点与不足,经验与分享,对比过去与现在的变化,都体现出沉浸式研训以人为本,深度研训的思想。参与教师不是停留在一堂课中浮光掠影,而在思考中前行;评课时,教师们不是在言说别人的思想,而是在表达自己的心声。亲自实践评课,正在让每个评课教师从新手成为专家。

第五节 课例撰写

评课环节,可以促进教师交流思想,切磋技艺。但对于上课教师来说,一堂课涉及大量的细节和数据,很难在评课时做出全面而又深刻的反思,有些具体教学环节无法及时复盘,教学不足很难当场改进。因此,在教学任务完成后,静下心来撰写课例是进一步提升教师专业水平,帮助教师进行科研探究的有效途径。

课例撰写可以从过程积累、理论研究以及教学实践三方面促进教师的发展。首先教师通过撰写课例及时反思,有助于积累教学研究的过程性资料,有助于教师之间开展深度合作与交流。面对同一课堂,不同的教师因其视角、实践经验、理论认识的不同而有不同的解读。撰写课例有助于教师清晰认识课堂的复杂性,促进教师相互学习,形成教学智慧的积累和共享。其次,撰写课例也有利于提高教师理论水平及教科研水平。课例撰写不是孤立的,而是贯穿在备课、上课、磨课、评课等环节之中。撰写课例的教师必须研究教材,吃透教学规程,熟知课程标准,这也就要求教师对教材的知识体系、编写意图、编排特点、学习的重难点、隐含的思想方法、呈现的教与学的方式及习题的功能,需要解决的问题等都要进行研究与学习,了然于胸,运用自如。最后,撰写课例有助于提升教师的教学实践能力。课例撰写是基于问题的探究学习,是基于创新的发现学习,是基于经验的反思学习,当然也是基于群体的合作学习。在课例撰写过程中,教师的教学设计能力、教学实施能力和教学反思能力得以充分发挥,切实提升教师专业素养。

然而,在课例撰写或者课题研究方面教师经常面临很多困难:比如会上课但不会写课例,也不愿写课例;或者只会依样画葫芦,内容索然无味;反思不到位,没有形成有效的研究成果。

参与沉浸式研训的每一棒执教教师从自己的教学实际出发,发现问题,并解决课堂教学的实际问题。通过课例撰写,教师记录下教学规程的实用性与操作性是如何体现的,反思对教学规程运用的成效,也能给予其他教师更多的借鉴建议和需要注意的问题。以下将具体谈谈沉浸式研训的每个课型接力团队是如何帮助教师撰写课例,从学习准备和实践过程两方面具体阐述。

一、学习准备

沉浸式研训对执教教师的课例撰写是从学习课例基本知识开始的。教研员先为团队成员普及课例撰写的基本要求以及优秀课例的特点,为团队成员展示优秀的课例样本。通过学习,团队教师认识到,课例是依据一个主题,并围绕该主题记录下一节生动真实的课堂教学(可以是一节课的全程,也可以是教学片段)。它不仅仅是一个教学实录,课例选取的教学情景应该蕴含可供反思讨论的典型问题,教师在教学理念的指导下对教学片段解剖分析,分析成功的原因或如何调整不足。依托《课程标准》和教学理论,提出自己独到的见解,深入反思并寻找解决这些问题的方法和技巧。

关于优秀课例的特点,一方面,优秀的课例要有可读性。优秀的课例要体现作者的独特见解,聚焦教学中出现的共性问题,结合自身实践提出行之有效的解决方法。作者的思考、实践、探索在课例中都能得以体现,撰写课例的过程能帮助作者复盘课堂细节,反思问题不足,寻找解决策略,提升教学技能。另一方面,优秀的课例是可借鉴、可复制、可推广的,可以为其他教师教学提供参考和借鉴,可以帮助其他教师深入了解《课程标准》所倡导的教育理念和相关教育理论,在实践中加深对理论的理解,提高教学的实际效果。

学习了课例的基本知识后,沉浸式研训团队通过明确主题、规范格式、完善程序三个步骤帮助教师准备课例撰写。

(1) 明确主题。课例的核心是主题。课例主题要基于先进的教学理念,是对教学现象本质的挖掘与揭示,是自己对问题认识的整理和思辨过程的提炼。一个好的主题首先要源于现实,是教师对真实的教学问题所开展的研究。其次要切实可行,过于宽泛的主题使教师无法聚焦问题,导致教师对研究内容的解读浮于表面,无法深入。因此课例主题的选取必须紧密结合课堂教学的实际,从小处细处实处捕捉问题,选取操作性强并具备研究条件的主题以便"小题大做"。

沉浸式研训中,每个课型的团队在备课、磨课、上课、评课之后,再次研读教学规程,总结提炼相关研究主题。选取部分主题见表2-8。

表2-8 部分主题

课 型	研究主题
听说课	支架效应,教学评一体化,自由表达
听力课	听力技巧,语言能力,话题输入
概要写作课	文本解析,构建桥梁
语法课	语法要诀,以旧带新,知识迁移
阅读课	文本解读,观点剖析
深度阅读课	语篇理解,语境应用,文化融合
报刊阅读课	自主学习,小组学习,策略交流
写作课	材料累积,独立写作,小组学习
写作讲评课	读者意识,习作修改,同伴评价
试卷评析课	自主学习,解题策略

研究主题以教改为背景,蕴含了对最新的教学方法、教育理念和教学热点的深度思考。这种提纲挈领性的指导加上团队教师的交流和支持,让撰写课例的教师少走了很多弯路。有些教师说:每个课型都提供了教学规程,这让我们的教学变得轻松有效,而撰写课例时,明确的主题让我们有的放矢,更好地吸纳先进的教学思想和理念,深入浅出地把握问题的本质,开展深度研究。当然这些主题只是作为参考,教师会在研究过程中加深对每个教学规程的思考,根据实践情况拓展研究主题。

(2) 规范格式。按照研究对象的类型,课例可以分为:为他人备课提供参考和借鉴的案例;个人实践反思记录的课例;反映深入研究结果或反映研究和改进过程的课例等。第一种课例更多地侧重于教学方案,并配备操作提示和说明。第二种课例侧重于课堂实录及课后反思。第三课例则是对主题的提炼、教学过程的说明、判断分析、以及改进设想等。

沉浸式研训团队就这三种课例格式进行了研讨,希望从中选取既能体现沉浸式研训过程的特点,又能体现教学规程有效助力教师教学的课例格式。有教师认为:第一种课例简单明了,从撰写的角度来说,容易入手,而且教学规程就是给其他教师进行备课参考的,所以第一种很合适。也有教师认为,如果按第一种格式来写,理论研究显得较为薄弱,只是侧重于一堂课的研究,不能全面体现沉浸式研训中所传递的"沉浸式"的特色。此外,既然是沉浸式研训,不同的接棒执教教师一定会有不同的思考,这种变化也应该体现在课例中。最后大家一致认为:课例应当反映出教学规程在课堂教学中的作用,并能体现沉浸式研训的研究成果,因此第三种"反映深入研究结果的课例及反映研究和改进过程的课例"类型更适合。教研员提醒我们:"要体现我们团队的研究特色,比如我们前期认真学习了《课程标准》与相关理论,这些理论在我们的课例中应该可以无缝对接并贯彻始终。也就是我们的教学规程是基于这些先进理论的实践应用,这会让课例更具研究性、实用性和前瞻性。"

于是,团队统一课例格式为:研究背景+教学过程+判断分析+理论支持+改进与反思。每篇课例分成三段式,开头是背景的描述,中间是教学过程及分析,在分析过程中要结合理论,最后是教学设想与反思。

这样的课例格式虽然符合一篇课例的基本要求,但有时也会显得刻板,或忽略了一些课堂实践的亮点。为了避免主题聚焦不充分,课堂信息筛选不到位,或是遗漏重要信息等问题,团队在原有格式上对课例的撰写要求做了补充:在研究背景中,团队教师直观地提出自己教学中的困惑,提出在操作规程时遇到的困难,也让读者能以最直接的方式了解主题;在教学过程这一部分的撰写中,加入了授课教师的思考与观点,以课堂故事为发展线索,以先进理论为依托支撑教学设计;为了更好地供他人借鉴,课例中还提供了课程操作的说明;在最后的反思中,不仅包括了对本节课设计与改进的设想,还包括了该课型在班级长期试用推广的效果,这是本节课的升华,以及对教学规程实践操作后的思考。当然形成这个过程不是一蹴而就的,而是团队经过了不断实践和摸索得来的。在后续的章节中,将会具体说明如何确定撰写课例的规则和要求。

(3)完善程序。如果只是经历了备课与上课就撰写课例,那么教学的程序并不完整,作者的眼光会显得狭隘,思路也会受到极大的限制,反思也常常不到位。而在沉浸式研训中,每个撰写课例的教师全程参与该课型的实践:备课、上课、磨课、评课。有些教师甚至参与了不同课型的接力执教,熟知课型特点与教学规程。这样经过反复打磨写出来的课例,注入了个人的实践经验,凝练了集体的智慧,更具有说服力。团队教师写的不仅仅是一节课,而是在教学规程指引下,贯彻新理念,积极改进课堂的一种大胆尝试,可供其他教师参考与借鉴。研究的视角不是个人的,而是在进行了个人反思和集体研讨下产生的,是团队智慧的结晶。教师根据教学规程和教学实施路径提炼主题,找到理论支持,并从课堂记录中寻找典型例证,将理论与实践结合起来,形成课例文本。之后,整个团队就文本进行反复修改打磨,最终形成系列化的课例。

在学习准备中,沉浸式研训帮助教师从学习课例知识、了解优秀课例特点入手,明确主题,规范格式,完善程序,让教师向专业化方向的发展迈进了一大步。

二、实践过程

沉浸式研训课例撰写的实践过程经历了初稿、打磨、交流,教师在这一过程中不断提升自己的研究及写作水平,逐渐从撰写课例的生手变成熟手再变为高手。

1. 初稿

学习了相关教学理论,实践了教学规程,研读了相关课例,团队成员做好了充分的准备撰写课例。经过讨论,每位教师明确了主题,规范了格式,完善了程序,打造出了具有自己特色的课例初稿。

当然在撰写初稿的过程中,团队教师也遇到了许多困惑,走了不少弯路。以概要写作课例撰写的过程为例。司南老师的概要写作课在市中青年教师教学评比中获得了一等奖,他撰写的《逆向设计——上大附中司南老师妙解概要写作》也登上了上海教研的微信推送。这着实让团队的其他教师感到兴奋,也特别希望自己能尝试撰写课例,完成从"教书匠"向研究型教师的转型。于是大家认真研读了司南老师的这篇文章,并以此为范本,开始写自己的初稿。但没想到,看了大家的初稿,教研员立马召集团队成员开了一个微信视频会议,将初稿存在的主要问题与我们一一作了阐述。

(1) 混淆了教学设计说明与课例。大家模仿司南老师的课例进行写作,暴露出了很多的问题。因为司南老师发表的是教学设计与说明,而这与我们要撰写的课例是有一定区别的。教学设计与说明更侧重于解释说明这堂课具体如何操作,给教师提供备课的参考,而沉浸式研训提出的教学课例结构应该是"教学设计+教学实录+教学反思"。在大家撰写的课例初稿中,一开始就大段罗列理论,反而让读者不清楚本课例要关注什么主题,要解决什么问题。所以,教师们混淆了教学设计说明与课例的概念,没有真正理解如何撰写课例。教研员让我们回忆沉浸式研训的课例格式规范:研究背景+教学过程+判断分析+理论支持+改进设想与反思。又对比了多篇优秀课例与教学设计说明,让教师们真正明白其中的区别,也确保大家不再迷失方向。

(2) 教学背景不清晰,没有突出要解决的问题。初稿的教学背景部分多以一堆理论来表述撰写课例的原因,又或是联系课改,如《课程标准》云云,这看起来显得是很有科研水平的一番论述,恰恰容易浮于表面。原封不动机械照搬理论让课例毫无生气。教研员强调:在教学背景中要写清楚事件、地点、人物、事情的起因,重点中学还是普通学校,有经验的优秀教师还是年轻教师,"公开课"还是"家常课"等。这些信息若不交代清楚,则学情不明,课程设计也失去了基石。那么,如何清晰明了地阐述教学背景呢?教师们再次研读优秀课例,一篇语文课例这样写道:"学生学了那么多课文,也貌似看了不少书籍,怎么放手要他们阅读表达时就这么困难重重呢?如何在语文课堂这个阵地上,如何在学习一篇篇课文的过程中,将简单生硬的知识学习转化为生动的思维经历。"又比如,一节化学教学案例提出:"我特别渴望改变当前的教学状态,希望能探索出一种新的教学组织方式,能让老师和学生的互动多一些,让学生与学生之间的交流多一些,让每个学生能主动学化学。"大量阅读优秀课例后,团队教师经过讨论,发现背景部分的写作有一个共性:把自己设计该课时遇到的一些困难和困惑,想要解决什么问题,写在教学背景中。

(3) 没有抓住要领,无法突出课堂设计的重点。关于教学过程教师们写得面面俱到,每一个步骤都能逐条阐述,有些甚至连课前热身都逐字记录。教学过程说明如此完整,反而无法体现出课堂设计的重点，也让读者无法迅速抓住教学规程的要领，这样的课例形同流水账，实在要不得。那么如何突出课堂设计的重点，如何让教学亮点迅速吸引读者的眼球呢？教研员告诉我们，挑几个最具代表性的课堂教学的片段来写。写的时候可以不拘泥于形式：语言陈述可以用说明或记叙的方式表达，举个课堂的小片段或者某个片段的课堂实录，又或是前后两次课堂的对比，这些形式都可以，但关键是把问题或设计说清楚，讲明白。这时可以通过课堂印证的理论给予文章支持，而且这样的片段也不宜过多。

（4）没有反思。这也是最突出的问题。整篇文章到实施部分就结束了，通篇没有反思。讨论时，有教师认为在实施部分已经写明了操作说明，并且已经把一定的理论融合在内，因此没有必要再写反思了。但是教研员告诉我们：教学说明不能代替课后反思，因为操作说明侧重于围绕教学事件所做的必要说明。而反思则是作者对于课例所反映的主题和内容，包括教育教学的指导思想、过程、结果，课堂的利弊得失所持的看法和分析。教师在反思中讲出"好"在哪里，"不好"在哪里，强调结果性，是全文的升华与总结，因此反思是不可替代的，也是不能省略的。

至此我们恍然大悟，因为一知半解，依样画葫芦，不仅画得不像，还差点让我们闹了笑话。而以上问题，也是教师在初次撰写课例时需要特别注意避免的。

2. 打磨

有了第一次的经验和反思，我们迅速进行了第二稿的撰写。在这稿中，教师们及时调整了方向，成文结构清晰，重点突出，符合一篇课例的基本要求。但一篇好的课例，在很多方面需要反复推敲与打磨，大到研究方向、理论运用，小到字词，连一个标点都不能放过。下文将具体展示在沉浸式研训中我们如何打磨课例的过程。

关于教学背景部分，下面以听说课型第一棒李伊老师的课例初稿为例，阐述具体打磨过程。第一、第二稿问题与修改方向见表2-9。

表2-9 第一、第二稿问题与修改方向

第一稿问题	修改方向	第二稿	第二稿问题	修改方向
大段理论及课改背景的陈述导致读之无味，重点模糊	1. 去掉理论； 2. 写出课前的困惑	直面课前困惑，以整段文字的形式表述：作为一所区示范性高中，此前我们的听说课形式多为听力练习课，或者到语音教室练几套模拟题，真正的听说课几乎为零，这里既有对学生无法开口的担忧，也有对听说课如何实施的困惑	1. "听说课如何实施"这一困惑显得过于宽泛； 2. 没有与如何运用教学规程融合，无法体现出研究成效	1. 理出最典型的几个困惑； 2. 避免过于宽泛的语言及大量描述性的语言

得出表格里的修改意见之后，团队成员再次讨论。大家认为以整段文字的形式表达研究背景略显拖沓，而且每位教师各写各的，不利于团队以系列的形式进行交流。这时，刘颖老师提出，是否可以采用菜单罗列的方式，将典型的困惑——罗列出来。这样既简洁明了，又一目

了然，把问题以最直观的方式展示给读者。大家都觉得值得一试，于是很快就有了第三稿，见表2-10。

表2-10 第三稿及修改方向

第三稿原文	相较第二稿的进步	问题及修改方向
一、课前困惑 (1) 之前听说课教学几乎为零的情况下，能否在普通中学正常开展听说课？如何鼓励学生从怕说到乐说，最后到会说？ (2) 如何运用好《基于交际的高中英语课堂教学规程》？听和说在课堂中所占比重如何分配？如何达到以听促说的效果？ (3) 如何搭建合理的支架以优化学生的语言输出？	1. 详细阐述，主题明确，脉络清晰； 2. 分小点阐述，易于读者找到重点； 3. 将原来描述性语言改为问题导入式，更为客观和直观； 4. 问题能切中要害——无法开展听说课，以及如何开展听说课，这些是困扰着英语教师最大的问题； 5. 紧密结合教学规程在听说课中的运用	1. 语言精确及用词准确方面还需推敲； 2. 要与整个沉浸式研训中的研究与提法一致（具体见下文）

在上述困惑中，《基于交际的高中英语课堂教学规程》的说法，课题研究之初，的确把听说定位为基于交际的，但随着研究的深入，以及对《课程标准》解读的深入，听说课是从听说技能训练入手，探索促进学生英语学科核心素养形成与发展的途径。在USA各环节中都设置了与学生生活密切相关的问题，并让学生在新的情境中运用新学的词汇和语句结构，帮助学生实践体验语言知识，培养学习能力。那么"基于交际"的说法，就显得片面与单一了，于是听说教学规程改名为《指向学科核心素养的高中英语听说教学规程》。

这样，经过多次来回讨论，终于形成了听说课第一部分课前困惑（教学背景）的定稿。从上述修改过程我们会发现，随着学习深入，在课例结构规范方面，成员们都有了长足进步，随后，我们的关注点将转为要求更高的研究要点及文字表述上。

解决了教学背景这一块，那么沉浸式研训团队又将如何打磨实施过程呢？下面节选刘颖老师的报刊阅读课例进行说明：

教学实施

本课材料来自《上海学生报》Shanghai Students' Post。语篇材料题材新鲜，话题贴近学生与现代生活，是一份精良的学习材料，有利于开阔学生视野。课前，学生以四人小组为单位自主选取议论文 Feed Your Heart, Not Just Your Head 进行自主赏读，并完成阅读日志。课上，以该小组学生为呈现主体主动分享，与其他学生互动，实实在在地谈文章、聊文章、评文章。通过上述活动培养学生阅读能力，通过阅读学习语言和人文、科学知识。同时充分利用好报刊文章作为语言学习的素材，积累并尝试运用语言知识创造性地表达个人观点，运用技能对他人观点进行批判性评价，提高审美、鉴赏和评价的能力。

这节课采取ASAP教学模式。课前，学生自主赏读（Preparation & Appreciation）；课上学生进行内容分享和知识分享（Sharing），之后全班同学再根据checklist，从同学表现、所选文章、推介语言项目三个方面提出鉴赏评价（Assessment）。在最后的风采呈现环节中（Performance），学生从报刊文章出发，发散性地联系生活实际，或表达自己观点或讲述自己的故事或者经历，不再"无话可说"；最后，师生共同回顾本节课的成果，避免问题，促进自主学习和养成良好的学习习惯，达到提炼与升华的效果。

……

（说明：画线部分是下文讨论时提出需要修改的部分）

针对刘颖老师的报刊阅读课教学课例，团队成员在教研员的带领下进行了课例打磨。打磨过程记录如下：

教研员：在材料的选择上，什么样的材料算一份精良的学习材料？

刘老师：首先要符合主题语境，其次语篇的类型可以多元化，但关键语篇的内容要让学生感兴趣。

教研员：如果只说一份精良的学习材料，是否非常抽象？

（我们连连点头，都觉得过于宽泛的字眼是应该避免的。）

教研员：让学生对他人观点进行批判性评价的目的是什么，他们评什么？

刘老师：其他组同学对分享组的成员评价和建议，既可以评价他们的表现，也可以评价分享的内容。

沈老师：这样做既可以检测学生是否在听，也可以检测他们是否听懂了。

李老师：这与我执教的听说课中 peer assessment 部分，有异曲同工之妙，让学生评价其他同学的作品，提升学生的语言能力与思维能力。

教研员：我们这样的报刊阅读课是通过何种方式来开展教学的呢？

刘老师：通过学生事先进行阅读，并且交流分享，这是学生自主学习的方式。

李老师：学生也需要在自己所在的小组，与组员进行交流，这是学生的合作学习。

教研员：那么他们交流分享的内容是什么呢？

李老师：他们对文章的内容，好词好句，他们认为重要的语篇知识进行交流。

沈老师：他们还像小老师一样，分享自己的阅读策略。

刘老师：这下，我知道该怎么改了。

这样的打磨过程比比皆是。陈娅琴老师的写作指导课课例初稿在说明实践写作环节中这样写道：

可能的问题：1. 学生无法解构核心内容中的相关维度。

2. 部分学生未来得及在课堂上完成正文内容的写作。

可行的解决：1. 教师为学生创设真实情境，引导学生结合生活经历拆解维度。

2. 帮助学生分析未能及时完成的原因，并帮助学生解决困难。

教研员指出：课例分析的是已经完成的教学，而可能的问题是课前教师对课堂的预测，改成"出现的问题"更为恰当。此外，可行的解决可以改成"解决方案"，然而寥寥几句并不能让读者真正明白应该如何操作，因此建议在解决方案中最好配有一个具体的典型例子。教研员也把这个例子分享给每个团队成员，大家都可以拿来借鉴，在自己的课例中通过这样的方式来撰写解决方案。

针对课例中的反思部分,团队成员也是热烈讨论、反复打磨。比如,阅读了沈雅茜老师试卷评析课例初稿之后,团队成员就此展开讨论:

教研员问我们:这样的反思,大家觉得好吗?有没有需要改进的地方?有教师提议:"加一个小标题吧,这样会一目了然。"大家纷纷表示赞同,也立马审视了一下自己的教学反思部分。之后再写课例时,大家都会自觉地注意这些细节的地方。接着,教研员又问我们:"学生到底讲什么题目,谁来讲?怎么讲?怎样体现课堂教学的高效?试卷评析课的特色在什么地方?TAPP的理论怎样在课前课中课后予以实施呢?"这些问题在反思部分都没有提到,如果我们只是按照这节课的操作流程来写,那么势必掩盖了许多规程中的理念,无法深入探讨实践后的反思。每个撰写课例的教师都应该把目光放得长远一点,不是只关注一个点,而应该融合教学规程,全面审视课堂教学。表 2-11 所示为修改前后的变化。

表 2-11 修改前后的变化

修改前的问题	修改后的内容	这样写的好处
以大量的文字段落叙述	每段增加点明要点的小标题: (1) 两"想"两"讲",高效率地评析试卷; (2) 注重解题方法,强调逻辑分析,举一反三; (3) 错误成就进步,帮助学生树立正确学习理念	一目了然,重点突出
关于什么题该讲,什么题不该讲的表述不完整具体: 在试卷评析时,将学生出错率较高的题目分类,选取每类中有代表性的题目,并针对该知识点展开相关练习	将规程中教师该讲什么题的理念表达出来: 本堂课中,教师秉承两"想"两"讲"的原则,即选择"学生想要分析的题目"和"教师想要学生掌握的题目",通过"学生讲为主""老师补充为辅"的方式,高效率地评析试卷	有助于其他教师借鉴,明确在试卷评析课中什么题该讲的原则,从中也让人明白何为高效课堂
关于如何让学生讲题的教学内容,只讲了针对处理某一题的反思: 在试卷评析时,教师鼓励学生尝试分析自己错题句子的结构、理解句子的意思、梳理解题的思路,在自我分析的基础上多和同学讨论,帮助学生通过逻辑分析弄清解题思路	在原文后增加: 并在课堂中反复操练解题技巧,让学生碰到类似题时不再无从下手。此外,学生完成错题分析后,需要当堂限时独立完成相关练习,梳理易混淆的知识点;针对练习结果,学生继续反思、调整、操练。通过随堂检测与产出的方式,学生举一反三,对于核心知识点深刻理解、完全消化,直至建立完整的知识结构体系	鲜明地体现出规程中两个 P 的特色,既有当即的 Practice,又有针对性的 Produce
没有提及 TAPP 试卷评析课对学生带来的影响	课前教师通过多种方式帮助学生统一认识,不怕犯错;课上教师不断鼓励学生,帮助学生从错误中反思,给予实时评价和鼓励,帮助学生看到自己取得的进步;课外鼓励学生针对错题多思考、多调整,学生逐渐不再依赖老师讲解,独立自主思考带来更大的学习成就感	TAPP 教学规程的核心理念就是充分利用学生的课前,课中和课后的时间,促成学生养成泛在式的学习习惯,也有助于教师全方位了解教学规程,注重对学生核心素养的培养

从表 2-11 中，我们发现，修改稿中的小标题让行文结构十分清晰。此外，"讲什么，怎么讲"是很多教师在自己进行试卷评析课时困惑的地方，沈老师用自己的经验迅速为教师指点了迷津：运用"两想两讲"策略。同时，沈老师也补充了课前与课后的做法，使教师明白试卷评析课不是孤立的一节课，而是渗透在平时教学的时时刻刻，这也十分到位地表达了教学规程想要传达的理念：学生从被动要求转为主动进取，从我听了我忘了，到我做了我明白了，有效培养了学生的自主学习能力。

除了这些，标题也是课例中重要的一部分。一个好的题目，能让读者饶有兴趣地往下读，一个好的题目也能起到提纲挈领的作用，让读者迅速抓住主题。但是，在已完成的初稿中，大家都把"×××课教学案例"作为课例的标题，有的教师认为这样挺好的，因为本来就是在撰写这种课型的教学案例，简洁直观，但如果教师们执教这种课型能够直接拿来参考就不太好用了。教研员问大家："你们写的仅仅是这节课的案例吗？"他又补充道："我们撰写的课例是在教学规程指引下的一节课，应该是你对如何运用教学规程的深度反思。"大家听后若有所思。

以英语写作指导课例的标题为例。初稿标题为："高一英语写作指导课课例"这个标题过于宽泛，缺乏简洁直观。团队讨论后，建议标题修改为"DRESS 量体裁衣——英语写作讲评课课例"。这个标题起的非常巧妙，首先，DRESS 对应写作讲评课教学规程实施路径，DRESS 分别指 Demonstration、Revision、Exchange、Share 和 Self Revision，标题将这一理念完全体现了出来。其次，DRESS 有衣服、穿衣的意思，那么针对学生习作有针对性地讲评就如同"量体裁衣"，要合身合体。此外，副标题点明了这是一篇写作讲评课，而非写作第一课时。这样的标题，清晰明了，特点鲜明，会让人产生想要深入阅读的欲望。

经过讨论和修改，每个课例都有了一个围绕主题的标题，有些标题没有将设计理念完全体现出来，还有继续打磨的必要，以下面这个课例标题为例：

让学生深入文本——高一英语阅读课课例

本课是深度阅读课的一个系列，其目的是让学生深入文本，而深入文本的核心内涵是：结合本课的典型问题和学生的生活实际设计学生感兴趣的问题，学生分组讨论，完成组内交流和评价。学生分组合作中加深对语篇中文化内涵的理解，汲取文化精华。因此，建议在标题中加上合作探究。于是，标题就改为"深入文本合作探究——高中英语深度阅读课教学课例 Arturo Toscanini"。

又如下面这个听说课课例标题：

让学生会听能言——英语听说教学设计探索
A Letter to Dad

作为听说课，让学生会听能言的确是本课例想要研究和表达的效果，但如果将其关注的主题和研究的内容格局放大来看，这节听说课处处体现的是英语听说教学规程的理念。而且听说课的亮点在于主题引领并融合"教、学、评"的整合式英语学习活动，这样的设计，有效地落实了学科核心素养的培养目标。因此标题改为"'教学评'一体化探索与实践——高中英语听说课教学课例 A Letter to Dad"。修改后的案例标题更能体现研究主题。

这样的修改，在课例撰写的打磨中，比比皆是，以下列举部分课例标题的初稿和定稿，见表 2-12。

表 2-12 部分课例标题的初稿和定稿

课　型	原标题	现标题
听说课	让学生会听能言 ——英语听说教学设计探索 A Letter to Dad	"教学评"一体化探索与实践 高中英语听说课教学课例 A Letter to Dad
听力课	以话题为导向培养听力技巧 I'm Proud of My Scars	听见听到听清听懂 高中英语听力课教学课例 I'm Proud of My Scars
语法课	高中英语语法教学课例 Infinitive: To have done & To be doing	学语法，促交流 高中英语语法课教学课例 Infinitive: To have done & To be doing
基础阅读课	阅读课探究 Cherish the Moment	做一个高效的读者 高中英语基础阅读课教学课例 Cherish the Moment
深度阅读课	让学生深入文本 ——高一英语阅读课课例	深入文本合作探究 高中英语深度阅读课教学课例 Arturo Toscanini
报刊阅读	报刊阅读教学课例 Feed Your Heart, Not Just Your Head	创学习共同体注重文化意识 高中英语报刊阅读课教学课例 Feed Your Heart, Not Just Your Head
写作指导课	高一英语写作指导课课例	过程指导学生自评 高中英语写作指导课教学课例
写作讲评课	高一英语写作讲评课课例	"Dress"量体裁衣 英语写作讲评课教学课例
概要写作课	说明类文体概要写作教学课例 Summary Writing: Exposition	紧扣文本、搭建通道 高中英语概要写作课教学课例 Howling
试卷评析课	以学生为主体 ——试卷评析教学课例	分享交流评价激励 高中英语试卷评析课教学课例

对比以上标题，我们发现修改后的标题往往有这些变化：新标题能够体现整个课例的主题，或是研究的成效，或是表达自己在课堂教学中的突破与创新，又或是抓住了课堂的重点、难点。掌握了这些规律与方法，为课例确定一个既合适又吸引眼球的标题，其实不难。

对于文字的打磨，我们更是用心良苦，反复推敲。让我们一起从表 2-13 中选取的几个典型例子中体会标题修改前后的变化。

表 2-13　修改前后的变化

修改前	修改后	修改原因
学生分析	学情分析	学情分析比学生分析所包含的面更广，包括学习方面的特点、学习方法、学习习惯、学习兴趣、学习成绩等方面。这样表达也更规范
遇到的生词障碍	遇到的语言障碍	生词障碍只是语言障碍的一部分，诸如语音语调、口音、词性等多种因素都会造成学生在听力理解困难，因此使用语言障碍更为准确
提出有价值的问题	提出进阶问题	对于界定"什么样的问题是有价值的问题"是十分抽象和困难的；而进阶问题，从难度、深度和广度上能直观地看出区别
输出评判标准	写作的评价标准	输出形式可以很多，如口语输出、写作输出等，写课例时应该明确所指的输出是指何种形式，避免出现模棱两可的情况
CNPC skills	CNPC knowledge	CNPC 是学生用来改进写作中语言表达的方式，是学生对知识的运用，属于知识范畴，而非技能
提示了语篇特征	帮助学生回忆、梳理、熟悉该体裁的语篇特征	改动的表述让语言更有温度，也体现了对学生的指导
词汇	语词	语词泛指词、词组一类的语言成分，而词汇是一种语言里所有的词和固定短语的总和，而用词的总和来讲一类词是不合适的
材料重点	语篇重点	语篇的表述更符合《课程标准》的定义，而材料一词过于宽泛，不够准确

观察上述变化，我们会发现经过逐字逐句的打磨和修改后，原来过宽或过窄的表述更准确了，语言表达更规范了，与《课程标准》的契合度更紧密了，对语言文字的精磨细琢，让原本普通的课例焕发出无穷的生命力。

各种课型课例经过 from head to toe 全方位反复打磨，从教学背景、教学困惑、标题、语言文字等方面，在教研员的指导下，团队反复讨论、自我修改，互相审读，层层递进，共同进步。每一稿从初稿到形成最后的课例都至少经历 6~7 稿的修改，有些甚至高达 10 稿。是教研员和骨干教师为中心的研究团队的支持与帮助，让每位参与其中的教师迅速掌握了撰写课例的方法与技巧，提高了自我的理论修养，也从中体会到了学无止境、潜心研究的乐趣，团队教师正在实现从教书匠到研究型教师的蜕变。

3. 交流

写完课例并非是终点，相反，从某种角度来说，它又是研训深入的另一个起点。沉浸式研训为团队成员提供了大量的交流机会与平台，通过彼此之间频繁沟通、交流、分享，教师在实践教学规程中遇到的困难得以协商解决。正是这种交流，来自不同学校的教师得以将理论与实际结合，培训与现实对接。沉浸式研训团队的拓展交流主要从线上线下共享、区级市级共进、点上面上共赢三个方面展开。

（1）线上线下共享。沉浸式研训利用团队活动时间一起交流课例，每个人都毫无保留地将自己最好的作品拿出来和大家一起分享。但这样的话，每个教师都要同时有空并聚在一起，并不是容易的一件事。因此，团队利用网络平台，通过微信群进行线上交流互动，每一篇课例的撰写过程都在微信群中,经过反复研讨,只要形成定稿,就会第一时间在微信群中共享。大家会对该课例进行研究,甚至用该课例在自己班级进行试讲,当然根据各校不同的学情,一些教师会直接提出问题,比如说深度阅读教学中,张灵犀老师加入的视频,他们的学生(上海市实验性示范性高中)一开始也对视频内容理解略感困难,那么深度阅读课如何在普通中学推进?普通中学是否该舍弃深度阅读课?答案显然是否定的,根据学生的不同程度,可以选择不同难度的语篇,包括语篇中所包含的词汇量、句式、结构、句子长短都是教师在选择语篇时应该考虑的问题,作为文化与知识的补充,不用拘泥于音频这一种形式。此外,作为深度阅读,搭建合适的脚手架更为重要,每篇文章写作方式是不同的,而作为人物传记,把人物要素的获取、时间轴的梳理作为脚手架是比较合适的。作为普通中学,可以考虑替换或者删除其中一部分活动,适当降低难度。这时教研员也鼓励大家,可以针对不同类型的学生,将此课中的任务更新,升级成自己的课堂,撰写属于自己的课例。

线上交流的好处在于实效性高,往往在第一时间就能拿到与课例相关的第一手研究资料。并且,网络通信顺畅,不受时间和空间的限制,不管哪位教师有疑问,都可以在群里直接提出,哪怕再忙,大家也会积极讨论,想办法应对。线下与线上同时开展的交流活动,实现了时空的对接,让交流更加畅通无阻。

(2)区级市级共进。课例的交流不局限于研究团队内部,我们也希望有更多的教师能看到团队的研究实践成果,能体会到教学规程带来的便利性与实用性。因此,我们开辟了多渠道的课例交流平台。一是区级教研活动上,由课例撰写的教师来介绍自己的课例,操作过程当中所遇到的问题,以及如何解决这些问题的实际案例。这种方式可以弥补很多教师因为没有参加此前的听课评课活动而留下的遗憾,参加完研讨的教师都表示不虚此行。此外,通过教研员的牵线搭桥,部分课例陆续发表在《宝山教育》刊物上,也让全区的中小学教师看到沉浸式研训及教学规程在教学中的实践成果。与此同时,"上海教研微信公众号",也向研究团队抛出了橄榄枝,约稿三篇。但是在公众号上发文有特殊要求:字数必须控制在3000字内。这样此前的课例几乎不能再用。于是大家再次研讨,3000字应当尽力保留其精华,在文字上应当更加精炼,突出课堂最重要的瞬间,把关键的理念表达出来,在三位教师的通力合作下,精修精改,最终三篇文章均刊登在"上海教研微信公众号"上。这将使沉浸式研训会被更多的老师知晓借鉴并一起交流。

(3)点上面上共赢。课例的展示交流在市区都得到了好评,那么下沉到学校教研组、备课组,又是怎样一番光景呢?研究团队的教师来自各个学校,便于把规程的理念在自己所在学校的备课组和教研组辐射开来。在高境一中,教研组在学习了各课型的课例后,认为自己学校在听说课方面有深入研究的需求,并且孙仲云老师率先在校内按听说教学规程复制展示了一节听说课,视导时得到了教研员的肯定与鼓励,孙老师也撰写了该课型的课例,在备课组分享后,大家都觉得特别好,于是从该点入手,申请了区级一般课题,从一堂课走向更深入的研究。通河中学的教师们在学习了规程以及课例后,大家在试卷评析课、听说课、听力课、概要写作课、作文讲评课等课型均作了尝试,参与教师都把自己的操作感受写下来,形成课例,在教研组活动中共同研讨,这些课例发表在学校出版的《通河教苑》上,吸引更多教师参与到教科研中。上大附中教研组除了学习教学规程与课例外,还面向全区进行多个课型的展示,并将案例集结成册提供给每位参与听课的教师交流和学习。

正是多渠道多平台的交流,让原本在一线低头苦苦耕耘的教师开始反思自己的教学,用数据印证课堂,也正是由点及面的辐射效应,让越来越多的教师沉下心来,慢慢从流水线型教师向专家型、科研型教师转型。

沉浸式研训的课例撰写从学习准备到实践操作,帮助研究团队教师学习课例知识、撰写初稿、反复打磨、提供交流,关注教师在撰写课例中遇到的实际困难,并为之一一破解,切实解决了一线教师的科研需求。团队成员在这一过程中,学会了用研究的方法开展工作,夯实了理论基础,收获了专业成长。

【本章小结】

沉浸式研训为教师提供了研训核心技术,即研训规程和教学规程,而研训核心技术可以帮助教师在教学核心技能(备课、上课、磨课、评课和课例撰写)方面得以有效提升。在备课环节,教学规程和研训活动为教师从教学元素、教学流程和教学行为三大方面提供了备课工具,优化了操作过程,改变了教师对备课的认识。在上课环节,沉浸式研训重新定义了师生关系,改善了教师的话语体系,实现了课堂转型,让学生成为课堂上真正的参与者、表演者和实践者,在课堂教学中实现了教师的减负增效和学生的高效学习。在磨课环节,沉浸式研训改变了教师以往磨课中聚焦碎片化认知,把文本和实践操作作为切入点,以教学规程、问题策略和同伴磨课为依托,帮助磨课者、执教者和旁观者熟悉教学流程、审视教学行为、优化课堂教学。在评课环节,沉浸式研训将以往的专家评课转变为参与研训的年轻老师评课,从教学的目标内容、过程策略、学生参与度和任务达成度四个维度评价执教教师的亮点、不足以及改进建议,为执教教师的后续教学改进提供了参考建议,为评课教师拓宽了课堂观察视角。在课例撰写环节,沉浸式研训改变了教师对课例撰写的固有认知,帮助教师以相关理论和案例为基础,经过初稿撰写、反复打磨和交流提升三个阶段,明确课例主题、规范课例格式,帮助教师对接教学理论和课堂实践,帮助教师教学教研实现同步提升。通过沉浸式研训,教师的五大教学核心技能将得到长足的发展,催化教师的课堂教学顺利转型,落实学生学科核心素养的培养。

第三章 学科核心素养（英语）

《课程标准》明确提出了立足学生发展的学科核心素养育人观,即普通高中英语课程旨在发展学生的语言能力、文化意识、思维品质和学习能力等英语学科核心素养,落实立德树人根本任务。沉浸式研训致力于培养学生的学科核心素养,与课标所传达的理念不谋而合,并为理念落地提供了具体路径和操作平台。通过研制研训规程,培养教师备课、上课、磨课、评课、课例撰写等五大教学核心技能,实现教师专业化发展。通过研制教学规程,为教师的课堂实践提供指引与支持,在各类学习活动中培养学生的学科核心素养。沉浸式研训融先进理念于教学规程,助力教师教学顺利转型,最终促进学生核心素养的有效形成,构建了一个良性循环发展的教学生态。本章将围绕英语学科核心素养语言能力、文化意识、思维品质和学习能力,依托教学规程,具体阐述沉浸式研训如何助力对接课标,落实核心素养。

第一节　语言能力

在《课程标准》中,语言能力主要指的是英语语言运用能力,用一句话来概括,即"在社会情境中,以听、说、读、看、写等方式理解和表达意义的能力,以及在学习和使用语言的过程中形成的语言意识和语感"。[①]英语学科核心素养中,语言能力是基础要素,即英语语言能力是学生形成和发展文化意识、思维品质和学习能力的重要依托。但学生英语语言运用能力的提高并不是一蹴而就的,而是必须在主题引领下通过大量的英语学习活动得以实现。

沉浸式研训的教学规程尤为重视在各类英语学习活动中学生语言能力的提升,以下将从语言能力的内涵表现,即感知与领悟、内化与整合、解释与赏析、交流与创建这四个方面,以指向学科核心素养的高中英语听说课为例,具体阐述如何依托教学规程,在日常的课堂教学中落实学生语言能力的培养。

英语教学中听说课的开展和推进已是当务之急。过去在英语课堂上,学生使用英语表达的机会很少,能主动发言的同学更是凤毛麟角。甚至在普通高中,很多学了近10年英语的学生只能说几个简单的英语单词,对他们而言,用英语表达自己的观点似乎是遥不可及的事情。而听力课也基本等同于听力练习课,学生完成一篇篇考试题型的听力测试,教师负责校对答案并讲解,学生没有表达的机会。长此以往,学生的语言运用能力根本无法得到提升,听力和口

[①] 中华人民共和国教育部.普通高中英语课程标准[M].北京:人民教育出版社,2018:4.

语之间是分离的状态,大多数学生只是在教师的指导下被动地听,而很少能够主动地表达。指向学科核心素养的高中英语听说课的诞生就是要打通听和说这两大环节,以听促说,通过激发学生去感知,促使学生主动思维,营造用英语交流表达的语言氛围,提升学生的语言运用能力。

指向学科核心素养的高中英语听说课按照 My USA 的教学路径,分为 My Understanding、My Story 和 My Attitude 三个部分。My Understanding 部分,学生泛听和精听语料,泛听时把握文章主旨和作者态度,精听时记录文章核心语词和相关细节。My Story 部分,学生在教师搭建的结构支架下,尝试运用核心语词,讲述自己的故事。My Attitude 部分,学生针对迁移的话题发表自己的观点,并对同伴的表达进行评价。

一、感知与领悟

听说课教学路径 My Understanding 部分,通过内容理解和语言梳理,学生对目标语言进行初步感知与领悟,获取所需要的信息,为后续表达自己的观点、感受与评价打下扎实的语言基础,以输入促输出。

那么为何要激发学生去感知与领悟呢?众所周知,语言能力的培养是知→会→熟的渐进过程,在听说课堂上,学生听了和真正听懂了是两回事,听懂了和能说出来也是两回事。从知到会到熟,绝不是一朝一夕之功,需要持续不懈的练习与纠正。而这一童子功需要学生通过感知大量的语言并在真实的语言交际活动中不断领悟才能获得。《课程标准》把对语言本质、形式和功能的意识和认识,对已知语言的体验和感知,分别概括为"语言意识"和"语感"。语言意识和语感是学习者在使用语言过程中逐渐形成的一种内在心理素质,是学习者通过感知、体验、观察和思考语言,逐渐悟出洞察语言本质和运作路数的思路。因此,对语言的感知与领悟在学习者语言能力的发展中有着重要的意义。而在听说课教学中,对语言的感知与领悟更是学生有效输出的前提保障。为了让输出更有内容、有结构、有质量,需要对语言输入进行严格把控,输入内容要精,输入的过程尤其要关注语言的体验、感知、观察与记忆,以此有效提升学生的语言理解能力,为后续的语言表达打下坚实基础。

具体教学实践中,我们该如何激发学生去感知与领悟呢?指向学科核心素养的高中英语听说课从选材、难易度、趣味性等方面把关教学内容,从教学素材入手,激发学生对语言感知与领悟。

首先,听说课教学内容以主题为引领,对接趣点,激发学生探究主题意义的兴趣。一方面,"主题语境不仅规约着语言知识和文化知识的学习范围,还为语言学习提供意义语境,并有机渗透情感、态度和价值观。学生对主题语境和语篇理解的深度,直接影响学生的思维发展水平和语言学习成效。"①沉浸式研训中的听说课为学生构建不同的主题语境,在主题语境引领下

---

① 中华人民共和国教育部.普通高中英语课程标准[M].北京:人民教育出版社,2018:15.

带领学生层层深入，挖掘主题意义。比如，听说课第三棒沈雅茜老师以 Shopping 为主题开展教学，首先引导学生猜测单词 shopaholic 的词义，听力环节围绕在美国购物的特征展开，说的环节鼓励学生分享自己的购物故事并讨论当今经营实体店的利弊。学生在主题语境下能深入感知与领悟语言所承载的文化信息，提升语言理解能力和表达能力，加深对主题意义的理解。另一方面，主题语境的选择要贴近学生生活实际，比如发生在学生身边的事情、当下的社会热点问题、日常生活中典型的人或事等。教师通过各种形式对接学生趣点，唤醒学生固有知识，使感知与领悟的过程更为顺利。又如，听说课第五棒刘颖老师以 Tips for English Learning 为主题开展教学，介绍了学生的同龄人 Sam 因为在英语学习上遭遇困难而心情沮丧，这一话题立即引起了学生的共鸣。听说课第六棒耿卉老师以 Garbage Sorting in Shanghai 为主题开展教学，导入环节让学生对图片中的不同垃圾进行分类，既拓展了主题词汇，为后续的听力输入做好准备，又极大地调动了学生的讨论热情。主题引领、对接趣点帮助激发学生对于不同话题背景知识的理解认知，为语言理解提供基础，促进对语言的感知与领悟。

其次，听力语料既要符合学生水平，又要具有一定的代表性，才能使学生在学习和尝试使用英语的过程中逐渐获得英语语言运用能力，特别是对英语语言的认识和感知。比如听说课第六棒耿卉老师选取的听力语料来自近期有关垃圾分类的热点新闻。考虑到授课对象为高一平行班的学生，他们虽然具备一定的语言基础，但英语听力水平和表达水平总体较弱，耿老师改编新闻语料，替换难词、生词，用简单句代替长难句、复合句，在不改变新闻内核的前提下将听力语料难度调整到适合高一学生的水平，有助于学生在泛听和精听时对语言的感知与领悟。与此同时，听力语料的内容和语言具有一定的代表性，与学生已有语言知识对接，能帮助学生后续顺利输出。仍以耿卉老师的听说课为例，听力语料结构清晰，从垃圾分类介绍、作者态度、未来展望三个方面讨论垃圾分类问题，学生易于把握语料主旨和重点。选取的语料语言优美且难度适中，lay emphasis on，be in favor of，approve of，It remains to be seen whether …等结构不仅与学生最近所学知识点对接，降低了听力难度，也是学生在表达观点、态度时的常用语词。听完语料后，教师引导学生总结该类词用法，加深学生对语言的认识，提升语言感知能力。

最后，听说课对听力语料的质量和使用频率也有要求。听力语料宜选取音质（画面）清晰，音量适中，语速合适，语调优美，时长恰当的素材。通常根据学生的语言基础，音频或视频控制在 1~2 分钟。同时，课堂实施中，听力材料使用的频度也有所控制，机械重复听力材料的课堂效率并不高，一般播放 1 遍或 2 遍或 3 遍，当学生无法听出完整的句子时，教师可以朗读包括该句的前后三句话，以帮助学生迅速听记。筛选听力语料，保证语料的音质、音量、音速，是为了减少听力障碍，不打击学生听说的积极性。听说课堂的教学目标是以听促说，如果听力语料难度太大或者干扰因素太多，会直接影响学生对语言的感知与领悟，为后续的输出带来极大困难。而控制听力语料的使用频率，有针对性地解决学生在听力中遇到的问题，也是为了提升学生感知与领悟语言的效果，尤其当学生英语基础较弱时，教师对听力语料的再处理能帮助学生战胜听力难点，提升理解和使用语言的自信心。比如，听说课第二棒王慧老师的教学对象为区普通中学普通班学生,英语基础薄弱,对听力和口语更是存有畏惧心理。试讲时,学生无法提炼出听力内容的主旨,个别同学对作者态度的理解也有误。面对这种情况,王老师反复播放听力语料,但仍然没有学生得出答案,这极大地打击了学生的积极性,课堂陷入僵局。正式授课时,根据前几棒执教听说课老师的意见,王老师及时调整策略,对学生无法回答的问题,教师当场朗读包括该句的前后三句。当王老师再次提问时,有学生立马得出了答案,教师引导其他学生给予他热烈的掌声,原本垂头丧气的学生重拾信心,在后面的环节更是主动举手发言。

如何检查、反馈与调整感知与领悟呢?学生听了和真正听懂了是两码事,教师不仅要帮助学生感知与领悟语言知识,更要寻找途径检查、反馈学生的领悟情况,及时调整策略。在指向学科核心素养的高中英语听说课堂上,教师巧设问题,监控调控。问题既能发挥"引领"作用,在听前让学生带着问题进行"有的(dì)输入",抓关键词、主旨句以及与问题有关的目标知识,也能发挥"检测"功能,在听后迅速了解学生是否听懂了,如果学生未能听懂,或者答案不全面,则进行及时的调整。

问题的设计以不同阶段听力要求为基础,简洁易懂,便于反馈。泛听时,设计的问题针对文章主旨、基本结构、作者态度等,检测学生是否能迅速抓住文本大意,要符合泛听阶段的任务要求;精听时,设计的问题针对内容细节、核心词组、核心句型等,检测学生是否能把握文本细节,尽可能多地记录信息要点,要符合精听阶段的任务要求。同时,教师提问的语言也尽量简洁、口语化,聚焦对听力语料的感知与领悟,不给学生额外增加难度。以听说课第二棒王慧老师的课为例,泛听阶段提出的三个问题分别为:What's the topic? What impresses the writer? What's the writer's attitude towards the problem mentioned? 问题设计的语言简单明了,目标明确直接,问题的回答能有效反映学生对听力语料的掌握情况。当发现学生无法正确回答以上问题时,王老师调整策略,由教师朗读听力语料中的部分内容,帮助学生得出答案。而在精听阶段,王老师设计的一个问题为:Where do the writer's pains come from? 这个问题聚焦文本细节,针对学生的回答 He tries his best to get high scores in exams, which is really painful. 教师进一步追问 Have you learned any other phrases similar to "try one's best"? 进一步追问的问题在于启发学生回顾已学知识点,学生积极响应说出 do one's best, make great efforts to do 等答案,学生在老师的问题引领下进一步对语言知识进行梳理。

此外,问题的呈现方式也依据课型和学情而定。在其他课型,尤其是阅读课上,重点问题往往通过屏幕直接呈现给学生,一方面,考虑学生需要一定时间理解问题内容,直接展示可以缩短理解时间,加快教学进程;另一方面,考虑有时提出的问题较为复杂,屏幕呈现可以降低难度便于学生理解。而在指向学科核心素养的听说课上,教师一般先口述问题,确保学生听清之后再用屏幕展示,对于程度较好的学生,甚至省略屏幕展示。一方面确保了听力输入渠道的多样性,学生不仅要听语料,还要注意听教师的指令、同学的反馈;另一方面帮助学生集中注意力,排除其他因素干扰,全神贯注听语料、听问题、听回答,充分感知语言的魅力。

沉浸式研训中的听说课上,学生深入感知与领悟语言为随后的口语输出打下坚实基础;教师从选材难易度、趣味性、使用频率等多角度精心把关听力素材,促进学生感知与领悟;通过设置符合学情、符合阶段性教学任务的问题,以简洁明了的语言,以多渠道的输入方式,检查学生感知与领悟的效果;根据学生反馈,调整教学方法,及时跟进,帮助学生顺利完成语言学习任务。

二、内化与整合

内化与整合是语言能力发展过程中至关重要的形成性要素之一,起着承上启下的关键作用,它既是在感知与领悟基础上的提升,也为进一步开展解释与赏析打下基础。如果说学生体验语言和对语言进行感知、思考和领悟的过程是其逐渐形成语言意识和语感的过程,那么学生从"知"(知道)到"能"(能用,但不熟练并时有出错)到"熟"(脱口而出的熟练运用),就是其逐渐内化、整合语言知识和技能的过程,而只有内化并有效整合语言文化知识和各种相关的语言技能与思维运作,才能有效地解析和鉴赏语篇,实现语言理解。

沉浸式研训中的听说课教学路径 My Understanding 部分的第二步"语言梳理",引导学生复习听力文本中学过的语言点,积累"说"的语料,树立"说"的信心。这一过程正是帮助学生内化与整合相关语言知识和技能的过程,当学生能够激活已有语言知识,在主题语境下熟练反馈出关键词的用法、同义词组时,就会为其后续准确、丰富的表达奠定语言基础。

在具体的教学实践中,如何实施语言的内化与整合呢?沉浸式研训中的听说课通过让学生聚焦目标语句,回忆重点语词的典型用法和相关知识,梳理已学内容,在主题语境下实现语言知识的内化与整合。

首先,与泛听阶段的要求不同,学生精听材料时需要重点关注与教师提问有关的目标知识,听记下含有重点语词或表达法的句子并尝试复述出来。实施中尤其需要注意以下两点。

(1) 关键词语或表达法控制在 3~5 个为宜,而且均为此前学生接触过的重点词语和句型。听说课这一环节的目的并不在于教授新的词汇,而是创设机会,复习旧知,引导学生将学过的内容串联起来并加以实践应用,以达到内化与整合的目的。比如,听说课第二棒淞浦中学(区普通高中)王慧老师课堂上精选了 hope, try, forbid, What matters is 四个核心语词和句式,其中前两个词是口语表达中的常见词,而后两个恰恰是近期课堂上学生新学的表达法,这样,利用听说课的机会再次复现,强化记忆,并引导学生应用。

(2) 鼓励学生将听到的目标语句完整复述一遍。有些学生之所以听力能力较弱,原因之一在于其语音知识薄弱,甚至连一些单词的发音都没有掌握。在学生复述的过程中,教师能够检查其发音是否准确,同时适当引导学生关注重音、语调、节奏、停顿等细节。必须强调一点,复述不同于朗读,学生对着屏幕上的文字朗读一遍,他的注意点仅在于语言的形和音。而听完句子,将含有重点语词或表达法的句子复述一遍,则需要调动记忆、加工、理解、应用等多方面思维能力。在训练过程中,学生的专注力和短时记忆力将得到大幅提升,听力水平也得以提高。学生要想顺利复述出句子,必须注意用词准确和语句通顺,这就要求学生不仅仅是停留在语言知识的理解层面,同时要求学生能正确地运用语言,在运用的过程中调动曾经所学的英语知识,包括词汇、语法等知识储备,实现语言的内化与整合。当遇到学生复述不出或者复述不完整的情况,教师采取的方法也有多种。既可以再次播放含有相关语句的音频,或者由教师本人朗读包含目标句的前后三句话,还可以通过问答和填空的形式引出。以听说课第一棒通河中学(区普通高中)李伊老师执教的 A Letter to Dad 这节课为例。在讨论含有重点语词 matter 的句子时,大部分学生只抓住了 achievement 一词,理出句子 They told you achievement matters most.李老师马上追问 But what on earth matters most to Dad? 问句紧扣所听语料的主旨,同时出现了 sth. matters to sb.的表达法,以 to sb.的结构引导学生思考对父亲而言最重要的是什么? 在这样的提示下,学生很快意识到问题的指向,得出目标句 Dad, it may be the only part of being a dad that really matters.在整个过程中,教师在尽可能地鼓励学生用完整的句子回答而不是简单的单词,同时鼓励学生之间的相互补充和完善。

其次,精听阶段听出核心语句并准确复述出句子后,学生需要通过回忆重点语词的典型用法和相关知识,梳理已学内容,实现主题语境下语言知识的内化与整合。

《课程标准》提出,语言运用需要两类语言知识,一类是语言本身的知识,即结构性知识(organizational knowledge),包括语音知识、词汇知识和语法知识;这其中,词汇知识强调约定俗成的词块和词组搭配在表意功能中的突出作用;语法知识不仅仅包含形式和意义,还包含其用法(usage)和使用(use)。因此,听说课输入环节,尤为重视此类知识的内化与积累。仍以听说课第一棒通河中学(区普通高中)李伊老师执教的 A Letter to Dad 这节课为例,如图 3-1 所示。

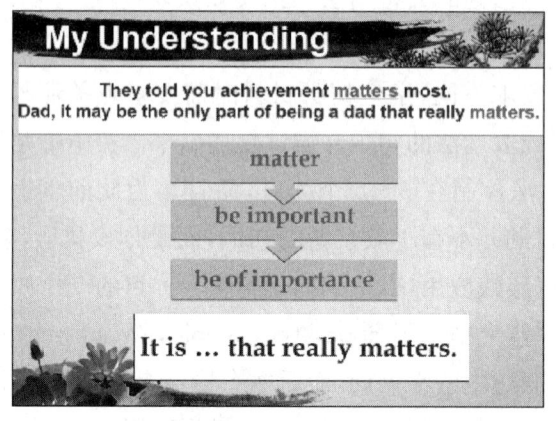

图 3-1 课程示例

在呈现了包含核心语词 matter 的两句句子后,教师进一步启发学生回忆 matter 的同义词表达,当学生无法正确说出时,教师可以稍作提示。比如:学生能说出 matter 的词义 be important,教师进一步要求 important 用同义名词表达时,学生可能会遇到困难,教师可以说:be of …, be of im …逐渐帮助学生回忆直至最后说出正确表达 be of importance。随后,教师引发学生进一步思考,当我们要加强语气、强调表达的内容时,可以选用什么结构? 学生马上想到强调结构,并从目标句中提炼出 It is … that really matters.的强调句式。最后李老师给出与听力语料相关的话题 As for your relationship with your parents, what matters to you most? 鼓励学生运用该句式回答问题,加深理解为之后的高质量语言输出奠定基石。

这一教学环节梳理的语言知识其实都是学生平日里已经学习过的内容,但他们还不能称之为活性知识(active knowledge),只有对所学知识反复咀嚼和感悟,能主动联想、准确并且熟练地"说"出来,才算得上真正的内化。沉浸式研训中的听说课课堂,语言梳理不仅仅是内容的识记和再现,而是尽可能创设机会鼓励学生去整合和应用,在话题的引领下,通过学生的主动反复实践完成自身对语言知识的建构。

三、解释与赏析

语言使用的目的是什么?概括起来,是为了获取、传递和交流信息,理解和表达意义,或是为了做事。因此,在我们引导学生内化与整合所学语言知识,实现语言理解的同时,还要在课堂上进一步创设条件,鼓励学生进行语言表达,推动学生运用所学语言,学会解释、学会赏析,从而真正体现做中学和学以致用的理念。

沉浸式研训中的听说课 My Story 部分的意义也正在于此。这一部分的语言实践活动,打通了听和说的通道,鼓励学生将之前输入的内容能够有效输出。但与接下来的 My Attitude (语言输出 II:议论)不同,该部分预设的难度较低,侧重于描述与解释,其主要目的在于通过陈述事件、传递信息,鼓励学生运用本课出现的核心语词来讲述自己的亲身经历。

课堂上学生不是立马就能用一大段准确而又流畅的语言高质量地描述自己的经历,因此在具体教学实践中,教师以问题为驱动,提供各类支架,帮助学生"说好自己的故事"。

首先,教师可以针对所听材料的话题内容设计问题支架,在一问一答中,引导学生一步步解释分享,并启发学生深入思考。以下是通河中学李伊老师执教的 *A Letter to Dad* 这节听说课上的教学互动片段。

T: Now I wonder whether you are willing to share your story with me. What kind of person is your father?

Ss: Kind, serious, strict …

T: Oh, can you answer the question in complete sentence?

S1: My father is a serious person.

S2: My father is a strict person when I talk with him about my study.

T: How do you feel when your father forces you to do things you don't like?

S1: I feel sad when he forces me to do things I don't like.

T: The things you don't like to do but you have to are called necessary evils. Of course you don't like these things.

S2: I felt frustrated when my dad asked me to do my homework and to take some additional courses.

T: So what would you like to do?

S2: I will finish my homework, but I don't like my parents force me to do it.

T: You hope you have the freedom to control your time.

S2: Yes, I wonder why he doesn't trust me.

T: I hope your parents can know it. Good job.

李老师逐一抛出问题，问题由易至难，从感性认识入手，到可能采取的行动，最后点出亲子关系中信任这一主题，问题设计层层铺垫，启发学生思维。学生的回答也从词到句，逐步过渡。最开始有些学生只会蹦出一两个单词，如 kind，serious，strict 等，而针对教师提问句式的变化，学生逐步说出完整的句子甚至是复合句，如状语从句 I felt frustrated when my dad …。同时教师的提问中也有意识地包含之前学习的核心语词，如 force sb. to do，引导学生在回答中自然运用。此外，教师还要及时根据学生讲述的内容与之互动，适时拓展内容。比如，当学生谈及自己不想做但必须做的事情，李老师马上在互动中补充了 necessary evils 这一地道的英语表达，既与学生产生情感上的共鸣，同时也丰富了学生的语言表达。教师精心设计的问题，激起了学生说的欲望，也为随后的完整输出打下了基础。

其次，教师适时给学生提供诸如语境框架（包括贴近学生的话题、含有本课核心知识的句式结构等）、体态语等支架，帮助学生完成有一定质量的语言表述。

比如听说课第二棒淞浦中学王慧老师执教的 *the Growing Pains* 这节课上，教师针对所听语料的主旨，设计了两个开放式问题 Where do your pains come from? What matters to you most? 抛砖引玉，鼓励学生大胆地分享。原本以为学生能从多方面侃侃而谈，但在试讲中发现学生涉及的角度非常有限，课堂气氛沉闷。参与磨课的老师建议，考虑到授课对象为普通高中普通班学生，教师不妨提供一些语汇框架（见图 3-2）供学生参考，这样能帮助他们迅速打开思路，丰富其表达。实际授课中，这一改进举措收效良好，学生在教师的启发下，拓宽了表述内容的广度和深度，课堂发言积极踊跃。

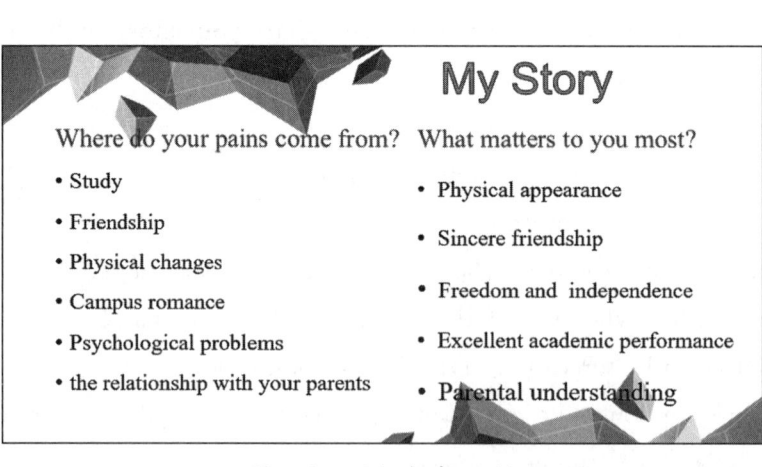

图 3-2 语汇框架示例

再以听说课第一棒通河中学李伊老师执教的 *A Letter to Dad* 这节课为例，在所有问答结束后，教师鼓励学生更进一步运用连接词、复合句等方法将此前独立的回答整合为一个小段落以叙述自己的故事。为了帮助学生建立说的信心,完成有一定质量的语言表述,此时教师适时地提供结构支架(见图 3-3),学生在支架的提示下完善自己的故事,并有意识地运用在 My Understanding 部分中回忆复现的重点语词和句型,整合内容与语言,提升自身语言输出的品质。

图 3-3　结构支架示例

至此,学生的语言表达从"质"和"量"上都得到了提升,在表达的过程中,学生能建构结构化的知识,运用所学语言,进一步解释个人经历,"说好自己的故事"。整个交流展示环节,既可以让学生独立思考准备,组织语言;也可以采用小组活动的形式(指令、讨论、展示、评价、改进),鼓励、监督每一个学生都积极参与,做到人人有事做,事事有人管,环环有评价。

如何引导学生进一步学会赏析呢?沉浸式研训中的听说课课堂,打破了以往学生发言后教师点评的模式,引入多元评价,让学生从评价的接受者转变为评价活动的主体和积极参与者。鼓励学生学会倾听,并在评价过程中学会赏析对方语言表达中的亮点,有助于今后有意识地借鉴并运用于自己的表达之中。

在实践过程中,为了给学生创造自我反思和自我调控的机会,首先,在学生分享完 My Story 后,开展自评,对自己的表现中有哪些亮点又有哪些不足进行审视。通过自我评价,使学生在学习的过程中不断体验进步与成功,认识自我,逐步建立语言表达的自信。

其次,开展学生互评。如果没有明确的评价标准,学生评价往往内容空泛、流于形式。因此,沉浸式研训中的听说课上,师生共同协商确定评价标准,比如从内容角度而言,是否充实且切合话题;从语言角度而言,是否能有意识地运用本课出现的核心语词,准确表达个人想法。尤其要注意的一点是,教师要引导学生对他人的表述以"实证"的形式进行赏析,把对方用的好词或者好的句型"说"出来,作为自己评判的依据。这样的做法,一方面能检测学生是否认真倾听同伴的表述,另一方面也能帮助学生再次巩固所学的核心语词,并在将来迁移应用于自己的表达之中。比如,在 The Growing Pains 这节听说课上,学生分享了自己与父母相处时发生的一次矛盾,最后说到 It is the mutual understanding that really matters to me. 互评环节,有学生就抓住了这一亮点,指出强调句式在此处运用得当,能表达出说话者对父母理解的迫切渴望,同时 mutual 一词也很到位,说明在处理亲子关系时往往需要双方的相互理解。在听完了同学的讲述后,自己也深有启发。在互评环节中,教师引导学生关注语篇(包括口头语篇)和语言的表意手段,包括语篇的结构、词汇的选取、句式的选择,以及特别的表达方式是如何被用来传递意义的,这是对语言本身的一种欣赏。可以说,评价的过程也是学生赏析语言的过程。

此外,为了提升学生评价的输出质量,教师适时地搭建评价支架,提供常用的句式,帮助学生组织语言。比如:What impresses me most in his story is … The highlight of … is … The idea is clearly presented by using the word/sentence pattern …最后,教师的评价也以欣赏为主,不宜给出对与错或好与差的评论,而是充分肯定学生的努力并以此激励分享的学生。

整个 My Story 部分,学生既能在教师搭建的支架帮助下,学会解释,用有一定质量的语言讲清楚自己的故事,努力实现课标中语言表达的三级水平"准确、熟练和得体地陈述事件、传递信息",又能在多元评价活动中,学会赏析,有理有据地评价自我和同伴的表现,有效调控自己的学习进程并从中获得成就感和自信心,在语言实践的过程中一步步增强自身的语言运用能力。

四、交流与创建

《课程标准》强调,语言运用既是语言教学的出发点,又是落脚点,语言教学是以语言运用为导向并贯穿其全过程的。因此,我们的课堂要扭转"哑巴英语"的现象,真正落实学生英语听说能力和交际能力的培养,践行学用结合、学以致用、知行合一、主动建构的英语学习活动观。只有在理解与交流的过程中,学生才能有效运用各种语言知识和技能,达到沟通与交流的目的;只有在真实的语言运用中,学生才有机会产出个性化言语,创造新的语言形式和意义。

沉浸式研训中的听说课教学设计螺旋式上升,一步步铺设台阶,帮助学生走出词汇量少、句型简单、言之无物的困境。在教学实施路径 My Attitude 部分,为学生的语言交流与创建搭建了平台,可以称得上是整节课的"综合提升"。My Attitude(语言输出Ⅱ:议论)部分操作方法与 My Story(语言输出Ⅰ:描述)基本相同,即采用框架搭建→自由表达→结构支架→同伴评价的模式,但不同于 My Story 之处在于:在这一部分,教师将听力语料的话题延伸至与学生学习生活紧密联系的相关话题,鼓励学生运用本课出现的核心知识交流个人见解和情感,激发学生在独白和互动性的语言表达中做到准确、流畅和得体,并在语言运用中产出个性化言语,创造性地使用语言。此外,依托评价活动,实现合作创新,以评促说,引导学生进一步思考自己使用语言时的不足,在今后的语言表达中改进和调整。

在"话题迁移"板块,为了鼓励学生应用所学,教师精心设计话题,提供问题与结构支架,助力学生用英语开展交流与创新。

在设计话题时,教师根据实际学情,结合听力语料内容,创设合适的语境。区分三个级别语境的依据是语境的复杂程度。一级"熟悉的语境",包括学生在英语学习和生活中涉及的基本语境和所学语篇的主题语境。二级"常见的语境",是指生活中常见的语境和所学语篇主题语境。由于常见语境往往是自然真实生活语境,涉及所学语言知识和技能的迁移,因而具有一定的复杂度。三级"更加广泛的语言情境",是指贴近自然真实生活的更加广泛的语境和更具深刻内涵的语篇的主题语境。①沉浸式研训中的听说课,教师根据学生的语言运用能力水平选

---

① 梅德明.普通高中英语课程标准(2017 年版)解读[M].北京:高等教育出版社,2018:59.

择不同级别的语境。此外,话题涉及的语境与听力语料保持一定的关联性,通常对听力语料适度延伸与拓展,以拓宽学生思维的深度和广度,培养学生的批判性思维和迁移创新能力。比如,听说课第三棒上大附中沈雅茜老师执教的 Shopping 为主题的这节课,在学生分享完自己网购的故事后,教师抛出了以下问题:Will physical store be replaced by online shopping? 引导学生思考当下经营实体店的利弊,对"实体店是否会被网购取代"这一问题进一步发表自己的观点。具体教学实践中,授课对象是市实验性示范性学校提高班的学生,因此教师创设了以下三级水平的语境,请学生为实体店店主提供意见,探讨如何在当今环境下经营实体店,并引导学生辩证地看待问题(相较于网购,实体店有利有弊),思考如何解决实际问题(当前环境下,实体店如何改革)。话题设计将口语表达放在真实的语境中,激发了学生对于"购物"话题的深刻思考,在迁移创新中培养学生的语言交际能力。

在学生表达时,根据学生不同的语言运用能力水平,教师会提供问题支架和结构支架,供学生选择性使用。比如,教研员亲自下沉示范的这节题为 How Bad is Failure 的听说课上,授课对象为通河中学(区普通高中)普通班的学生。面对 Is failure good or bad? Why? 这一话题,刚开始学生交流时泛泛而谈,内容空洞,说了两三句话就草草结束。厉老师考虑到学生的实际学情,马上又抛出问题:What would you like to do if you fail a question raised by your English teacher? How do you plan to improve your oral English? 选取学生较为熟悉的英语学习这一角度,让学生交流如何应对英语学习中的失败,并分享各自的经验和做法。问题的提出,一方面拓宽了学生的思路,使学生找到了交流的突破口;另一方面又鼓励学生积极思考,使学生学会将理论与实际相结合,使自己的表达更具说服力。最后,教师还提供了结构支架(见图3-4),帮助学生整合内容,运用本课已学语言知识,连贯、流畅地交流。不同层次的学生或在框架搭建基础上表达,或不参考框架自由表达,以此激发学生创建新思想,产生个性化的语言。此外,为了鼓励学生在表达中不断创新,交流的形式也可以多样化,包括讲述故事、描述事物、发表观点、演讲或辩论,但是运用已学语言知识表达是基本要求。

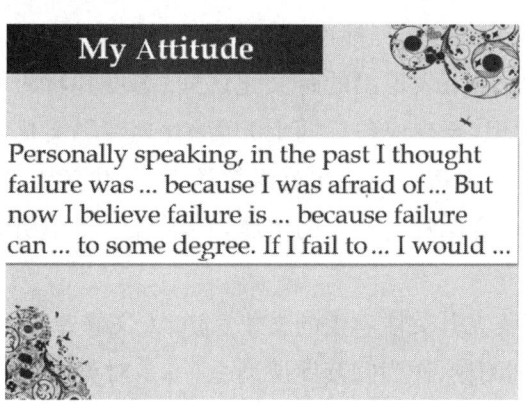

图 3-4 提供的结构支架

在"合作创新"板块,针对同学刚才的交流展示,其他同学进行评价并提出改进意见。同伴评价往往是学生最感兴趣的，在合作交流中，借助他人对自己的评价，学生学会去反思（reflect），重新考虑（rethink）与修改（revise）已有的想法，甚至跳出原有的框架，创建个性化的表达，创造性地使用语言。因此，在听说课堂上，教师会把握这样的教学契机，让分享的学生在改进后进行二度展示，同时邀请其他学生比较前后的不同，再次给出积极的评价。教师在评价过程中扮演支持者的角色，适时提供评价支架，要求学生从发音、内容等多角度来评价同伴的口头表达。学生在支架的帮助下，尝试用英语大胆地说出评价，无疑也增强了自己英语学习的信心，整个合作创新的过程让学生的语言运用能力得到了切实的发展。

听说课上教师遭遇的一大挑战便是学生不敢说、不愿说，怕说错、说不好。沉浸式研训中的听说课以输入促输出，在学生充分感知的基础上，帮助其内化与整合核心语词，搭建各类支架，创设各种语境，一步步帮助学生学会表达。曾有学生课后坦言，自己能在听说课上就一个话题一口气用英语连续说五句话，这在过去是他想也不敢想的事。与此同时，学生的口语表达不再是碎片化的，而是主题语境下符合逻辑的表述，真正做到了让学生有话想说，有话能说，有话会说。

第二节　文化意识

"文化是人存在的根和魂。"文化意识的培育有助于学生学会做人、学会做事，成长为有文化修养和社会责任感的人。长期以来，英语学科一直被认为是一门工具性学科，英语课程的任务是让学生学习语言知识，掌握听、说、读、写的语言技能，这样的看法是对英语课程内容和价值认识的窄化，忽略了英语学科的育人作用。而文化意识则体现了英语学科核心素养的育人价值导向，将立德树人这一根本任务落到了实处，直接涉及"培养什么样的人""怎样培养人""为谁培养人"的问题，因而意义重大。

文化意识的内涵非常丰富，《课程标准》将其定义为"对中外文化的理解和对优秀文化的认同，是学生在全球化背景下表现出的跨文化认知、态度和行为取向"。高中英语教学中培养和发展学生的文化意识，至少应包括两个方面的内容：①文化知识的传授；②优秀文化在英语教学全过程的融入与渗透。因此在英语教学中，文化意识的培养需要融入到英语学习活动中，尤其是要有机结合课程内容中的主题，在语言学习中引导学生理解文化知识、加深文化理解。

沉浸式研训的教学规程尤其关注学生的文化意识、人文修养和行为取向，落实文化意识的培养。其中，高中英语报刊阅读，作为阅读课课型之一，是对英语课程主题单元教学中基础阅读和深度阅读课的补充。通过提供具有时效性、新颖性的外文报刊材料，帮助学生了解报刊材料在语言、修辞、篇章等方面的特点，在真实的情境中获取文化信息，提升学生的知识水平和文化意识。借助报刊阅读，教师能创设更多文化探究活动，提升学生的文化意识，培养学生跨文化交际的技能。下面以指向学科核心素养的高中英语报刊阅读课为例,从文化意识的具体表现,即比较与判断、调适与沟通、认同与传播、感悟与鉴别四个方面,具体阐述如何依托教学规程,在日常的课堂教学中培养学生的文化意识。

指向学科核心素养的报刊阅读课按照 ASAP 的实施路径,分为 Appreciation、Share、Assessment 和 Performance 四个部分。Appreciation 部分:赏读准备,学生自主品读文章,借助学案,梳理要点,为课上分享做准备。Share 部分:交流分享,学生介绍阅读的文章,推荐喜欢的词句并说明原因。Assessment 部分:互动评价,其他同学对介绍的学生进行评价,全班共读经典,交流体会。Performance 部分:实践应用,学生提炼文章的观点,并结合生活实际,阐述自己的观点,师生共同总结本节课的收获与不足。

一、比较与判断

为什么要引导学生比较与判断呢?培养和发展学生的文化意识,是要使学生能够感知语言学习中的文化内涵,树立世界眼光,增进国际理解,认识世界文化的多样性,对不同文化持尊重和包容的态度。语言是文化的载体,同时也是文化的一部分。学习英语语言,必然会接触到英美国家文化,在学习过程中,学生比较与判断语篇中的文化知识,观察和探究英语和母语之间在语言和文化上的联系与差异,进行语言对比和文化对比,是提升学生文化意识的基础。

报刊阅读课上,比较和判断语篇的文化内涵,既是主要教学目标之一,也是达成其他教学目标的基础。例如,在一堂主题为"中西方餐桌礼仪"的报刊阅读课上,教师预设了以下教学目标(节选):

本课结束时,学生能够:

……

(2)从出席时间、座次安排、餐具摆放、进餐礼仪等方面比较并描述中西方国家在餐桌礼仪上的差异。

(3)理解这些差异背后的文化因素,尊重文化差异,并在今后的跨文化交际中选择恰当、得体的行为。

……

从上述教学设计可见,比较语篇中的文化知识是重要的教学目标之一。通过比较,学生能感知文化差异,加深文化理解。在掌握相关文化知识之后才能实现后续目标,进一步探究差异背后的原因,并最终内化为个人行为,增强自身跨文化意识和能力。

具体教学实践中,如何实施比较与判断呢?沉浸式研训中的报刊阅读课通过合理选择语篇、自主赏读语篇两个步骤帮助学生比较与判断语篇蕴含的文化内涵。

一方面,合理选择语篇,比较文化异同。在报刊阅读课上,采取"双选目标"的方式,既可以由学生在所订报刊上自选一篇感兴趣的文章阅读,也可以由教师推荐一篇文章让学生阅读。挑选时,需要关注所选文章的趣味性、时效性和知识性,以及学生的英语基础和文章的难度(包括词汇、长难句和话题等)。通过自主选择和教师推荐相结合的方式,既发挥学生的主观能动性,选择他们感兴趣、愿意探讨的内容,又扩大了选择范围,兼顾不同层次的学生水平。自主选择语篇的过程中,学生需要比较不同的报刊文章,根据要求筛选,并能说明自己选择该语篇的原因,这是学生自主观察、分析、比较报刊文章内容和语言的过程。教师推荐语篇的过程中,引导学生关注报刊文章的文体形式、语言特点或传递的文化信息,这是教师引领学生观察、分析、比较的过程。无论哪种情况,都是符合学生英语水平,符合文化意识培养策略的教学过程。比如,2020年3月抗击疫情期间,21世纪学生英文报(*21st Century Teens*)刊登了题为 *To wear or not to wear masks?* 的文章,探讨口罩背后的东西方文化差异,这样的阅读素材既联系当下热点,又贴近生活实际,能很快激发学生的阅读兴趣,因此,教师将其选定为推荐语篇。同时教师指导学生在阅读前,通过观察报纸的插图、文章标题和小标题,对文章内容进行预测。学生很快注意到选文的标题是一个经典问句句式,抛出了当下的一个热点话题:究竟要不要戴口罩? 而配图下的文字 People wear masks for different reasons. 以及粗体字印刷的两个小标题 Western thoughts about masks. Mask culture in the East. 帮助学生做出迅速判断:文章将从东西方文化的角度来探讨该现象背后的原因。随后的阅读过程中,学生通过比较和判断语篇提供的文化信息,进一步关注东西方文化差异,培养和发展自身的文化意识。

此外,报刊阅读时还可以选择与当前教材单元主题密切相关的语篇,适度拓展,帮助学生深入了解主题语境下的文化知识,或是从不同侧面比较与判断中外文化的异同。以《上海学生英文报》(*Shanghai Students' Post*)为例,报纸中专门有超级课堂(Super Classroom)版面,提供与教材链接的相关语篇。比如针对高一(下)牛津英语 Unit 1　*A Trip to the Theatre*,就刊登了 *The Revolution Moves Uptown* 一文介绍百老汇最红音乐剧《汉密尔顿》到底魅力何在? 这篇补充阅读文化知识丰富,是对教材单元的有益补充,使学生更全面地了解当代音乐剧的发展。教材单元的阅读文章为 *The Phantom of the Opera*,教学重点在于帮助学生理解《剧院魅影》故事发展过程及相关词汇,从而能体会文学作品中人物的善恶和性格的复杂矛盾性。课堂结合音乐剧片段欣赏,将学生领入了经典音乐剧的大门。而报刊文章则向学生介绍了《汉密尔顿》这部百老汇最红音乐剧,该剧用嘻哈的形式讲述了美国开国元勋亚历山大·汉密尔顿的传奇人生,其艺术表现形式颠覆了学生对音乐剧的传统印象。通过补充阅读,为学生打开了另一扇窗,进一步加深了对欧美音乐剧文化及其最新发展的了解。

指向学科核心素养的高中英语报刊阅读课,通过选定合适的阅读语篇,帮助学生接触更多涵盖物质文化和精神文化的中外文化知识,有利于学生分析与比较中外文化知识。而这也正是学生理解文化内涵、比较文化异同、汲取文化精华、建立文化自信、培养文化意识的前提。

另一方面,自主赏读语篇,汲取文化精华。报刊阅读教学规程指出,选定语篇之后,学生自主品读文章,完成学案任务,也可以自己记好笔记,为课上分享交流做好准备。为了更好地赏读语篇,教师根据学生英语水平和所选语篇难度,或提供学案,或独立反馈,或小组讨论,充分发挥学生的主观能动性,也极大地提升了学生的阅读积极性。学生自主阅读的过程,就是认识世界文化多样性,观察文化异同的过程。学案能帮助教师检查学生比较与判断文化知识的效果,而课上分享环节不仅能检查学习效果,更是为之后调适与沟通打下基础。比如,报刊阅读第一棒刘颖老师推荐学生阅读外刊文章 *Mourn for the Loss of Notre Dame*,文章探讨了巴黎圣母院的艺术、历史、宗教价值,并指出巴黎圣母院的被烧是人类文化的损失。考虑到授课对象为高一平行班学生,刘老师为学生提供学案,引导学生关注语篇中的文化内涵,并鼓励学生写下阅读后的感悟。以下呈现的是报刊阅读学案中的部分问题:

- According to the title, make a list of everything you want to know about the passage. e.g. What happened to *Notre Dame*?
- With the help of some key words, try to summarize the main idea of the passage.
- What have you learned about the artistic, historical and religious values of *Notre Dame*?
- Some people wondered why people mourned for the loss of a foreign cathedral. What's your attitude towards the loss of *Notre Dame*?
- While reading, what words or sentences impressed you most? Why?

学案设计首先引导学生开展有的放矢的阅读,根据文章标题,大胆预测,并将自己想要获取的信息以提问的形式呈现。学生需要在阅读后梳理出3~5个关键词,整理文章概要,以此提升对文章的理解和自身概括能力。同时教师进一步引导学生关注语篇中的文化信息,从艺术、历史、宗教的角度梳理与巴黎圣母院相关的文化知识,最后结合文章话题引发的讨论鼓励学生读后思考并提出自己的观点或想法。除此以外,学生还要以摘抄的形式积累阅读中遇到的精美语句(或词汇,或句式,或表达法)。依托学案,学生顺利开展对语篇的自主赏读。

语言既是文化的重要组成部分,又是文化信息和文化内涵的重要载体。因此在报刊自主赏读环节,学生仍然不能忽略语言知识的学习,并培养自己预测、概括等语言技能,同时养成摘录美文佳句的好习惯,在原汁原味的语言表达中,汲取文化营养,感知中外文化知识。整个阅读日志完成的过程体现了学生对所读报刊内容进行辨别与取舍的过程,"取其精华,去其糟粕",不仅增长了学生的文化知识,同时也提升了其对语言的鉴别力和判断力。

二、调适与沟通

跨文化敏感性是文化意识的一个部分,学生在与来自不同文化背景的人交流时,能意识到彼此的文化差异,调整交际策略,有效进行跨文化沟通。报刊阅读课教学实施路径的 Share 部分着力检查学生对语篇文化知识的认识情况,课堂上学生将以小组的形式进行交流分享,包括对所读报刊文章的"内容分享"和"知识分享"。通过分享帮助学生调适文化差异,调整交际策略,顺利开展跨文化沟通。

第一板块"内容分享",每组选1～2位学生介绍自己阅读的文章,包括标题(直接介绍或描述或互动实现理解),关键词和文章主旨。小组成员自行决定主讲人员及顺序,交流的形式多样,可直接介绍,或者通过与其他同学的互动逐步完成介绍,还可以采用采访的形式完成。内容分享帮助学生了解不同的文化传统与文化现象,扩大学生的知识面,也提升了分享者的语言表达能力。另外,不同小组的分享帮助学生了解更多的主题或从不同的侧面了解同一个主题。因受各种限制,学生很难在课堂中与来自不同文化背景的人直接交流,但通过了解各类报刊文章的主旨思想,班级同学可以多渠道了解不同文化背景的人的想法,实现文化沟通与交流的目的。比如,新世纪英语高一下 Module 1 的单元主题是旅游,报刊阅读第三棒耿卉老师以同一主题开展了一堂报刊阅读课,帮助学生深入主题,开拓视野。课前学生分组寻找相关的报刊文章,一组成员选择了题为 *Tesla doesn't need to sell cars in China to succeed there* 的文章,乍一看似乎与旅游业毫无关联。课堂分享时小组代表从标题入手,以互动方式让大家猜测特斯拉将如何在中国取得成功,很快激起了大家讨论的兴趣,随后引出文章主旨,即未来共享汽车的发展及其对旅游业的影响,全新的视角让大家耳目一新。另一组成员则选取了题为 *Shanghai releases plan to expand tourism* 的文章,聚焦旅游业现状,探讨上海为刺激旅游发展而采取的一系列措施。两组同学最后分别总结:国外人士看好中国旅游市场的发展,希望通过建立特斯拉共享汽车,打入中国市场;国内人士认为当前旅游业发展存在诸多问题,并发布了一系列措施。学生通过同一主题不同侧面的内容分享,全面了解了国外和国内对中国旅游业发展前景的展望,体现出不同文化背景下的不同看法,有助于学生了解文化差异,实现跨文化沟通的目的。

第二板块"知识分享",小组成员向其他同学推介组内认为最精彩的一个单词、一个短语或者一句话,并给出推介理由(包含意义解释和理由陈述)。文化也是语言的一部分,语言组织形式能一定程度上反映不同文化背景下人们的思维方式、文化意识。"不同文化对空间、时间、颜色等概念的感知存在差异,这种差异会投射到语言本体上,对语言的表达方式、概念系统、句子结构和语序等产生影响。句子结构、话语结构和语篇结构等这些层面上的文化内涵在一定程度上也反映了一个民族的思维方式和思维习惯。"[①]因此,报刊阅读课上的"知识分享"旨在引导学生关注语篇维度上显性度较低的语言文化,通过比较语言本体上的差异,帮助学生意识到其背后的文化差异,并在实践中加以应用。比如,报刊阅读第五棒李春晖老师的课堂上,学生选取了 finger-crossed 一词作分享。之所以选择该词是因为阅读时起初将其理解为双手交叉,但根据句子提供的语境,觉得意义不对。于是在上网查阅相关资料后,学生在课堂上分享了该词的文化背景知识:finger-crossed 是把同一手的中指叠在食指上,两指交叉(crossed)成 X 状。(介绍到这,学生请大家一同做了下手势)基督教徒用这个手势来象征十字架,以祈求在面对邪恶的时候,得到耶稣的庇佑。到了16世纪的英国,人们主要用这个手势来辟邪。有时候当有人打喷嚏或者打嗝时,也会用到该手势。因此报刊文章中的句子 I'll keep my finger crossed

---

① 梅德明.普通高中英语课程标准(2017年版)解读[M].北京:高等教育出版社,2018:64.

for you.可以理解为我会为你祈祷的。学生分享结束后,教师又鼓励学生运用该词创造自己的句子。结合即将举行的校运会,学生说到 I will keep my fingers crossed for my deskmate because she will take part in the 800-meter race tomorrow.报刊阅读课的"知识分享"板块,教师积极引导学生关注语言表达差异,尤其是中文语境或文化中没有的表达。同时鼓励学生利用课内外多种学习渠道特别是网络资源,获取相关的背景知识和信息。在课堂分享后,搭设问题支架,鼓励学生运用推介语词于自己的学习生活中,为今后恰当得体地使用目的语表达自己的思想,实现跨文化交际打下基础。

课标解读中指出,"随着全球化进程的推进,英语已成为国际通用语。英语并不只与一种特定的文化捆绑在一起,它承载的不仅仅是英美国家的文化,还包括世界各国的文化和中国文化。英语课程学习的文化知识是指'中外文化知识',在教学中我们也要支持鼓励学生运用英语向外界阐述中国思想、中国道路和中国方案"。①因此,沉浸式研训中报刊阅读课的"知识分享"板块,教师也同时引导学生关注报刊中一些中国特色词的表达,有助于今后进一步传播、交流中国优秀文化。比如,课堂上学生分享了报刊上的新闻热词"一带一路"的表述方法。The "Belt and Road" initiatives—the Silk Road Economic Belt and 21st Century Marine Silk Road—were put forward by Chinese President Xi Jinping during overseas visits in 2013.学生交流时指出,自己原先对"一带一路"的表述方法完全没有概念,在报刊中读到后就有意识地摘抄下来。文中破折号后对"一带一路"采取了直译加解释的方法,即"一带一路"是指"丝绸之路经济带"和"21世纪海上丝绸之路",更合理有效地传递了有关中国的新闻信息。不仅丰富了自己的知识,同时也让自己了解了一些中国特色词的翻译方法。学习英语的一个重要目的是传播中华文化,在跨文化交际中,我们需要观察的是不同文化背景的人,在尊重他们的文化、汲取文化精华的基础上,再使用他们能够接受、能够理解的方式,传播、交流我们的优秀文化。因此,积累并分享中国文化特色词也有助于学生顺利开展跨文化交际,用国际表达方式讲好中国故事。

沉浸式研训中报刊阅读课的 Share 部分,为学生创设了沟通的平台,将自己阅读中所获取的语言和文化知识进行交流与运用,同时也让学生练习调整交际策略,不断提升自身的跨文化敏感性,提高跨文化交际的准确性和得体性。面对今后跨文化交际中可能遇到的困难和问题,能够做出合理的分析和应对,有效进行跨文化沟通。

三、认同与传播

文化意识的核心是认同优秀文化,而这种对优秀文化的认同,是指对其体认,在对中外文化理解的基础上,接收、遵从、学习并汲取优秀文化,并将其转化为人文修养和行为取向,使其成为个体人格的一个部分。同时,通过文化比较,能够更深入认识中华文化,增强爱国主义和

---

① 梅德明.普通高中英语课程标准(2017年版)解读[M].北京:高等教育出版社,2018:64.

文化自信,利用英语帮助外国人了解中国传统文化和现代发展,具备一定的传播中华优秀文化的能力。

核心素养是人的内在品质或特征,需要借助于具体的、特定的任务情境得以外显,通过学生的外在表现加以推断。因此,沉浸式研训中的报刊阅读课,通过 ASAP 教学实施路径 Assessment 部分,积极开展评价鉴赏,落实学生文化意识的培养。在这一环节,由其他同学对刚刚分享的小组进行评价,借助教师提供的 checklist,通过对学生表现、推介文章、推介语词等的评价,进一步发展学生的文化鉴赏力,形成积极的情感态度和正确的价值观,使学生能自觉认同优秀文化,同时传播中华优秀文化。在具体的课堂实践中,尤其需要关注以下两个方面的内容。

第一,为何要开展评价?评价过程本身就是学生认同文化差异,传播优秀文化的过程。文化无好坏之分,但在每一种文化中精华与糟粕并存。评价者在认真倾听分享者对该话题下其他文化的介绍和观点后,思考本国文化和其他文化的异同,认同并学习优秀文化,批评并剔除落后文化。比如,学生曾分享过一篇题为 *Tesla doesn't need to sell cars in China to succeed there* 的报刊文章,介绍了未来共享汽车业对旅游经济的促进作用,同时希望看到更多自动驾驶的汽车在中国的道路上奔驰。有学生在评价互动时就指出共享汽车的做法符合当下的环保理念,自己对这一点非常认同,但是也曾读到过特斯拉自动驾驶致死的案例,联想国内复杂的交通环境,对文章中共享自动驾驶汽车的观点持有保留态度。文化意识核心素养不仅指知道一些文化知识,了解一些文化现象和情感态度价值观,还包括评价语篇反映的文化传统和社会现象。报刊阅读课上,学生既不会对一种观点照单全收,也不会武断地拒绝一种思想。借助互动评价,教师鼓励学生采取客观、宽容的态度对待异国文化,同时也避免盲目地追随、模仿异国文化,着力提高学生鉴别、鉴赏异国文化的能力,从而更深刻地认识中外文化的异同,坚定文化自信。

第二,评什么?怎么评?报刊阅读课上,学生既可以评价分享者的表现,也可以评价分享的文章和语词。在小组展示后,参照教师所提供的 checklist(见表 3-1),由其他小组成员来实施评价。

表 3-1 checklist(节选)

Aspect	Assessment
Group performance	● Do they grasp the main idea and theme of the passage? What is it? ● Do they share the passage confidently and fluently? What impresses you most in their performance? ● Do they have clear task allocation? Why?

评价分享者的表现可以围绕其语言、内容、交流方式等展开。比如,标题解读是否正确,关键词是否精准,主旨是否准确,语言是否流畅。在此过程中,学会称赞他人是自我进步的起点,学会提出问题是自我反思的开端。通过评价分享者的表现,不但能激励学生不断提升自身的语言能力,恰当、得体地使用目的语,为将来传播优秀文化构建扎实的语言基础,而且也能鼓励学生将汲取的优秀文化转化为个人修养和行为取向,形成文明素养。在具体评价过程中,教师

还往往要求学生给出"实例"来支持自己的观点。以报刊阅读第一棒刘颖老师 Mourn for the Loss of Notre Dame 这节课为例。在评价环节,点评学生提出小组分享时,学生没有直接介绍文章,而是以微博上的争论"巴黎圣母院被焚,你是心疼派还是喝彩派?"作为引子,抛出问题引发大家思考。Should we mourn for the loss of Notre Dame? 紧接着以自问自答的形式,从艺术、历史、宗教价值等角度指出巴黎圣母院的被烧是人类文化的损失,回应了最开始提出的问题,这样的交流方式非常成功。而且学生分享时,无论是神情还是肢体语言都同步体现出了悲痛的心情,用实际行动表明了自己对这一事件的态度,这一点也令人印象深刻。同伴的积极评价体现了对交流者的认同,评价者也从中汲取了优秀经验,助力今后传播优秀文化。

评价分享的文章,可以从文章是否具有趣味性、可读性、逻辑性等角度入手,并简述理由。评价推介的语词,可以从是否具有实用性、有何价值等角度入手,并思考如何联系生活实际进行运用。在此过程中,学生可以深入认识不同文化,并挖掘其背后的精神内涵和思维特点。比如,报刊阅读第一棒刘颖老师推荐学生阅读上海中学生英文报上刊登的 Feed Your Heart, Not Just Your Head 一文。文章探讨了多项竞赛被叫停的现象,呼吁人们反思参加竞赛的真正目的。主题有吸引力、蕴含文化内涵、可激发价值取向判断,是一篇值得赏读的文本。评价环节,一位学生提到所选文章很值得一读,但却不知道如何表达自己的理由。教师引导学生思考:作者的写作意图是什么?是否成功达成?通过什么方式达成?经过思考探讨后,学生得出作者写作意图是为了鼓励读者不要受他人的影响,坚持和追随自己的爱好和特长。他的论述是成功的,因为依次通过引用谚语、列举真人事例和引用名言的方法,增强了观点的可信度。借助评价,学生能进一步梳理文章背后的精神内涵,关注到作者的行文思路和思维特点。中外文化的理解、本族文化的认同、文化意识的培养都离不开正确的思维。通过挖掘语篇背后的思维特点,能帮助我们在跨文化交际中,以易于对方接受和理解的方式,传播、交流我们的优秀文化。

在评价之后,课堂进入投票环节,决定是否全班共同阅读被介绍的文章。若没有必要,直接进入下一个环节;若有必要,则全班一起阅读文章,体验实证推介的情况,读后再次交流体会。沉浸式研训中报刊阅读的课堂,通过评价,促进学生将知识转化为内在的具有正确价值取向的认知、行为和品格,使文化知识积累的过程转变为融会贯通,从知到行、知行合一的过程。通过表达、评价、反思,逐渐形成正确的价值观,赏析与汲取优秀文化的同时,自觉传播中华优秀文化。

四、感悟与鉴别

文化意识强调对优秀文化精神内涵的理解与鉴别,并将其内化为个人的意识和品行,学生养成健康的审美情趣和积极的道德情感,树立正确的价值观,自觉追求真善美,具有自尊、自信、自强的良好品格。

在报刊阅读过程中,学生会接触到大量的英语语篇。在阅读这些语篇的过程中,接触到大量的社会现象和文化内容。是不论好坏,照单全收;还是取其精华,去其糟粕,这就需要学生拥有鉴别、鉴赏能力,学会分析,而不盲目追随和模仿。因此沉浸式研训中的报刊阅读课,通过ASAP教学实施路径的第四部分Performance风采呈现,让学生自由展示观点、碰撞思维,在观点的交锋中,学生能更准确、更深刻地认识中外文化的异同,坚定文化自信,汲取优秀文化精华,树立正确的价值观,并转化为个人的人文修养和行为取向。

首先,在"实话实说"板块,由学生表达对文章作者观点的认识,形式多样,可陈述,可讨论,可演讲,可辩论。同时联系生活实际阐述自己的观点及理由,或者讲述自己相关的故事或经历。这一环节旨在培养学生阅读后的迁移能力,学生既能提炼报刊文章中的观点,也能从阅读中获得启示,形成个人感悟。比如,报刊阅读第一棒刘颖老师 Feed Your Heart, Not Just Your Head 这节课上,一位学生从文章所探讨的"竞赛"话题出发,进一步提出 What should the goals of taking part in a competition be? Why? 并通过分享自己的亲身经历阐述了个人观点。学生向大家讲述了自己参加"未来演说家"英语演讲比赛的经历。比赛的主题是"向世界讲述中国故事",自己选定了"汉服之美"这一演讲题目。但是在将很多中国传统文化词转换成英语的过程中遇到了不少困难,最终通过上网查阅资料和请教老师,自己终于完成了演讲稿。虽然最后并未获奖,但在准备比赛的过程中,自身的英语语言能力得到了提升,自己也变成了个汉服迷,甚至还在淘宝网上选购了一件汉服去参加比赛。学生最后总结,参与竞赛不仅使她开拓眼界、增强实力,而且也让她更好地认识了自我。报刊阅读课Performance部分给学生架设了表达的平台,鼓励学生读后勤于思考,重在感悟,并最终内化为个人的品格。

其次,教学中我们还要因势利导,着力提高学生鉴别、鉴赏异国文化的能力,通过文化比较,更加深刻地认识中外文化的异同,坚持中国立场、中国价值、坚定文化自信。比如,Holidays and Festivals是文化学习中的常见话题,在新世纪英语高一的课本中,学生就已经精学过相关课文,对部分西方节日的文化背景有所了解。在报刊阅读课堂上又进一步接触到了有关我国传统节日的介绍,通过对比阅读,学生进一步思考节日背后所蕴含的文化内涵。在课堂Performance部分,就"要不要在中国过洋节"这个话题展开了讨论。学生A以感恩节为例,提出在了解到该节日的起源后发现这个节日其实有着复杂的殖民色彩,我们不应该被"感恩"两字所蒙蔽。再与中国的中秋节作对比之后,发现该节日的现实意义在于家庭成员团聚,既然在中国也有类似意义的节日,我们就没有必要也过感恩节了。学生B认为在经济全球化的今天,我们应该以包容、开放的姿态面对西方节日,节日是承载文化的重要方式,也是我们了解西方文化的有效途径,而且过洋节日也并不代表对中国传统节日的不重视。学生C坦言,在洋节充斥周围的今天,自己曾试图向外国朋友介绍中国的端午节,却发现自己既不会用英文正确表达,对很多文化习俗也不甚了解。在中国可以过洋节,但作为一名中国人,更应该首先了解自己民族的传统文化,坚定文化自信。整个课堂因为学生们的思维碰撞而精彩纷呈,如何对待外来文化是英语学科要解决的问题,我们既反对崇洋媚外,也要防止"夜郎自大"。报刊阅读课上学生观察文化现象,分析不同文化的民族背景,比较中外文化之间的异同,由此做出自己的判断和评价。

最后,在"提炼升华"板块,由教师和学生一起汇总本节课阅读交流的成果(内容和观点、语言知识和情感缔结),汲取营养,摒弃问题,弥补不足,同时也就今后报刊阅读应该注意的问题(如关注点、阅读策略和阅读习惯等)进行总结。报刊阅读课的 Performance 部分,注重文化内涵中的价值取向问题,鼓励学生运用批判性思维,在感悟文化的同时,学会鉴别和鉴赏优秀文化。

沉浸式研训中指向学科核心素养的报刊阅读课,体现了英语课程的育人作用,通过多种语言实践活动,促进学生文化意识的提升。学生在课堂上学习文化知识,比较文化异同,理解文化内涵,感悟优秀文化,将所学习的知识内化为自己的知识、态度和修养,树立正确的价值观和自尊、自信、自强的良好品格,实现跨文化沟通的同时传播中华优秀文化。

第三节　思维品质

大量的语言教学实践表明,语言与思维有着密不可分的关系。语言不仅是交流的工具,还是思维的工具,不同语言的背后有着不同的结构体系,进而也代表了不同的思维方式。因此,学生学习英语能发展其多角度思考事物、认识世界的能力,全面提高学生的思维品质。基于上述,《课程标准》把思维品质列为英语学科核心素养,并将其界定为"思维在逻辑性、批判性、创新性等方面所表现的能力和水平"。"思维的逻辑性主要表现为思维的规则和规律,具体涉及概念、判断和推理等心智活动。思维的批判性在于质疑、求证的态度和行为,通过正确的途径,求证事物的真假。思维的创造性偏重于求异、求新,不墨守成规,善于改变,推陈出新。"①思维品质体现了英语学科核心素养的心智特征,它与语言能力、文化意识、学习能力之间形成了互相影响、互相促进的关系。

沉浸式研训中指向学科核心素养的试卷评析课尤其注重培养学生的思维品质,从而提升学生自主分析和解决问题的能力。传统的试卷评析课以老师的大量讲授为主,教学效果往往不尽如人意,经常会听到老师们发出这样的感叹,"这道题我都讲了 n 遍了,学生怎么还不会?"究其深层原因,还是课堂缺乏学生主动思维的介入,学生只是被动的听讲,这样的记忆性学习,其结果往往是遗忘。而沉浸式研训倡导"听过不如说过,说过不如做过,做过不如教过"的教学理念,课堂实行"小先生制",由学生唱主角,学生来讲题,通过"做中学,教上学",帮助学生学会观察、比较、分析、推断、归纳、建构、辨识、评价、创新等思维方式,增强学生思维的逻辑性、批判性和创新性,从而提高其思维品质。以下将以指向学科核心素养的高中英语试卷评析课为例,从辨识与分类、分析与推断、概括与建构、批判与创新四个方面,具体阐述如何依托教学规程,

---

① 梅德明.普通高中英语课程标准(2017年版)解读[M].北京:高等教育出版社,2018:70.

在日常的英语课堂教学中培养学生的思维品质,提升学生分析问题和解决问题的能力,并促进学生的深度学习。

指向学科核心素养的试卷评析课按照 TAPP 的教学路径,分为 Training、Analysis、Practice 和 Production 四个部分。Training 部分:课前准备,思想上统一认识,同时教师培训学生讲题的方法;Analysis 部分:展示交流,课堂上学生尝试讲解错题,分析与推断错误的原因;Practice 部分:变式实践,针对错题,学生梳理相关知识与技能,口头完成变式练习;Production 部分:尝试实践,在全新的语篇中考查学生解题思路,对比前后变化,检测课堂教学效果。

一、辨识与分类

在英语学习中,学生在教师的引导下主动观察语言与文化现象,辨识语言表达的形式和语篇结构的功能。通过比较,识别各种信息之间的主次关系,对一些语言现象包括文化知识,从认知角度进行分类和概括。这既是信息获取、信息处理和信息输出整个过程中的重要一环,也符合布卢姆的记忆、理解、应用、分析、评价、创新六层次认知目标中的低阶目标,能帮助学生有序发展自身的思维能力。

沉浸式研训中的试卷评析课,通过 TAPP 教学实施路径的 Training 部分,指导学生对试卷开展自我分析。在正式上课前,预先完成对错题的辨识与分类,为课堂上高效率地开展分析与讨论提供前提保障。

培训预习的过程中,首当其冲的便是与学生"统一认识"。教师可以通过班会课、班干部会议、骨干会议和个别谈心等方式,传递以下学习理念:学习中犯错误是难免的,错误往往能够成就我们;教师讲得精彩不是真正的精彩,学生讲得精彩才是真正的精彩。当学生能够树立正确的学习态度,与教师形成统一认识后,试卷评析课的课前准备也就成功了一半。

然而,学生不是生来就会讲题的,而且也不是立马能像老师那样讲到点子上的,因此课前 Training 的第二步"指导预习"的重点在于相关解题策略的传授。在平日的教学中,教师挑选 3~5 个典型错题,指导学生对错题进行辨识与分类,教会学生如何抓住问题的关键进行分析,发现并培养部分学生尽快掌握错题分析的要领和方法。比如,试卷评析课第四棒罗店中学(区重点高中)李一奇老师在高三刚接班时,就排摸了学生的英语水平,按照异质分组原则在班级内成立了英语学习小组,有意识地培训学生错题分析方法。以阅读理解题型为例,李老师提供了各类型题目的常规解题思路并撰写了典型错题的详解(见图 3-5)供学生研读。在平日的试卷评析课上,要求学生按照主旨大意、猜测词义、细节理解、推理判断等类型对错题首先进行分类,进而参考解题思路尝试自主分析。同时为了帮助学生树立"能讲题、讲到位"的信心,起步阶段李老师利用课余时间先行培养组长,在课前面对老师讲题,一对一的指导迅速提升了学生的分析能力,学生在分析时逐渐地也能讲到点子上了。由组长带动组内同学互相讨论、分析讲题,在整个班级建立起良好的英语学习氛围。

阅读题：看题目，找到题干中关键词，定位答案在原文中的大致位置。
细节题：看4个选项，简单记录选项中的关键词和大意，带着相关关键词和句意回到原文中找相关表达。
猜词题：先把要猜的词看一下，看一下词根、前后缀。如果是合成词，可以看一下几个词的本意。结合上下文的语境，将选项中对词语的解释或同义词带回到原文中，选择最合适的一个。
主旨题/最佳标题：通读全文，把握文章主旨。选项里面太过片面的陈述不能选。可以逆向思维，根据每个选项的陈述，自己展开文本介绍，哪一个选项的内容展开以后最贴近原文，哪个是文章主旨或最佳标题。
推理题：根据上下文的介绍，找到规律和线索，结合题干中的问题，选择合适的选项。

本文的主旨就是在讲"暴风雪的天气，应该好好待在家里面，不要出屋"。本题是猜词题。看加粗词所在的句子，暴风雪"酬谢"什么样的人并且惩罚户外的人。**and** 前后应该是两种情况，暴风雪给那些外出的人带来麻烦，但是对于没有外出、躲在屋里的人就没有什么影响。所以选项 **D** 最合适。

图 3-5　典型错题的详解

　　课前 Training 的第三步"自我分析"要求学生课前核对答案后，自主开展分析，对整张试卷进行反思，为上课讨论做好充分的准备工作。学生分析时的第一步即对错题进行辨识与分类。首先从整张试卷的维度来观察，哪些错题是由于粗心犯下的 silly mistake，哪些是看到答案后立马就能想出来的，哪些是至今仍然毫无头绪的问题，哪些曾经错过，哪些是第一次做错，甚至将自己碰巧蒙对的题目也罗列出来。其次从每一道题的维度来看，通过观察与比较，厘清题目考查的方向，通常这一步骤能够帮助学生在后续分析时找到错误的症结所在，准确理解出题者意图。以下为试卷评析课第二棒宝山中学（区重点高中）朱尉老师课堂上的教学片段，学生通过对错题的正确归类，找到了有效的分析策略，成功分析了一道阅读理解题。考题选自宝山区 2019 学年第一学期期末教学质量监测试卷，原题如下：

61. *What can be concluded from the passage?*

A. *Programming robots is not really complicated.*

B. *Programming robots is advanced like a rocket.*

C. *Programming robots can be used in smartphones.*

D. *Programming robots used in toys is not new at all.*

生：根据题目的提问方式，我首先判断出本题属于阅读理解考查中的推理判断题，因此一定要考虑选择推理出来的答案。选项 B 和 D 均为文中明示，而非推论结果。选项 C 文中未提及，只有选项 A 可以从上文最后一句推得。Programming robots might sound comparable to rocket science, but anyone can program one using nothing more than a tablet or a smartphone and code blocks. 编程机器人也许听起来可以和火箭科技相比，但任何人只要用一台平板电脑或者智能手机和代码块就可以编码，由此可推断编程机器人并非那么复杂。

师：那原先你选择了哪个选项？能否进一步分析下错误的原因？

生：原本我选择了 D 选项，但是在文章倒数第二段，第一句明确提出 Using computer code to program your own toys is nothing new. 与该选项信息完全一致，是文章本身所表达的一个事实，而非通过进一步推理得出的结论，因而要排除该选项。

师：你的分析非常棒，尤其一开始审题时关注到了问题的指向，对试题进行了正确的分类，进而能够选择合适的策略开展分析。

从以上课堂片段可见,学生在经过一系列培训指导之后,能够通过主动观察,辨识题目的考察方向,并通过进一步准确分类找到合适的策略,顺利完成对错题的分析。

同样在分析翻译题时,教师也尤为重视学生对错误的辨析与分类。课前,教师利用 2 分钟准备时间,请学生将翻译中错误比较严重的句子抄写在黑板上,或者将综合学生典型错误的翻译句子呈现在黑板上,请全体学生进行辨析,找出错误的地方。课上,邀请学生交流,黑板上的翻译句子错在哪里?如何修改?最后请学生将完整的答案再说一遍。课后,学生书面重做一遍翻译作为梳理,整个课堂流程紧凑而又高效。

通过上述课堂的具体实践,我们不难发现,在指向学科核心素养的高中英语试卷评析课上,学生要不断地对错题展开准确的辨析与分类,然后再进一步开展分析,整个讲题的过程就是在开展思维训练的过程,从而不断培养和提升学生的整体思维能力。

二、分析与推断

《课程标准》对思维品质的三个级别作了具体的内容描述,其中就"分析与推断"层面而言,学生二级水平需能够"根据不同的环境条件,客观分析各种信息之间的内在关联和差异,发现产生差异的各种原因,从中推断出它们之间形成的逻辑关系。"学生的高阶思维不是教师"教"出来的,而是学生"学"出来的。要想达到上述层级水平,必须在语言的实际应用中不断加以训练。沉浸式研训中的试卷评析课为学生创设了实践机会,TAPP 教学实施路径 Analysis 部分,即"展示交流",课堂上学生面向全班同学尝试讲解错题,分析与推断自身错误的原因。只有当学生真正领悟并了解自身错误的原因,今后才有可能避免犯同样的错误。具体课堂实践中需要关注以下三个方面的问题。

(1) 谁来分析?实施错题分析的主体必须是学生。既可以由学生主动申请讲题,也可以由教师指定学生来分析。一般教师会指定该题做错的学生来分析,以检测学生是否真正搞懂了。有些教师发现自己上课分析得非常透彻,学生听课也很认真,但是往往课后的效果收效甚微,经过一段时间后学生或是遗忘,或是在新的语境下再次犯错。事实上,教师讲得再好,思路还是教师的,如何让学生具备同样的能力才是问题解决的关键。因而沉浸式研训中的试卷评析课课堂,由学生来讲题,学生表达的过程便是其梳理思路并外显的过程,学生不断被训练如何富有逻辑且条理清晰地表达自己的观点,知识得以整合并内化为自身的能力。在整个讲题的过程中,学生的语言能力、文化意识、思维品质和学习能力都得到了全面的发展。

(2) 分析什么?沉浸式研训中的试卷评析课由师生共同确定课堂上需要分析的错题。课堂时间有限,所以我们选题的原则是:两"想"——学生想听的题目和老师想讲的重点题目。教师会事先查看班级学生所做题目的正误情况,筛选出问题比较严重且普遍存在的典型问题,通常得分率在 30%～70% 的题目,剩余的问题留待课后个别辅导或小组内讨论解决。此外,学生经过课前的独立研究和学习小组间的讨论整理出仍有困惑的题目,在课前由组长上报给教师,最终师生双方整合出课堂上需要分析的错题。

（3）如何分析？最初学生分析题目时往往会用到一个词"凭感觉"或"固定搭配",但在经历了课前 Training 和课堂上的实践之后,越来越多的学生掌握了分析的方法,并学会了针对不同题型选择合适的策略。比如在分析阅读语篇理解时,学生往往采用语篇分析手段,从语境、信息、结构等层面分析文本,厘清文本内在的错综复杂关系,比如主题句与信息细节的关系,句子与段落、段落与段落、段落与篇章的关系。在分析语法时,教师则引导学生从句子的结构入手、理解句子的意义,最后梳理解题的思路。在讲题的实践中,学生也逐渐领悟语法是"形式—意义—使用"(form-meaning-use)的统一体,并学会在语境中恰当和得体的使用。

推断是根据事实或前提进行推理、判断事实的因果关系的心智活动。如何判断事实与观点？如何从现象解读本质？如何理解语言的深层结构？如何逻辑地表达自己的观点？这些都需要在真实的语言实践中一步步得到培养。试卷评析课上,学生在讲解错题的过程中也不断训练自身的推断能力。比如,在分析听力短对话错题时,学生就经常需要经过逻辑推理,听懂说话人的"弦外之音",并且尝试用自己的语言清晰地表达出来,让其他同学也能够理解。以下是试卷评析课第四棒罗店中学李一奇老师的课堂片段,在教师的提问引导下学生一步步尝试推理。听力原题文字稿如下：

W: *Professor Smith explained the physics problem very clearly.*

M: *Did he? Unfortunately, it is still all Greek to me.*

Q: *What can we learn from the conversation?*

生：听到 It is still all Greek to me. 时,我一下子没反应过来,一直在想这个俗语的确切含义。

师：在无法确定俗语的意思时,这位男士的话语中有没有其他结构能够帮助我们做出推理呢？

生：有个反问句 Did he? 读的时候用升调,说明不确定,表示他其实对女士的说法并不认同。

师：你的推断非常棒,尤其还能在听力时关注说话者的语调。那么,你能否再想一想 unfortunately 这类带有感情色彩的副词的作用呢？

生：哦,我明白了,unfortunately 表示"不幸地",往往代表着语义的转折,说明在教授解释完后,男士还是不太理解那道物理题。

师：Exactly! 俗语 It's still all Greek to me. 的含义恰恰就是"我对此一窍不通"。

推理活动是一种创造性活动,作者并没有将自己的意图直接表达出来,因此需要根据字面意思,依据文章的逻辑关系,推敲作者的态度,或者事物发展的进程和文章的寓意。在训练的过程中,教师往往可以通过提问,适当引导学生,从而逐步突破难点,最终完成推理。

沉浸式研训中的试卷评析课,通过鼓励学生讲题,不断训练着他们的分析和推断能力,促进其思维品质的提升。起步阶段,学生不一定能说到点子上,但是随着课前培训的深入和课堂上的不断实践,在教师的引导下,学生的分析越来越富有逻辑,分析推理也越来越到位。

三、概括与建构

语言知识的学习过程其实就是建构新概念的过程。将感性认识上升到理性认识，把所感知的事物的共同本质特点抽象出来，加以概括，形成概念式思维惯性。教师在日常的英语学习活动中，要尽可能创设机会，让学生在语言体验中，不断归纳各种语言规律和特点，建构各种新概念，最终用于处理、解决新的问题，帮助学生从多视角认识世界。

沉浸式研训中的试卷评析课在课前培训和课堂分析之后，进入 Practice 部分，即"变式实践"。在这一环节，教师针对学生刚刚分析过的错题，提供变式练习，由学生口头完成，教师实时进行评价。针对错题中涉及的重点知识或技能，尤其是学生特别容易混淆的地方，教师当场引导学生进一步梳理，完善其知识体系。通过概括语言结构的特点和功能，建构规范的解题思路，学生得以举一反三，并在今后的语言实践中加以应用。下面以试卷评析课第一棒上大附中（上海市实验性示范校）沈雅茜老师的课为例，具体阐释 Practice 部分如何实施。

试卷评析课上所分析的错题，往往能归为两类：大部分学生未能掌握的知识点以及考纲中比较重要的知识点。因此针对这两类问题，教师可以选取 1~2 个学生容易混淆的知识点，进行相关语言知识的回顾与梳理。本张试卷语法部分考察了情态动词 would 的用法，结果学生失分严重，因而在学生讲解完题目之后，教师进行追问，引导学生辨析 would，could，should，have to，may 等情态动词的区别，并呈现变式练习，让学生口头完成有关情态动词的语法填空题（见图 3-6）。

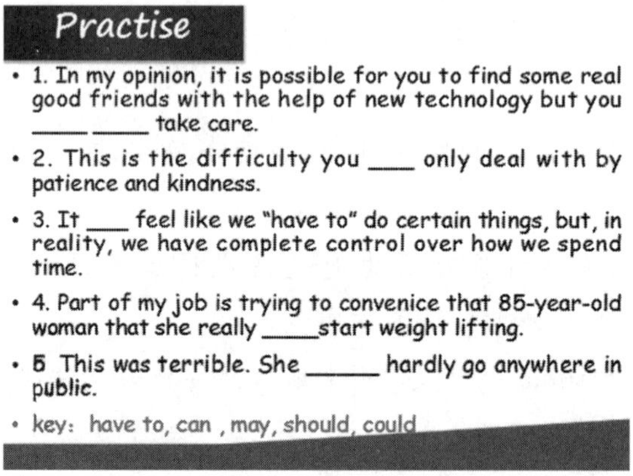

Practise

- 1. In my opinion, it is possible for you to find some real good friends with the help of new technology but you ____ ____ take care.
- 2. This is the difficulty you ____ only deal with by patience and kindness.
- 3. It ____ feel like we "have to" do certain things, but, in reality, we have complete control over how we spend time.
- 4. Part of my job is trying to convenice that 85-year-old woman that she really ____ start weight lifting.
- 5 This was terrible. She _____ hardly go anywhere in public.
- key: have to, can , may, should, could

图 3-6　变式练习

变式练习的意义何在呢？首先，可以检测学生在课堂的听课效果。其次，通过练习可以发现学生知识上的漏洞，起到查漏补缺的作用。完成这些精挑细选的变式练习，让学生有了一定的感性认识，在此基础上教师可以进一步引导学生概括语言结构的特点和功能。这种从个别到一般的演绎方法，有利于学生归纳能力的发展，达到事半功倍的效果。再次，学生如果能正确完成变式练习，无疑增强了其英语学习的获得感和成就感。

具体教学实践中需要注意以下两点：①变式练习既可以通过 PPT 呈现，也可以由教师口头呈现，简单而又高效，比如，为了帮助学生巩固核心短语的用法，教师可以口头给出一句中文，同样学生也以口头形式当场翻译；②在概括知识要点时，有些教师怕学生说不好、说不全，往往喜欢代劳且在黑板上写满板书，此时宜鼓励学生以"说"的方式完成归纳，因为学生说的过程，其注意点在于建构和创造，更能促进其思维的逻辑性得以发展。

在试卷评析课上，学生借助一道题，进而掌握一类题的分析方法，从感性认识上升到理性认识，不仅概括出各种语言规律和特点，而且在分析错题的过程中能逐步建构起自己的解题思路。以下呈现的是试卷评析课第四棒罗店中学李一奇老师带领学生完成的语法题解题思路（部分展示）。

当所给词为动词时，第一步：判断是谓语还是非谓语。

（1）**若为谓语**——结合题目所在的句子（上下文），确定**时态、语态、数**等。（找线索词）

（2）**若为非谓语**——判断该动词**在句中的成分**并由此**确定逻辑主语**是什么。

1）状语（时间、地点等）——逻辑主语一般为主句的主语。

定语（修饰名词）——逻辑主语为其所修饰的名词。

补语（宾语补足语或主语补足语等）——逻辑主语一般为其所补充的那个词。

2）确定好逻辑主语以后，判断**非谓语和逻辑主语之间的关系**。

3）不定式 to do 表示将来/目的。

现在分词 doing 表示主动/进行若主被动不明确，可将逻辑主语和动词做成句子成分分析。done 表示被动、且完成。主谓关系即为主动；动宾关系即为被动。

4）确定好选择哪一种非谓语形式以后，结合题目所在的句子（上下文），确定是否用同一范畴下的其他形式。

学生戏称这是属于他们自己的英语解题"葵花宝典"，是大家通过试卷评析课的实践、磨砺，共同培育的"智慧结晶"，并且在课堂实践的过程中，能够不断参考、验证、应用并加以完善。

在试卷评析课的课堂，学生化身"小先生"，在评析错题的实践中，不断概括语言知识和规律，构建自己的解题思路。那么，学生讲题的效果究竟如何？课堂上，我们该如何检测呢？在 TAPP 教学实施路径的 Production 部分，教师会再一次组织"实践评估"。结合学生分析的错题，在一篇全新语篇中，考查学生的掌握情况，并要求学生当堂限时独立完成。校对答案后，有问题的题目，继续引导学生运用先前的思路尝试分析解决，整个过程充分体现出学以致用的思想，学生举一反三，对于核心知识点深刻理解、完全消化，直至构建完整的知识结构体系。

四、批判与创新

在高中英语教学中，运用批判性思维，能够有效地培养学生的独立思考能力及判断能力，同时批判性思维的培养也是学生培育创新意识的前提与基础。批判性思维是一种反思性思维，并不是盲目地、不顾客观事实地批判事物，而是针对信息进行分析、评估、解释、说明、推理和反思的能力。在试卷评析课的课堂上，我们鼓励学生主动去分析，多讲题，同时也鼓励学生针对同伴的分析进行讨论并发表质疑。

一位学生分析时，其他学生承担着聆听、辨析、判断和评价的任务。分析完之后由其他学生补充分析，或者发表不同意见，因而在试卷评析课的课堂，经常会闪现学生思维碰撞的火花。比如在试卷评析课第二棒高境一中邢秀珏老师的课堂上，面对完形填空第47题，课堂上产生了两种不同意见，教师因势利导，请学生各自陈述理由，让大家评判谁的分析更具说服力。原题如下：

So the teachers often discourage parents from speaking their languages to their children. The parents often _____ obey, worried about their children's education.

  A. cheerfully   B. faithfully   C. immediately   D. reluctantly

学生A认为应该填入faithfully，家长们因为担心孩子的教育问题，因而对教师的建议肯定是言听计从，所以选用忠实地。大部分学生没有提出异议，但是学生B此时却举手表示不同意见。学生B认为A的理解在单句中乍一看似乎说得通，但是放在上下文的情境中，并不合理。同时在文中找出了判断依据来支撑自己的观点。文章开头作者就指出"Not sharing your first language with loved ones is hard. Not passing it on to your own child can be especially tough. Many immigrant parents feel a sense of failure."事实上许多移民父母都怀着这样一种挫败感，对他们而言不能和自己的孩子说同样的语言是件很艰难的事。因此面对老师的建议他们应是很不情愿地接受的。待学生陈述完各自的理由后，教师再次询问全体学生，这时学生们都能认可学生B的说法更符合行文逻辑。

试卷评析课的课堂始终鼓励学生带着批判性思维，去倾听、辨析、评判同伴的分析，并形成自己的观点。学生感言，在课堂的"争辩"中，自己的解题思路愈发明晰，也更能抓住问题的本质进行探讨。

课标解读中指出，语言学习本身就是一种创新，一个人用于表达自己观点和想法的语言不会是直接来自教科书或是老师所教的，他肯定是按照语言的规则，根据信息表达的需要，临时组合语音、词语。这就是一种创新。在试卷评析的课堂，每个学生的分析都不尽相同，课堂就是他们创新的舞台，鼓励学生用自己的语言来分析问题，构建自己的解题思路，最终不断提升个人的思维品质。

此外，沉浸式研训的一大特色在于"接力升级"，在接力升级的过程中教师要做到"拷贝不走样、拷贝要走样"，即教学规程的核心思想和框架结构不走样；但针对不同学生，教学目标的要求和活动设计应该不一样。因此，在试卷评析课的课堂，教师除了组织学生深入分析错题之外，还可以充分挖掘试卷中优秀语篇的价值，鼓励学生进一步开展研读和深入学习。比如，探讨语篇的主旨和文化内涵，积累相关的话题词汇，整合并运用相关词汇表达观点，以读促写，尝试对语篇进行概述或就语篇话题开展书面写作训练。在这些语言实践活动中，鼓励学生积极创建，促进他们的创新思维能力的发展。

沉浸式研训中的试卷评析课,学生在试卷评析过程中,辨识、分类知识点,分析推断错误原因,概括相关知识点,构建自己的解题思路体系,在新的语境中批判创新,提升思维品质。因此,试卷评析课的实施过程就是不断促进学生语言知识学习、语言技能发展、多元思维提升的过程。

第四节　学习能力

《课程标准》将英语学习能力界定为"学生积极运用和主动调适英语学习策略、拓宽英语学习渠道、努力提升英语学习效率的意识和能力"。[①]学习能力构成了英语学科核心素养的发展条件,影响着学生的学习态度、过程、方法和结果,对学生语言能力的提高、文化意识的培养、思维品质的提升具有重要的促进作用。然而,学习能力的培养绝不是纸上谈兵,而是一个持续、渐进的过程,我们首先要让学生认识到学习是自己的事情,自主承担起英语学习的责任。其次,在实际的教学过程中,不断创设机会,让学生学会如何去选择,如何去评判,如何监控自己的学习,并在监控、评价、调整的过程中,学会自主学习、合作学习和探究学习。

沉浸式研训中的概要写作课,注重激发学生主动学习的意识、培养学生的学习需求以及自我评价能力,同时鼓励学生开展合作学习,在英语学习的全过程中不断提升学生的英语学习能力。以下将以指向学科核心素养的高中英语概要写作教学为例,从主动与进取、监控与调控、选择与获取、合作与探究四个方面,具体阐释如何借助教学规程,在日常的课堂教学中培养并发展学生的英语学习能力。

指向学科核心素养的概要写作课按照 My USA 的教学路径,分为 My Understanding、My Strategy 和 My Achievement 三个部分。My Understanding 部分:策略解锁,统一认识,学生理出语篇话题,找出关键词,梳理主旨句。My Strategy 部分:明确要点,合作加工,学生运用 CNPC 知识打磨初稿。My Achievement 部分:学生独立完成新语篇的概要写作后,交流展示,互动评价,最后总结课堂所学。

一、主动与进取

学生对英语学习有正确的认识和持续的兴趣,有积极主动的学习态度和成就动机,能够确立明确的学习目标,有主动参与语言实践的意识和习惯,在学习的过程中注重语言运用,积极进取,乐观向上。

沉浸式研训中的概要写作课堂,教师将整个学习过程还给学生,使学生体验到了一篇概要从初稿、修改、打磨、定稿的全过程。在完成这项任务的过程中,学生的学习动力和积极性被完全激发。

---

① 梅德明.普通高中英语课程标准(2017年版)解读[M].北京:高等教育出版社,2018:79.

概要写作课 My Understanding 部分第一步"课前准备"在激发学生自主学习方面发挥着重要作用。它不仅能帮助学生克服恐惧,统一认识,树立积极主动的学习态度,同时也给学生提供了解决问题的路径,激发学生灵活运用策略,主动开展语言实践。具体课堂实施分为以下两大板块。

(1)"策略解锁"。《课程标准》强调"学生在高中阶段的英语学习过程中,应全面学习并综合使用元认知策略、认知策略、交际策略和情感策略等学习策略。学习策略的使用是学生在英语学习过程中具体运用学习能力的手段和表现"。①概要写作课堂上,首先由教师解读概要写作的策略,即明确话题,锁定关键词;理出主旨句;打磨初稿。key words、main idea 和 draft,教师巧妙地用 KID 一词概括,能够帮助学生迅速记忆完成一篇合格概要的基本路径。与此同时,通过互动交流,教师还要统一学生对概要写作的认识。概要虽然是新话题,但其实是我们日常生活和学习中的老内容,在生活中无处不在。每一节课的课堂总结,每一次会议的纲要记录,校园公众号上各类活动的微信推送,辩论时本方观点的总结,小说、电影的简介,其实都称得上是一份概要。换个角度重新认识概要写作,既能够帮助学生调控学习情绪、保持积极的学习态度,又能激发起学生的学习动机,并进一步满足他们的学习需求,产生学习的饥渴感。此外,KID 策略操作简单,应用简便,能帮助学生在心理上建立自信,攻克难关。正如新课标所倡导的那样,在实际教学中使学生全面和正确认识英语学习的重要意义,同时面对困难与挑战树立积极进取、乐观向上的心态。

(2)"学案准备"。光有一腔学习热情是远远不够的,学生还需要确立明确的学习目标,并将策略主动运用于语言学习活动之中。学生学习能力的发展取决于教师对学生的指导,取决于教师对教学活动的设计,比如,课前布置合理的自学活动或者预习任务。概要写作课堂上,学案的使用正是为了培养学生主动学习的意识,同时提高其自主学习能力。教师一般挑选一篇 300 词左右、主题鲜明的文章,难度略低于高考 C 篇(10 级),要求学生课前完成学案准备。充分研读语篇后,学生需要梳理出话题,在文中圈画或归纳出 5~6 个关键词,并结合关键词和文章主旨写出 5~6 个简单句,最后整合所写的句子,完成个人的概要初稿。由词到句,由句谋篇,借助学案搭建的脚手架,学生一步步将 KID 策略落到实处,在课前完成了个人对语篇的阅读与分析,为后续课堂上的交流与展示打下基础。

可以说,概要写作教学规程的第一步"课前准备"不仅激发了学生的学习兴趣,帮助其树立积极的学习态度,同时也增强了学生在英语学习过程中的主体意识和进取精神,让学生真正成为学习的主人。

二、监控与调控

英语学习具有持续性和渐进性,是一个不断体验、实践和积累的过程。在这样一个过程中,

---

① 梅德明.普通高中英语课程标准(2017年版)解读[M].北京:高等教育出版社,2018:82—83.

学生需要对学习过程和学习情绪进行自我监控和有效管理，面对学习困难能够自我激励、自我调适、适时反思和评价学习效果，并对学习目标和方法等做出必要调整，主动适应，坚持不懈。

概要写作中，如何把握文章主旨是一大难点，因而在课堂 My Understanding 部分教师创设了关键板块"明确要点"，通过课堂上的头脑风暴检查汇总学生挑出的关键词和相关语句，通过师生进一步的互动讨论，最后确定5~6个关键词和相关语句。学生挑选的关键词若符合语篇主旨，则开展拓界谋篇；若不符合，则在教师的引导下重新调整关键词和相关语句。这一过程正如新课标所倡导的那样，使学生学会对整个学习过程进行自我监控和调控，并对自身所采取的学习策略做出必要调整。

在具体实践中，教师首先邀请一至二位学生分享各自找出的关键词，当学生找不出关键词或者找到的词有偏差时，教师引导的方法有多种，比如可以通过设计导向性问题，以问答的形式，帮助学生突破障碍，进入正常轨道；或者鼓励学生开展语篇分析，通过准确理解和把握不同体裁文章的特征及其内部的逻辑关系，提炼关键词和主旨句。

比如记叙文体的阅读材料，在写概要前，除了明确文章的主题外，还应抓住 when、where、who、what、why 和 how 六个要素。在这六个要素中，所占比重最大的是谁(who)做了什么(what)。此外，夹叙夹议的文章，还会加上一些作者的看法、观点或感悟。以一节记叙文概要写作课为例，教师就以此设计了以下引导问题：Who is the main character? What did he want to be? What was the result? What is the moral of the story? 通过思考并回答这些问题，学生能很快把握文章大意，调整自己所找的关键词与主旨句。

再如遇到说明文体裁的文章，学生会采取不同的策略来调控自己的学习。说明文通常包括现象分析、利弊对比和研究报告等，不同于记叙文，说明文由 Introduction 和 Body 两部分构成，其主旨句往往在第一段，而关键词主要分布在 Body 部分的各个段落中。常见的现象分析类文章一般按照现象、成因和解决方法的语篇模式展开。通过合理运用相关的语篇知识，学生在确定关键词和主旨句时往往如鱼得水。图3-7展示了一篇科普性说明文 *Howling*，学生在课堂讨论后确立的关键词和主旨句。

My understanding

Key Words	Main Points
explanation	• There are different *explanations* of a wolf's howl.
bond	• Perhaps howling helps the pack *bond* together better.
status	• Maybe Howling is a way to reconfirm *status*.
locate	• Howling is often used among packmates to *locate* each other.
contagious	• Howling is a *contagious* *behaviour*.

图 3-7　关键词和主旨句

概要写作的另一大难点就是区分支撑性细节和细节之间的区别。顾名思义，支撑性细节是作者为了论证观点而使用的具体论据，是概要中的必要信息，通常不能省略。而细节描写往往起到突出和强调的作用，是对文本细致和深入的描述，一般不应涵盖在60字内的概要中。

如图3-8所示，学生在确定关键词，明确段落的主旨大意之后，在教师的提示下考虑了关键词对应的支撑性细节，对主旨作进一步补充解释，完善了自己的句子。以第五个要点为例：Main idea 为 Howling is a contagious behaviour. 后文支撑性细节点明嚎叫的目的是 report presence。最终可以合并得到 Howling is a contagious behaviour to report presence。

图3-8　关键词对应的支撑性细节

经历了课堂上的头脑风暴和师生互动，在问题驱动和语篇分析的助力下，学生能不断反思并优化英语学习策略和具体方法，提高自身的监控与调控能力，不断促使自我学习能力的提升。

三、选择与获取

建设学习型社会，实现终身学习和终身教育的目标，学习能力是重要的基础和关键。学生一旦离开校园，离开教师，就要靠自己获取资源继续学习。因而，在日常教学中，教会学生获得资源并加以"取舍"是一个重要课题。因此，就学习能力中"选择与获取"方面，《课程标准》提出以下具体表现："利用课内外多种学习渠道特别是网络资源，获取最新的知识和信息，并结合学习目标对信息资料进行选取和整合，广泛涉猎，有的放矢，既勤于学习，又善于学习，举一反三，学以致用。"[①]

沉浸式研训中的概要写作课堂，当一篇概要初稿完成且内容能涵盖要点时，学生需要更进一步打磨自己的语言。概要写作的要求中明确指出学生要使用自己的语言言简意赅地表达原文的主旨和重要内容，避免照搬原文。但句子改写技巧多样，如何修改才能符合要求？这时教

---

① 梅德明.普通高中英语课程标准（2017年版）解读[M].北京：高等教育出版社，2018：80.

师可以提示学生,将平日里学习的语法知识灵活应用起来。概要写作教学规程 My Strategy 部分正是通过与教师的互动,以头脑风暴的形式提炼概要整合的路径(CNPC),如图3-9所示,即运用复合句,非谓语动词,词组或连接词凝练语言,帮助学生提升概要品质。

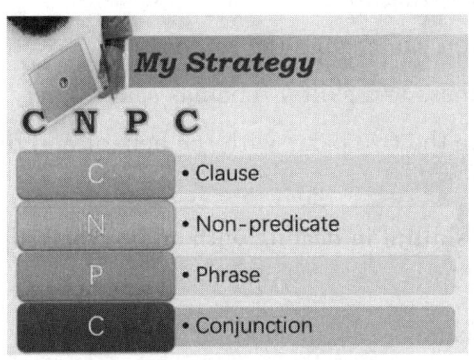

图 3-9　CNPC

CNPC 实质上都是学生平日里所学的语法知识精华,但学生缺乏主动应用的意识。概要写作课堂 My Strategy 部分就是通过回忆整理,激活学生的已有知识,引导学生举一反三,学以致用,结合新的情境恰当选择、准确运用,一步步打磨自己的概要语言。以下呈现的是概要写作第四棒海滨中学(区普通高中)徐玮楚老师的一节记叙文概要写作课片段,学生在教师引导(见图3-10)下选择合适的方法整合出自己的句子。

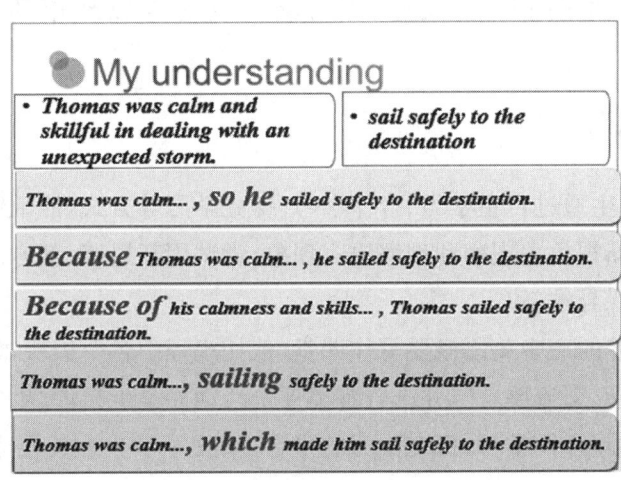

图 3-10　教师引导

T: Dear students, since we have figured out the main idea and supporting details, can you think of some ways to combine the two parts together?

S1: I'd like to use "so" to combine them.

T: Good job! And you may add the subject "he" in the second sentence. What else conjunctions can we choose?

S2: I want to use "because", since it tells us the reason why Thomas could succeed.

T: Excellent! And we have learned many phrases that have the same function. Can you recall some of them?

S2: Because of, due to, owing to...

T: Wonderful! Then you can change the sentence to...

S2: Because of his calmness and skills, Thomas sailed safely to the destination.

T: We can also combine the two parts with the help of non-predicate. Who wants to give it a try?

S3: Tom was calm and skillful in dealing with an unexpected storm, sailing safely to the destination.

T: Nice work! Whole class, let's applaud for him.

……

在教师的鼓励下,学生不断尝试用从句、非谓语、短语、连接词等手段整合所找到的内容要点,将自己平日里所学精华充分应用起来,争先恐后地表达令课堂气氛高潮迭起。同时,在这一过程中,教师还会引导学生进一步思考,概要写作受字数限制,在同样表意的情况下,该如何作取舍?学生经过思索,能领悟到在运用 CNPC 知识打磨语言的同时,仍要秉持概要 economy 的原则,精简语言,使之更符合概要写作的要求。

学生能够根据学习目标,选择合理有效的学习策略和方法,灵活运用 CNPC 知识打磨概要语言,正是新课标中"既勤于学习,又善于学习,举一反三,学以致用"的真实写照。

四、合作与探究

在英语课堂上,学生通过自主学习、合作学习、探究学习等方式,能敏锐观察语言现象和语用规律,能从多角度、新视角去观察和理解语言现象,尝试用新思路、新方法去解读和评判多元文化现象,勤于思考,探异求新。

指向学科核心素养的高中英语概要写作课堂,依托规程中各个板块,如"学案准备、合作加工、自我修订、独立梳理、交流展示",并结合各类评价活动如学生自评、生生互评、师生点评等,给学生搭建了自主学习、合作学习、探究学习的平台,增强了学生在英语学习过程中的主体意识与合作精神,促使学生有效发展学习方法和策略,拓展自主学习能力。

"学案准备"是学生进行自主学习的重要环节,是开展合作和探究活动的前提。学生在课前独立阅读文章后,尝试运用 KID 策略,按照学案分步骤完成概要初稿,为课堂上师生讨论做好充分准备。

"合作加工"是指学生相互交流阅读同桌的概要初稿并给对方提出修改意见,或由教师挑选 1~2 篇通过投影,全班一起欣赏修改。此时教师会引入概要的评价标准,包括:话题是否恰当,关键词是否合适,语句是否合理,要点是否齐全,表述是否连贯。同时,要求学生进行"留有痕迹"的评价，比如将关键词或改写成功的语句做出圈画。在这一互评过程中，学生既熟悉了概要写作的评价方式，也可以学习到其他同学概要写作中的亮点。这种做法正如新课标中所指出的，"同学之间相互帮助、互相监督、相互促进、共同提高是最佳的合作学习的方式，也是善于学习的重要表现"。通过同学间的互帮互助，学生能吸收他人的长处和优点，找到自己学习的最佳状态和最佳方法，提高学习效率，发展核心素养。

紧随其后的"自我修订"板块，学生结合之前的交流学习，运用CNPC知识修订自己的概要初稿。这一过程强调学生对学习的自我监控、自我调节与自我评价，是学生开展自主学习的重要步骤。此时，对于学生的概要修订稿既有字数要求又有语言要求，学生需要沉淀先前合作学习所得，将感知和领悟到的要点落实到笔头，完成概要修订稿。课堂上学生完成修订后，教师下发预先设计好的checklist，让学生一一对照，首先进行书面自评。随后，教师挑选一位学生的作品，利用投影展示比较该生的初稿和修改稿，并请该生口头自评，也可以请其他学生评价初稿和修改稿，并给出意见。此举旨在让学生能够重新审视和修订自己的不足之处，从某种程度而言，是对英语学习过程开展的过程性评价和动态监控，从而保证学习方向的正确性和效率。

课堂上，在师生共同完成一篇概要的打磨之后，教师会提供一篇长度难度相当的新语篇，学生按照KID策略和CNPC的整合路径独立完成概要写作的任务。这样的"独立梳理"环节给学生以独立探究的机会，尝试在新语篇中应用自己所学的策略，举一反三，通过积极的语言实践，不断提升自己的能力。

在完成新篇独立梳理之后，课堂"交流展示"板块通过互动和投影展示1～2位学生的作品，可以让学生本人介绍自己的概要，然后其他同学提出修改建议；也可以全班一起欣赏修改。学生的介绍或建议要按照步骤，围绕标准，凸显要点。如图3-11所示，在教师搭建的语言支架下，学生评价从整体、内容和语言三个方面进行，可肯定，可否定；有条理，有逻辑，有依据，讲求客观性和真实性。在这一合作学习的交流环节，有赞赏、有质疑、有碰撞、有建议，在合作学习中，学生的语言表达和思维品质都得到了锻炼。

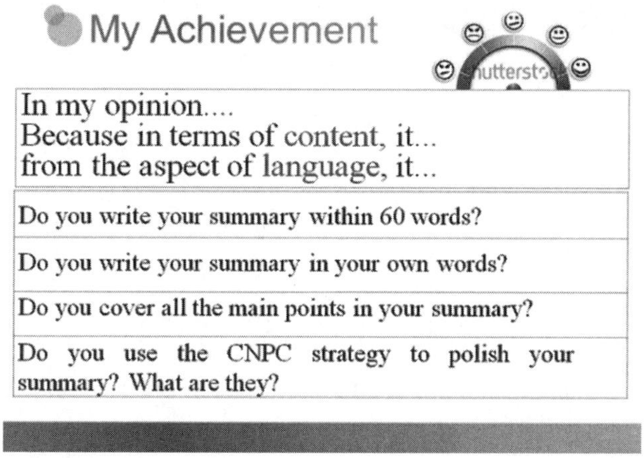

My Achievement

In my opinion....
Because in terms of content, it...
from the aspect of language, it...

Do you write your summary within 60 words?

Do you write your summary in your own words?

Do you cover all the main points in your summary?

Do you use the CNPC strategy to polish your summary? What are they?

图 3-11　语言支架

学生除了能尝试用英语去评价自己和同伴的作品,在概要写作课堂的最后,教师还积极创设机会,鼓励学生用英语对整节课做出评价总结。学生可以相互交流自身对概要写作的认识,KID策略和CNPC路径操作的可行性和自己掌握的情况,自己在概要写作时仍存在的问题,教师还可以邀请学生即兴对课堂所学进行概述,这是一种将课堂所学迁移至实践的能力,同时也是学生学习能力的综合体现。

另外值得注意的一点是,教师在这一环节所扮演的角色不再是单一的知识的传授者,而是转变为学生学习的指导者、组织者、促进者、帮助者、参与者和合作者,因此教师不直接给出对与错或好与坏的评论,而是尽一切可能为学生搭建平台和支架,为学生创造自我表达、自我反思和自我调控的机会,培养和提高学生的学习能力。

沉浸式研训中的概要写作课,依托学案,培养学生主动学习的习惯;通过师生互动,监控调控学生学习进程,获取并选择合适策略;借助多元评价,促进学生合作学习;以自主、合作、探究活动培养并提升学生的学习能力。

【本章小结】

英语学科核心素养由四大要素构成,是英语学科育人价值的集中体现。学生发展核心素养是可教、可学、可沉淀、可迁移、可评价的。本章紧紧围绕核心素养的内涵表现,从感知与领悟、内化与整合、解释与赏析、交流与创建;比较与判断、调适与沟通、认同与传播、感悟与鉴别;辨识与分类、分析与推断、概括与建构、批判与创新;主动与进取、监控与调控、选择与获取、合作与探究16个方面,分别以指向学科核心素养的高中英语听说课、报刊阅读课、试卷评析课、概要写作课为例,详细阐述了沉浸式研训如何依托教学规程,助力对接课标,落实学生学科核心素养的培养。

第四章　典型案例

第一节　沉浸式研训案例——赋能助力教学相长

备课、上课、磨课、评课和撰写课例是教师在教学工作中需要掌握的五大核心技能。党的十九大报告强调,要全面贯彻党的教育方针,落实立德树人的根本任务。《教育部关于全面深化课程改革落实立德树人根本任务的意见》指出:课程是教育思想、教育目标和教育内容的主要载体……是学校教育教学活动的基本依据,直接影响人才培养的质量。为了切实贯彻指向学科核心素养的课程内容,培养学生的语言能力、学习能力、文化意识和思维品质,在教师培训中注重提升教师的学科教学技能,即备课、上课、磨课、评课和撰写课例显得尤为重要。如何通过研训活动有效地帮助教师获取、掌握并能够熟练运用这些教学核心技能,是教研和师训都需要破解的问题。作为一名年轻教师,笔者有幸自始至终地参加了沉浸式研训活动的全过程,对比活动前和活动后自己的变化,和大家分享一下自己的收获和体会。

一、关于备课和上课

备课和上课是每一位老师的日常工作。作为沉浸式研训活动的成员之一,笔者在参加沉浸式研训活动前后对备课和上课的认识有了很大的,甚至可以说是颠覆性的变化。

第一阶段:参加传统教研活动

在传统的教研活动中,公开课和家常课可以说是两套模式。公开课往往经过精心的设计、多次的试讲、教研员和备课组老师的指导,最终在全体老师面前精彩呈现。在准备公开课的过程中,通过教研员的讲解和自己的学习,我能够接触到一些先进的教学理念,并尝试将其与具体的教学实践相结合,以期达到培养学生能力的效果。准备公开课的过程是辛苦的,但也能看到自己和学生的共同收获。不过,结束之后我也会思考,怎样才能将公开课的教学理念应用到日常教学中,让老师和学生每天都能受益呢?

家常课受限于备课时间和精力,教研员和其他教师不可能随时帮忙打磨课,往往都是教师个人独立备课。一方面,教学没有固定法则,新教师常常会茫然无措,不知从何下手,也不知方向把握是否正确;另一方面,教学水平似乎始终停滞不前,繁杂的日常事务占据了我大量的时间和精力,即使有心学习了一些先进的教学理念,却不知如何将其用于日常教学实践中。长此以往,日常教学要么耗尽教师大量精力却收效甚微,要么日复一日"复制粘贴"教学内容,学生和老师都苦不堪言。

可以说,参加传统的教研活动对我自己日常教学中的备课和上课没有太多实质性的帮助。

第二阶段:参加沉浸式研训活动

参加沉浸式研训活动之后,笔者的备课效率和上课效果有了明显的变化。不同课型的指向学生英语学科核心素养的教学规程和实施路径切实帮助笔者在备课过程中有规可依,将先进教学理念与具体教学实践有机结合。前几棒执教教师在实施过程中积累的经验和适时指导更是帮助笔者及时地解决了教学过程中的疑惑和困难。在沉浸式研训活动备课和上课的实践过程中,为了做到"拷贝不走样"的同时,还能达成"拷贝要走样"的研训理念,笔者的经历可谓是"一波四折"。

1. 第一折:空对空

2019年10月,笔者收到了为云南省迪庆藏族自治州送培上门,与当地教师开展同课异构研讨活动的邀请函,当时的心情是既忐忑又兴奋。忐忑的是,自己完全不了解授课班级学生的学情和当地的教学情况,担心这些因素会给自己的教学带来许多不利的影响。藏族自治州的英语教学方式以及学生的英语基础和上海地区有着巨大差异,在无法与学生事先沟通与接触的情况下,真不知道学生能否适应我的教学理念和方法?在这种情况下,如何拿出一份符合当地学生学习水平的教学设计是一件令人头疼的事情。兴奋的是,这次教学展示对于自己来说是一次挑战,也是一次绝好的锻炼机会。在践行沉浸式研训的过程中,自我感觉在教学实践和理论研究等方面都有了较大幅度的提升,如果在藏族自治州也能将教学规程和实施路径顺利贯彻实施,正好可以证实这种研训模式的可迁移性和可复制性。而且,虽然已对不同的教学规程有了一定程度的了解,但阅读课教学规程对我来说还是一个全新的挑战,而阅读课又是家常课中最常见的课型,趁此机会实践阅读课教学规程,岂不是一举两得?伴随着这种忐忑又兴奋的心情,我开始按照要求着手准备一堂以"地震"为主题的基础阅读课。

工欲善其事必先利其器。我先是独自思考,着手研究"指向核心素养的高中英语基础阅读教学规程",找出自己认为的重点和难点。根据规程要求,在导入部分,"选取与目标语篇内容相关,又与学生生活实际相关的热点话题展开互动",或者"陈述现象,引发学生积极思考,主动参与";在框架梳理部分,"以问答互动的形式简单梳理目标文本的体裁特征或题材特点";在深度理解部分,"聚焦语篇中难以理解的长难句";最后,在拓展升华部分,"结合语篇话题或学生学习过程中的问题,设计一个相关的热点话题,或引申话题,通过同桌或小组讨论巩固本课所学"。梳理完教学规程,我有些洋洋得意,觉得按照规程上好阅读课对自己来说并不是一件难事。

根据教学规程,结合选取的文本,我设计了完整的教学计划,包括:以图片导入话题→给文章分段，理清文章结构→仔细分析每一段内容，聚焦重难点→小组讨论，思考文章标题的含义。当然，考虑到迪庆的学生英语基础相对于上海学生较为薄弱，在每一个教学步骤中，都设计了必要的支架。完成教学设计之后，我在高一平行班进行了试讲，还请了备课组的老师帮助磨课和评课。

教学片段 1：

T: Look at these pictures, can you tell me what you have seen?

S: Buildings fell down. People are crying. Cracks on the ground. Firemen are working.

T: Great. We can also use some expressions to replace some of the phrases you've mentioned. Like, buildings lie in ruins, people are suffering, there are cracks and rescue workers. Can you guess what happened?

S: An earthquake.

T: Yes, today we're going to learn the Tangshan Earthquake. To describe an event, the writer divided the passage into three parts, before, during and after the earthquake, can you tell which paragraph belongs to which part?

S: Para. A talks about before the earthquake, Para. B during, and Para. C&D after.

T: Fantastic. Then, let's analyze the passage one para after another.

……

T: Having understood the process of the earthquake, can you think about the implied meaning of the title "A Night the Earth Didn't Sleep". You can discuss it with your deskmate.

……

试讲过程非常顺利，所有教学步骤全部完成，可学生却没有我想象中的主动探索、积极思考的参与感，我也没有上完课之后的满足感和成就感。"是不是设计得太简单了？"我在心里反问自己。在之后的备课组磨课中，备课组老师给我提出了几点建议。

磨课片段 1：

刘老师：整体框架还是挺完整的，学生的配合度也很好。不过，能否在教学中让情境更突出些呢？比如导入环节，看完图片之后直接进入学习唐山大地震的知识，感觉有点儿生硬。

耿老师：考虑到藏族自治州学生的水平，我觉得问题设置得还是比较简单的，而且形式也比较单一。我看最后还剩下几分钟，那么能否在"聚焦重难点"这个环节，在一段分析完之后让学生一起读一下这一段呢？这样还能锻炼下学生的口语。

陆老师：我挺同意刘老师说的要加强情境预设。现在的高中生可能对唐山大地震不太了解，但应该有听说过汶川地震，是不是在最后的拓展升华环节能联系下实际，再谈标题的意义呢？

……

听完备课组老师的意见,我有了一些思考:在增强整个课堂的情境,联系实际,激发学生兴趣方面,我确实可以做得更多些。

总结下来,第一稿的教学设计是不够合理的,有些空对空的感觉。首先,虽然教学任务是完成了,但整个教学过程还是教师讲得多,学生讲得少。对大部分学生而言,在课堂上的收获依旧是空乏的,因为他们讲的机会少,即便是发言的同学,其语言输出的质量也不高,与本节课所学内容的关联度也不大。另外,对学情考虑不足。自己熟悉的学生可以按照这样的教学设计配合老师参与课堂互动,如果换成迪庆的藏族学生也这样设计,课堂现场会怎样呢?只怪自己在备课时对学情缺乏针对性,延续了平时以自己班级中等学生为备课对象的备课理念,这对于迪庆的学生来说备学情就是空洞的,没有实际意义。所以,我把这阶段称为空对空阶段。

2. 第二折:空对地

根据备课组老师提出的意见,以及自己的反思,我对教学细节进行了调整,但整体教学环节还是保持了原状。对此,我隐隐有些不安,感觉自己在第一次试讲之后的困惑并没有完全得到解决,学生的参与度,对文本的理解程度,似乎都没有达到我预想的目标。

完成修改之后,考虑到教学对象的英语基础程度,这次我在学校新疆部高一年级开展试讲,请来了教研员厉老师和备课组老师帮助磨课评课。

教学片段2:

Lead in:

...

T: After seeing these pictures, can you guess what happened?

S: An earthquake.

T: Yes. Let's take a time machine and go back to the year 1976, to see what happened in Tangshan, Hebei province.

...

My Perspective:

T: After knowing what happened in Tangshan, I'd like you to have a look at this picture. This little boy was just saved from the debris in Wenchuan earthquake which happened in Sichuan province in 2008, when most of you have already been born. Instead of crying, the boy saluted to the surrounding soldiers. Can you guess why he saluted and what this picture reminds you of? You can talk with your partner.

...

这一次的教学过程也比较顺利,学生积极性较第一次有了提高,特别是看到汶川地震敬礼小男孩的照片时,学生的反应还是很强烈的。但在课后对学生的问卷调查中我又发现了几个问题:①学生对文章内容的理解还不够到位,学生能说出这篇文章讲述的是唐山大地震的整个过程。但具体到震前、震中、震后发生了什么事情,产生了什么样的影响时,只有一小部分学生能回答出来;②学生对文章结构的理解还不够到位,学生被问到这篇文章的整体结构时,能回答出时间顺序,但具体到语篇的逻辑结构,学生回答不出来;③学生对文章的深层含义缺乏深入思考,了解了唐山大地震的过程和影响,那么对于日常生活有什么启示呢?看完文章之后有什么思考和启迪呢?大部分同学不大会表达。

这样的结果让我有些挫败,也有些茫然,我不是按照教学规程进行操作的吗?到底应该如何修改呢?幸好,在之后的磨课过程中,教研员厉老师根据阅读教学规程和实施路径,和我重新梳理了一遍教学设计。

磨课片段2:

厉老师: 沈老师,你自己上完课下来感觉如何呢?对这节课整体作何评价?

笔　者: 我觉得整个教学过程进行得还是比较顺利的。考虑到学生水平,问题设置的也比较简单。可能也正因为如此,感觉学生毫不费劲就说出了答案,到后来优秀的学生似乎觉得没什么挑战。而且课后我再问同学们对文章的理解以及学到了些什么,很多同学又支支吾吾说不出来。这样让我觉得挺矛盾的,内容太容易了不行,太难了又怕学生接受不了。虽然过程顺利,我自己上完都没有非常开心和满足的感觉。

厉老师: 关于你的两点困惑我们总结一下,一方面是整体设计比较简单,程度好的学生觉得没有挑战;另一方面是对语篇知识的处理不够到位,课后同学们没法有效反馈课堂内容。是吗?

笔　者: 对的!就是您说的这样。到底是哪里出了问题呢?我都是按照阅读教学规程操作的呀!

厉老师: 那我们就再按照教学规程上的要求,看看是哪部分处理的不够到位。首先看导入环节,你做得很好的一点是选取了跟地震相关的图片快速导入。不过我们看看,规程上写道:"根据学生的英语基础控制内容引入的数量,关注学生的班级特点和性格特征,可以采用支架介入或自由表达的形式"。地震的主题可能离学生的日常生活比较远,图片可能不能完全表达地震的破坏力,但这篇文章让学生理解的关键之处就是要了解地震的破坏力。结合这两点,你有什么想法吗?

笔　者: 是不是加入一个短视频之类的影像材料?我记得唐山大地震有电影也有纪录片的,为了准备这堂课我还专门去看了,看影片的时候确实觉得蛮恐怖的。

厉老师: (边笑边说)这个可以有,让学生观看10秒左右的视频,可以迅速把同学们带入情境,而且《课程标准》里还特别提出,英语学习要关注听、说、读、看、写五种技能,看视频不正是让学生在"看中学"最好的实践吗?接着,你进入了 My Understanding 框架梳理部分,你告诉学生文章分成地震前、震中、震后三个部分,只是让学生说出每一段属于哪个时间段,于是就产生了两个问题。一是,文章内容是老师告诉学生的,学生没有实质性的思考实践;二是,学生大致知道了整体分段,但每一段内部结构并不清楚,而这篇文章每一段的结构是有一定规律的。我们对照规程来看看,"以问答互动的形式简单梳理目标文本的体裁特征和题材特点,以及目标读者的预测等""对于学生熟悉的体裁,通过互动回顾梳理,对于学生陌生的体裁,通过设问、预测等方式简要梳理",这些是关于文章内容的预测以及文章主题的梳理。关于文章的主旨概要,规程里也有交代:"针对目标语篇设计1~3个核心问题,学生带着问题阅读语篇,通过互动交流梳理语篇内容主旨和逻辑结构。"我们看这篇文章,学生对于说明文的文体还是比较熟悉的,是不是可以让他们预测一下文章的内容和结构?而具体到每一段,你发现它的结构和语言风格了吗?

笔　　者:(思考片刻后)嗯……文章每一段好像都是主题句加细节的模式!比如第一段的第一句Strange things were happening.就是这一段的主题句,后面就从不同细节描述发生了哪些奇怪的事情。

厉老师:对的。只有先弄清语篇的主题和脉络,我们才能更好地解析文本。《课程标准》中提出,以主题为引领,以语篇为依托的六要素整合教学就是这样要求的。你可以思考下,怎样才能有效帮助学生研究语篇结构和学习语言风格,这可以成为整堂课的一个亮点。接着再看,My Confusion深度理解环节,你现在的做法是逐段分析,细节提问,你自己怎么想呢?

笔　　者:(先拿着规程仔细看了看)规程里面写道,"学生提出阅读中的困惑点或知识盲点","聚焦语篇中难以理解的长难句,新的知识点,晦涩的内容"。那是不是意味着,我不用面面俱到,讲解每一段的所有知识点,只用聚焦几个"困惑点或知识盲点"就行?而且精简一点的话,学生也更容易把握文章重点,不会眉毛胡子一把抓!

厉老师:(赞同地点点头)在最后的拓展升华部分,可以针对学生水平,检测一下他们是否掌握了文章的整体内容,然后再进行迁移升华。当然,整个过程要根据学生的学习情况在适当的时间提供必要的支架以帮助他们完成学习任务。

笔　　者:(忍不住拍手称赞)今天听完您的指导,感觉自己之前对教学规程的理解真的是不够透彻,许多关键点没有把握住:导入的多样性、语篇结构和语言特点、重难点的把握、课文内容的巩固与迁移,这才是从学习理解类活动到实践应用类活动再到迁移创新类活动呀!难怪我之前上课都觉得有劲没用到点子上,这样梳理之后我感觉茅塞顿开!

厉老师:对的,对教学规程的深入理解要在实践中不断反思,包括学情不同,老师关注的重心和采用的方法都会有所区别,但背后的理念是相通的。建议你去咨询一下第一棒的王慧老师,问问她操作下来的感受,再参考一下她写过的一篇 To Be An Efficient Reader 的课例,希望能对你的课程设计有所启发。

笔　　者:好的,我再仔细研读下教学规程和课例,相信一定能有所帮助。

第二阶段总结下来:教学设计没能以主题为引领,以语篇为依托,缺乏六要素整合的英语学习活动观,就学生对语篇知识的理解和掌握来说还是一个空白;但教学活动充分考虑了新疆部学生的学情,这样比较接近迪庆藏族学生的学情,问题设计较为简单,且以问题链的形式呈现,易于学生接受,也算是问题设计比较接地气吧。所以这一阶段我把它归纳为空对地阶段。

3. 第三折:地对空

听取了教研员厉老师的建议,又仔细研究了基础阅读的教学规程,并询问了沉浸式研训第一棒执教教师王慧老师的经验,我对整堂课有了大刀阔斧改进的决心。在不断修正革新的过程中，我感觉自己对基础阅读课型教学规程的理解更加深入了，也非常有信心能帮助学生通过有效的学习获取文本中的语篇知识和语用知识。去迪庆之前，我在学校新疆部又作了一次试讲，这一次执教基础阅读课第一棒的王慧老师和备课组的老师都来帮我一起打磨。

教学片段3：

T: Before we start our lesson today, I'd like you guys to watch a video clip and tell me what you can see.

(Play the video clip about Tangshan earthquake.)

T: What can you see in the video?

S: Buildings are falling down, people are crying and running.

T: Fantastic. I've picked some scenes from the video, people are suffering, buildings are destroyed, they lie in ruins, and there're cracks on the ground. Can you guess what happened?

S: An earthquake happened.

T: That's right. Today the writer is going to tell us something about the Tangshan earthquake. So if you were the writer, what would you tell us?

S1: When did it happen?

S2: How did it happen?

S3: How big is the influence?

T: Very clever. You guys will definitely be the first-class writers in the future.

……

My Understanding：

T: We've sorted out the general structure of the whole passage. Now, let's focus on the writing style. Before the earthquake, can you use one adjective to describe things that were happening?

S: Strange!

T: Yes, in the very first sentence. Can you find out what are strange in the following sentences?

S: Water rose and fell, well walls had deep cracks…

T: Good job. Then use one word or phrase to describe things during the earthquake.

S1: At an end!

S2: Serious!

……

T: Well done! You've found out the general statement in each paragraph, the details about the general statement, and more importantly, you guys are so clever to have found the supporting numbers in Para. B, C, D to make details more convincing.

Fantastic! So, we can now summarize that the general structure is PWP, which is Pre-, While- and Post-earthquake, and the writing style is GPS, which stands for...

S: General, particular and supporting.

T: Great! Remember that, because that would be helpful in the following studying.

……

　　这一次的教学体验与前两次相比给了我完全不同的感受。一方面,我观察到班级学生的参与度更高了,虽然也碰到了难题,比如在分析文章的语篇特征时,学生因为之前接触的不多,不能立即得出答案。但经过老师的引导,个别同学能很快领悟,还特别得意地讲解给别的同学听,其他同学了解了之后更是能够举一反三,分析别的段落是不是也有这样的语篇特征,课堂气氛活跃了许多。另一方面,学生的反馈度也更高了。在之前的试讲中,下课后询问学生在课堂上学到了什么,许多学生仅仅能模糊地说出学了唐山大地震的一些东西,具体内容无法作答。而在这一次的试讲,最后的迁移升华环节,我让学生根据课上总结的 PWP 语篇特征和 GPS 语言特点来回顾唐山大地震的过程,大部分同学都能根据给出的提示词复述全文,实在是让人惊喜。

　　课后,阅读教学第一棒执教的王老师和备课组老师再帮我打磨细节,完善课堂。

磨课片段3:

　　王老师:我觉得整体结构已经不错了,也抓住了基础阅读教学规程的精华,以主题为引领,以语篇为依托,特别是引导学生总结出 PWP 的语篇结构和 GPS 的语言风格,朗朗上口,帮助记忆。我看到学生课上课下的反馈也很好。

　　笔　　者:对的,这次上课确实跟前两次有挺大区别,我自己都觉得讲解的"更有深度了",哈哈!

　　王老师:是的,整体挺好的。如果细节再要完善的话,我觉得还是得遵循沉浸式研训的"拷贝不走样,拷贝要走样"的宗旨。你现在已经做到了"拷贝不走样",就是说抓住了教学规程的核心要义,那么接下来就是怎么做到"拷贝要走样"的问题了。

　　笔　　者:什么叫做"拷贝要走样"呢?

　　王老师:"拷贝要走样"的意思是:因为每次上课的学情不一样,教学具体内容也有差别。所以,课堂教学在把握指向学科核心素养的教学规程核心理念的前提下,要根据学情和教学内容适度调整,使得教学规程更好的落地实施。比如你这一次去迪庆藏族自治区,学情肯定和上海这边有很大的不同,能否在一些比较难产出的问题上提供一定方向性指导? 比如,最后的 My Perspective 迁移升华环节,学生根据框架复述文章内容,这是很好的检测方式。不过之后,同学们结合实际,思考地震发生时如何保护自己,我想这个环节能否更好地和整个语篇结合起来,比如如何做好保护自己也可以分地震前、地震中和地震后我们能做的事情这样的逻辑来阐述;以及在小组讨论的时候,是否能将任务具体到每一个人,这样学生的讨论会更加充分而又紧凑?

　　笔　　者:王老师说得非常对。在备课时要有不同的预案,如果学生产出遇到困难,可以适时引导。

第三阶段总结下来：教学设计注重引导学生关注语篇知识，重视对语篇的赏析，学生基于已有的知识，依托说明文结构和语言特征，分析问题和解决问题。按照《课程标准》的要求，学生对语篇知识的学习和理解应该是落地了；但在迁移升华环节没能持续关注学情，没能有效帮助学生将口头表达与语篇结构进一步融合，学生还不能将语篇阅读学习中学到的语篇知识迁移到实际生活中，从学以致用的角度来说，学生的学习效果还显得有些空虚。也是教师教学设计的一个缺憾。因此，我把这一阶段称作地对空阶段。

4. 第四折：地对地

10月底，我来到云南省迪庆藏族自治州。还没来得及和学生接触，当地接待我们的赵老师就给我泼了一盆冷水。

赵老师：沈老师，我要先给你打个预防针啊。我们这边的学生，程度是非常差的。基本上听不太懂英语，也不会说，可能看着书本读还能读出几个单词，高考英语全国卷，大概三四十分的样子。我看你发给我的课件，你要一节课讲完一整篇课文？这是不可能的啦。我一节课最多能讲两个段落，学生还肯定消化不了。你还要全英文上课？那学生怎么听得懂？我们都是中文上课的。而且，我建议你不要让学生说，学生最多蹦出几个单词，要整段整段地说就更不可能了。

听到赵老师的介绍，我有一点彷徨。虽然事先考虑过学生的程度，但没有想到会有这么大的差距。教研员厉老师安慰我，"没关系，你要有信心，课堂的整体设计符合学生的认知规律就没问题。就算学生程度差一些，但通过老师的引导，肯定是没问题的。你要明确一点，课堂教学不能一味地为了迎合学生拉低英语学科教学的水平，而要通过设计并提供支架、促进和带动学生一起提升，这才是我们教学的意义所在。"听了这些之后，我恢复了一些信心，又再次将上课流程梳理了一遍，相信自己对基础阅读课理解得比较充分了，也越发有信心了。

> **教学片段 4：**

My Perspective：

T: We've learned so much about the Tangshan Earthquake today. Can you recall what happened in Pre- While- and Post-earthquake period?

S: Pre-earthquake, strange things were happening.

T: Great. Details?

S: Water rose and fell，well walls...

……

T: You've done a very great job! After so much we've learned，how can we protect ourselves during Pre- While- and Post-earthquake?

S1: Pre-earthquake, we should learn some knowledge about it.

S2: While-earthquake, we should hide under the table.

S3: Post-earthquake, we can wait for the rescue workers.

...

T: Before the class, some of you told me you're nervous, during the class, I can tell you're eager to take part in, so now, the class is going to be over, how do you feel?

S: Happy, joyful, good...

T: So you see, you can use the PWP strategy when you want to describe what happens next time!

整堂课在学生的欢声笑语中结束。课后赵老师告诉我,"没有想到孩子们能说出这么多句子","平时上课都是闷头记笔记,问一个问题半天没反应,完全没有想到今天都能跟得上,最后还能简单的复述课文!太让人惊喜了!"另一位同课异构的老师也感叹:"平时一节课最多讲解文章的一两段,基本是老师讲,我也经常恼怒于学生上课不认真,上完课什么都记不住。今天学生不光上课全神贯注,下课还能回忆起上课内容,说得头头是道,真是'奇迹'啊!"课后的研讨交流环节,迪庆的教师们也纷纷表示赞叹,当听说这堂课依托于沉浸式研训模式和指向核心素养的基础阅读教学规程时,更是对我们的研训模式和教学规程惊叹不已,迫切想要进一步了解研训理念和具体实施过程。

活动结束后,我的喜悦之情溢于言表。一方面是对学生的课堂表现与学习所得感到满意,刚开始学生可能不适应全英文的授课方式以及不适应老师一个个叫起来回答问题,学生有点害羞和不自信,但经过不断的夸奖和鼓励,学生越来越能放得开。虽然不能大段表达,但能就新的话题根据所学内容回答两三句话,这已经是非常大的进步了。其实学生下课之后还在叽叽喳喳,感到意犹未尽。另一方面,我对自己实践沉浸式研训基础阅读课的整个过程也是满意的。从最初的独自研究教学规程,到与备课组老师在实践中研讨调整,再到在教研员的引导下重新思考实施路径,在前一棒执教老师的帮助下反复调整。这样的过程帮助我深入了解了"指向学科核心素养的基础阅读教学规程与实施路径",帮助我真正理解了"拷贝不走样,拷贝要走样"的沉浸式研训理念。经过此次的研训实践,我已经做好准备,一定要将我所学到的教学理念和教学策略传递给下一棒的研训接力教师。

第四阶段总结下来:教学设计围绕自然灾害主题语境,基于说明文语篇特征,关注语篇重难点,学生在解决问题的过程中,运用语言技能获取、梳理、整合语言知识和文化知识,可谓是学生对语篇知识的学习是地道的,实在的;同时,教学设计兼顾学情,互动问答帮助学生理解语篇,学习支架引导学生迁移创新,不断提升学生的语言表达能力,学生的语言学习能力的培养也落到了实处。因此,我把这一阶段称作地对地阶段。

二、关于磨课和评课

磨课和评课是进行课堂研究的重要方法,也是教师提升教学技能的有效途径。好的磨课和评课历练过程,不仅能帮助上课教师提升教学能力,提高课堂教学实效,还能促使上课教师养成反思的意识和习惯;对于评价者而言,磨课和评课能够起到教学相长的研训效果。在磨课和评课的过程中,授课者、磨课者和评课者将已学的教学理论与具体实践不断对接和融合,三方共同在课堂实证中汲取精华,在反思改进中磨练技能,在交流碰撞中建构新知。

在参加沉浸式研训活动之前,我也有过帮组内老师磨课评课的经历。但在当时的磨课中,我总会遇到两个问题:①不知道从哪些方面帮助授课老师磨课,没有经过系统的学习和培训,没有一定的研训规程或评价标准,只能凭借自己的经验,就自己看得到的某些点、某个环节提出些许建议,至于课堂整体结构、流程设计等方面,由于没有什么概念,也提不出更好的修改意见;②不知道如何帮授课老师磨课,以往的磨课过程,我通常是凭自己的感觉来提点意见,比如"这个问题的感觉比较难,得提供一些支架帮助学生产出""这两个环节是不是可以互换一下,好像更顺畅些"……磨课时用得最多的是"我感觉""好像""似乎"这一类的词语。这样的磨课,参与磨课的教师很难获得满足感和成就感,对被磨课教师的帮助似乎也有限。以至于总感觉磨课就是教研员的事情,普通老师教好自己的课就行了。

这样的问题在评课过程中也一样存在。在传统教研活动的评课环节,评课教师通常是说好话、好说话,积极正面的评价多,批评指正的意见少;评课教师评课时多数比较随意,往往是想到什么就说什么。因此,经验和感觉往往是我们在磨课、评课中的"法宝"。长此以往,磨课和评课也就易于流于形式,对被评者帮助有限,对于评课者,能力也很难得到提升。

在沉浸式研训过程中,在教研员和前几棒执教老师的帮助下,我经历了备课、磨课、上课的锻炼过程,在实践和反思中不断总结所学,深入理解不同课型的教学规程和实施路径。在自我实践之后,我也秉承着接力教研的精神,为下一棒接棒执教的老师磨课、评课。当然,教师磨课、评课技能的提升不是一蹴而就的,我在沉浸式研训中不断实践、反思,最终使自己在磨课和评课方面收获了一些有益有用的理念和策略。

第一阶段:初次体验——观摩、学习

2017年,我作为沉浸式研训听说团队第三棒的成员参与了帮第四棒成员吴淞中学陈哲一老师的听说课磨课和评课活动。这也是我第一次在团队中学习如何帮助别人磨课和评课。

磨课片段1:

陈老师: 各位老师好,我先说一下我这堂课的整体构思。这是一堂以"偶像"为主题的听说课,教学对象是高一年级学生,英语基础较好,对于这一话题也比较熟悉。因为目前正好学完新世纪第五单元课文 Arturo Toscanini,所以导入采用回顾所学课文内容让学生填空的形式,从课文出发讨论 Toscanini 成为著名音乐家的原因。接着,播放听力材料,学生根据听力材料,总结得出周杰伦为什么能够受到大家喜爱的原因。最后,学生分小组讨论,选择自己喜欢的偶像,向其他同学介绍偶像,并且说明偶像受欢迎的原因。

李老师:(听说课第一棒成员)听完了陈老师的介绍,我感觉整节课的结构和时间安排还是需要重新考虑的。我这边记录了一下,课堂导入花了10分钟左右,学生就 Toscanini 的优秀品质讨论了比较长的时间,中间听录音再加学生讨论用了13分钟,因为直接让学生总结周杰伦受欢迎的原因,难度比较大,所以重复听和课堂引导所占的时间较多,最后学生分小组讨论只剩下7、8分钟时间,也正因为时间比较紧张所以讨论也不够充分,而要介绍偶像并说明喜欢的原因这个任务难度比较大,所以学生完成得不够理想。整体结构和时间的安排还需要做比较大的调整,这是我目前看到的最大的问题。其实"偶像"这个主题对于学生来说,他们还是非常感兴趣的,而且正好和课本的单元主题吻合,如果调整好课堂结构,还是能产生很好的教学效果的。具体到如何调整,我们可以对照"指向学科核心素养的听说教学规程"来看。导入环节:结合课文 Toscanini 设计2~3个问题串,迅速导入主题,可以从身份、成长、特点三个方面介绍你的偶像,大概2~3分钟。My Understanding 环节:听录音,先听关键词和主旨大意,再听关键句及与问题相关的目标知识,老师引导学生梳理该话题下的典型语言知识,大概12分钟。My Story 环节:为学生提供适当支架,比如问题引导、语言支持等,帮助学生完成对自己偶像的介绍,大概5~6分钟。My Attitude 环节:迁移创新,可以将话题延伸至与学生生活紧密联系的相关话题,如偶像的品质、偶像的意义等,学生以小组的形式讨论后发表观点,大概7~8分钟。当然,这里面要预留1~2分钟的弹性时间。

……

笔　者: 听了前几棒老师的意见,我自己也感觉茅塞顿开。根据之前自己上听说课的经历,再根据教研员厉老师提到的在教学规程实施过程中要"拷贝不走样,拷贝要走样",我觉得当教学对象是重点学校提高班的学生时,可以适当提高任务难度,挖掘学生潜力。比如我自己在上听说课时,听完录音,便邀请学生根据罗列的关键词和关键句复述听力材料,感到这样处理可以给学生创造更多说的机会;还建议在 My Attitude 环节,不一定是小组讨论的形式,比如这一单元的 Additional Reading 是对一位钢琴家的采访,那么在讨论偶像这一话题时,是不是也可以采取采访或者两两合作的形式,也算是为接下来的文本学习预热一下。

……

在这次磨课过程中,第一棒成员李伊老师点评时的老道着实令我惊叹。依托于教学规程,磨课的具体内容不再是无据可依,对于课堂教学的整体结构、活动设计也有了全局意识,说起来头头是道。而此阶段的我,因为初次尝试,在磨课过程中虽然也有依托于沉浸式研训的一些理念和教学规程,但更多的还是依赖于自己在课程实施过程中的经验。不过整体来看,磨课的各位老师从不同方面对这堂课进行了打磨,不仅发现了问题,更是提出了解决问题的切实可行的方法,我也第一次在给别人磨课的过程中感受到了一些成就感和满足感。

通过前几棒老师的打磨和陈老师的努力、反思和改进,最终第四棒接力的听说课展示活动圆满结束。研训活动的最后一个环节是我们的评课。

评课片段1:

王老师: (听说课第二棒成员)整堂课的结构和设计还是非常精彩的。导入环节的问题串简洁明了、逻辑性强,学生非常容易明白。My Understanding 环节体现了《课程标准》中的学习理解类活动的特征,学生通过听,获得新知识,通过知识点回顾,获得目标词汇链;My Story

环节体现了《课程标准》中的应用实践类活动的特征,学生能用上一环节获得的语词和内容,结合老师提供的支架,讲述自己的故事;My Attitude 环节体现了《课程标准》中的迁移创新类活动的特征,老师为学生创造新的语境,助其达成高质量的输出。通过整堂课的教学设计,学生通过学习理解、应用实践、迁移创新等一系列英语学习活动,提升了英语学习能力,特别是口语表达能力。如果要提一些改进意见的话,我觉得在 My Attitude 环节可以给予学生更多的发挥空间,去掉支架提示,老师只给出任务要求,相信学生也可以完美产出的。

……

笔　者: 我主要谈一下我听下来的感受。一方面,这是一堂名副其实的听说课。学生从不同途径去听,多次听录音,听老师,听同伴;也从不同途径去说,说听到的,说故事,说观点,课堂提供了足够的平台去训练学生的听与说的技能。另一方面,学生是课堂的主体,这主要体现在,整堂课都是学生在讲他们感兴趣的话题,即学生的偶像以及自己喜欢偶像的原因。学生参与互动的积极性得到了极大的提升。我觉得是一堂非常优质的听说课。

……

在这一阶段的评课中,我再次感叹于其他成员的"能说会道":他们不仅对《课程标准》中先进的教育理念和课程要求信手拈来,还能结合到本堂课的具体操作实践,从现象看到本质,从教学策略分析出其背后的理论基础,更是能提出行之有效的教学建议。而此阶段的我,主要还是从自身感受出发,不能立马提供有效建议,不过我也逐渐开始学着从专业的角度分析课堂的精彩之处和不足之处,学着从不同角度观课和评课。

第二阶段:大胆尝试——实践、反思

2018年,我作为沉浸式研训试卷评析团队第一棒的成员开始组织其他老师磨课、评课,从听说课的"小学徒"逐步成长为试卷评析课的"小师姐",学着从更多的角度去磨课、评课,提升自己的教学能力。试卷评析课的第三棒传递到了宝山中学的朱蔚老师手中,由我和高境一中的邢秀珏老师负责磨课、评课。

磨课片段2:

(课前,我和邢老师商量过磨课时需要关注的重点并做了分工,我们把课堂关注点分为三个部分:①课堂整体结构、时间安排、教学环节设计、衔接等;②课堂中学生的反应,课堂评价情况;③文本打磨,学案、教案、PPT等文字稿。最终决定我重点关注①,邢老师关注②和③,在各自主要负责部分之外,两人可以互相补充。)

笔　者: 我觉得整堂课的结构和时间安排整体是不错的。我这边记录下来,Analysis 和 Practice 是融合在一起进行,占据整节课的主体,Produce 用了 5 分钟,但因为题目不太难,学生反馈还是不错的,我建议既然学生程度还不错,可以把 Produce 的难度适当加大,预留出 8 分钟,还可以让学生将做错的题目当场思考反馈,更能检查学生的自我反思能力,也有助于教师了解整堂课的学习情况。再看 Analysis 和 Practice 的具体环节,翻译部分,老师滔滔不绝地讲了 10 分钟,这部分可能也是许多老师教学中的一个难点,觉得如果让学生讲,既费时,效果又有限。我的想法是,你挑选出学生的经典错误,课前让课代表写在黑板上,课上再请同学们自己找错并改正,最后请同学大声完整地说出翻译的正确版本,这样一方面能解决课堂教学时间有限的问题,另一方面可以让学生自己发现问题,自己解决问题,印象会更深刻。之后的阅读讲解中,学生讲的思路也非常清楚,证明朱老师在前期对学生的训练收到了明显的效果。不过我有个小提议,在分析处理每一篇阅读语篇前,是否可以让学生用一两句话概括下文章主旨,这样既能帮助其他学生回忆起这篇文章的内容,更能锻炼讲题学生的概括能力,养成良好的学习习惯,还能为概要写作打下一定的基础,我们何乐而不为呢?

邢老师:……

在这一次的磨课中,我感觉自己的表现相比之前有了一定的进步:一是对磨课时的重点有了全面的了解,知道磨课需要关注哪些方面,每个方面可以分哪些小点进行阐述;二是对教学规程有了更深入的了解,在结合规程谈课堂实践时,更加深入理解了每一步操作背后的理论支撑;三是能提出一些切实有效的建议,提建议不难,难的是建议可行、有效,而我将自己的亲身实践和教学规程相结合,能针对具体学情提出一些高质量的意见和建议。这样的磨课过程让我觉得收获满满,不仅自己学到了许多,也帮助了其他老师。

试卷评析课第三棒观课结束后,我们的评课活动又开始了。

评课片段 2:

(经过几次的磨课,我和邢老师已经默契十足,评课中我负责教学整体结构和教学环节,她负责教学评价和学生反馈。不过在评课环节,我们特别注意分析和阐释教学策略和教学理论的结合与实效。)

笔　者:首先,我觉得这是一堂非常完整也非常精彩的试卷评析课。朱老师完美地诠释了陶行知老先生所说的"我听了,我忘了,我看了,我记住了,我做了,我明白了",即学生要在"做上学,教上学"的理念。将课堂还给学生,以学生为主体,通过各类英语学习活动培养学生的语言能力、学习能力、文化意识和思维品质。特别值得一提的是这堂课对学生思维品质的培养。在《课程标准》当中,思维品质的内容包括"辨识与分类""分析与推断""概括与构建""批判与创新"。结合整堂课的结构来看,学生选择错题,对不同题型梳理不同解题思路,这是"辨识与分类";学生在课堂上分析错题,从语法结构到上下文含义,通过逻辑分析错误原因,这是"分析与推断";学生在老师带领下针对典型错题总结相关知识点,完成变式练习,这是"概括与构建";老师给予新的语篇,学生完成练习,并对他人的表现作出评价,这是"批判与创新"。长期训练下来,相信这些学生的英语学习能力和思辨能力一定能有巨大的提升。如果要提一些建议的话,我认为是否能增加反馈方式的多样性,比如教师及时给予表扬,鼓励学生,或者及时追问学生,检测学生是否完全掌握所学知识和技能。

……

在这一阶段的评课中,我已经能尝试着解读课堂教学背后的先进理念,对《课程标准》的解读也更加深入;还能尝试着提出一些比较专业又好操作的意见和建议,帮助授课教师丰富课堂教学形式,完善课堂教学结构;更让人开心的是,整个团队就是一个学习共同体,我不是一个人在探索,大家互相帮助,互相提意见,最终的目的都是为了实现更高效的课堂教学,培养更多优秀的学生。

第三阶段:日趋成熟——提升、迁移

积累了一些磨课和评课的经验之后,我自己的教学基本技能得到了提升,信心也越发充足。试卷评析课的下一棒交到了罗店中学的李一奇老师手中,与前几棒老师不同的是,这是李老师第一次参加沉浸式研训,也是第一次接触试卷评析课的教学规程,作为一名教龄只有2~3年的年轻老师,这对于她是一次全新的体验,在帮助她磨课、解决她的疑惑的过程中,我也再一次得到了锻炼。

针对李老师试卷评析课的磨课形式有些不同,我们思维的碰撞更多的是在平时一次又一次的微信交流、语音电话中发生的。通过对李老师实践过程中所遇问题的答疑解惑,我感觉自己对于课标理念和教学规程的理解又上了一个台阶。

磨课片段3:(微信交流节选)

李老师: 怎么样才能让学生动起来呢?我课上尝试着让学生讲卷子,但学生要么不愿意讲,课堂气氛非常尴尬,要么讲不到点子上,啰啰嗦嗦或者支支吾吾,我在旁边干着急。

笔　者: 试卷评析课教学规程的第一步就是要Training,这个步骤虽然是发生在课前,但其实非常重要。训练主要从两方面训练,一是在心理上,鼓励他们不要怕犯错,犯了错误实际上是一次很好的学习机会,这样慢慢消除学生不愿意讲的心结;二是从解题技巧上,只有教会学生解题思路了,学生才能讲到点上,别的同学听得懂,讲题人自己也越讲越有劲。至于怎么帮助学生掌握解题思路,我觉得可以设置学习小组,先教会组长讲,然后组长带组员,课堂就是检测小组学习的机会,做得好的小组要多加肯定和表扬,这样其他不会讲的学生也会心动,开始跃跃欲试了。

……

李老师: 到底哪些题目要讲呢?是不是所有的错题都要在课堂上分析呢?

笔　者: 不是所有错题都要讲的。可以遵循"两想两讲"的原则,即选择"学生想要分析的题目(自己的错题或有疑惑的题目)"和"教师想要学生掌握的题目(教学重点和典型问题)",采用"学生讲为主""老师补充讲为辅"的方式。学生想要分析的题目反映了学生知识点的掌握情况,讲解此类题目能帮助夯实学生基础、消灭薄弱知识点,此类题目通常是无法预测的,需要根据学生试卷完成的实时情况做出调整。教师想要学生掌握的题目通常是教师根据课标要求以及最近所学知识的重点,希望学生能完全掌握的知识点,此类题目可以在课前预设,并配备相应练习,帮助学生完善已学知识体系。每次你可以得出全班的正确率,基本正确率在30%~70%的题目是需要关注的重点,因为这部分题目是大部分同学可以做对却没有做对的,也就是说,是帮助学生取得进步的关键所在。

……

李老师: 我总觉得心里没底,那些上课没讲的错题,就不管了吗?那优秀学生怎么提高,学困生课上没有学懂又怎么办?

笔　者: 所以我们要借助"课上课下互补,线上线下互通,点上面上共进"的方法了。"两想两讲"是为了突出课堂教学重点,集中精力解决主要问题,但对于其他题目并不是放任不管。可以在自习时间、午休时间,程度好的带程度差的,实现课上课下互补;可以发展多种渠道,

QQ、微信、小组讨论，解决余留问题，实现线上线下互通；可以课后由一个知识点适度延伸，归纳总结，实现点上面上共进。

李老师：原来是这样！感觉一套试卷被360度无死角的解决掉了，老师教得轻松，学生学得有劲，真的是太厉害了！

……

通过这样"另类"的磨课形式，被磨课的教师实实在在地解决了备课过程中的困惑和难题，磨课教师在讲解过程中，对教学规程、课标理念的理解逐步深入，真是应验了陶行知先生所提倡的"教上学、做中学"啊！

李老师的试卷评析课圆满结束，课后，我们照例进行了评课。这一次评课，我们在前几次的基础上，尝试总结出了自己的评课规程，见表4-1。

表4-1　评课规程

板　块	具　体　要　求
General Statement	本堂课中师生教学给人留下的基本印象。可以用几个单词或者几个短语大致概括课堂的整体气氛、互动情况、目标达成度等
Theory & Practice	结合课堂的某一方面，谈自己的看法。可以选择课堂的结构、时间安排、教学环节设计、教师课堂引导、学生课堂表现、评价反馈机制等。自己的看法可以与教育教学理念或者《课程标准》理念相结合
Data & Example	用具体数据或例子来支撑评课观点。可以选择课堂观察量表进行数据统计，比如学生反馈情况、目标达成度等来说明自己的评课观点
Feasible Suggestions	针对课堂教学的某一方面，提出改进意见并提供可操作又有实效的实施步骤和方法

当然，这个评课规程一定不是完美的，我们会坚持不断实践、不断反思、不断改进，在实践中完善评课规程；也坚持沉浸式研训的宗旨"拷贝不走样，拷贝要走样"，评课规程只是参考依据，具体情况还是要根据现场实际及时调整。

回想第一次参与帮别人磨课、评课，到组织老师磨课、评课，再到能够结合理论进行磨课，最后尝试研制自己的评课规程的过程，虽然其中还有许多不完善之处，但是见证了自己在沉浸式研训活动中逐渐成长并日趋成熟的过程真的很开心。

磨课过程，从只是基于个人经验，到通过教学规程审视教学设计，再到熟练掌握磨课的技能，做到对每一步教学设计都有自己的理解；评课过程，从一味的经验主义，到能够结合课标和教育教学理念评课，再到能概括与建构自己的评课风格，不断提升自身的创新能力。沉浸式研训的过程，聚焦培养学生英语学科的核心素养，作为老师参与其中，我自己在备课、上课、磨课和评课方面都有了长足的进步。这是一个教学相长的过程，也是一线教师真正需要的深度研训模式。

三、关于撰写课例

课例是对教学过程中真实情境的描述，它来源于日常教学实践，与教师有着紧密的联系。

为了解决实际教学中的难题,教师进行了大量的教学研究,积累了许多的经验和教训,特别是许多真实而典型的教学实例,都可以成为撰写课例的素材。撰写课例能有效促进教师进行教学反思,帮助教师更好地将教育理论用于教学实践。一方面,撰写课例时,教师要真切回顾教学过程,严格审视、客观评价、反复分析,教学过程中教师与学生的行为、引导与支架的作用、评价与反馈的程度,都能由模糊变得清晰。教师要重新审视教学过程,总结经验和教训,反思如何更好的解决教学难题。另一方面,撰写课例时,需要运用教学理论对教学步骤进行分析,这促使教师带着课例中的实际问题,深入学习有关教学理念,带着问题的学习往往能收到事半功倍的效果。教师尝试用理论分析教学步骤时,也是在不断内化教学理念,将理论与实践能更好的结合。

但对于大部分教师,特别是年轻教师,撰写课例是一件令人头疼的事。一是头疼于"写什么":日常教学实践这么多,哪些是有代表性又值得探索的教学片段?选定了教学片段之后,从哪些方面着手记录?二是头疼于"怎么写":叙述的过程,怎样才能避免"记流水账"?怎样才能突出教学亮点和教学风格?教学理论怎样和教学实践有效融合?三是头疼于"怎么评":好的课例有哪些评价标准?一个课例写完,可以从哪些方面自查?看别人的课例,又从哪些方面思考……上述这些问题也一直困扰着我。但是在我参加了沉浸式研训之后,这些问题都迎刃而解,在活动过程中,我从对课例撰写的一无所知,到模仿他人的课例,摸索自己的风格,修改他人的课例,最后终于尝试着总结出课例撰写的思路,步步提升,不断突破。

第一步:模仿实践

2017年,作为沉浸式研训听说课第三棒执教者,我在完成课堂教学后,针对听说课教学过程撰写课例。因为有前两棒教师的课例作参考,又磨课中多次对教学规程的解读,在理论和实践准备都非常充分的情况下,听说课例第一稿很快就完成了。课例的整体结构如下:

听说课教学课例

基于新世纪英语(上海版)高中二年级第一学期

Unit 7　Shopping in the States

一、课前思考

二、教学实施

　　(1) 教学目标

　　(2) 教学重点

　　(3) 教学难点

　　(4) 教学过程

三、课后反思

课例主要分为课前思考、教学实施、课后反思三个部分。"课前思考"关注教师对该课型的主要困惑或课程实施过程中普遍存在的问题。教师带着问题进行教学设计,更具方向性和实效性;以教师普遍关心的问题开启整个课例,也更能吸引读者的兴趣。"教学实施"从四个方面详细叙述教学设计的过程。"教学目标""教学重难点"帮助教师明确本堂课的主要任务、教学重心和时间安排。"教学过程"按时间顺序论述每一步教学步骤,包括如何开展活动、活动目的、PPT呈现内容、教学说明等,其中教学说明部分关注该教学步骤的重难点,详细阐述教师如何引导学生和此环节的亮点等。"课后反思"是授课教师对整堂课的总结与反思,总结教学设计背后的教学理念,探索本堂课的亮点与特色,反思教学实施效果和不足之处,提出修改意见。总的来说,这个课例从为什么要上这堂课(why),这堂课上些什么(what),这堂课上的怎么样(how)三个方面讨论,结构和内容上都非常清晰明了。完成第一稿后,我非常开心,感觉之前认为无从下手的课例似乎没有想象中那么难。

不久,教研员厉老师根据课例第一稿提出了相应的修改意见,本次的修改主要集中在语言和内容两个方面。以下节选部分修改意见,见表4-2。

表4-2 修改意见(节选)

第一稿原文	修改意见
听说课教学课例 基于新世纪英语(上海版)高中二年级第一学期 Unit 7 Shopping in the States	原标题只是简单呈现课型,没有体现本堂课的亮点与特色,也没有体现本堂课想要解决的核心问题
此外,根据上下文猜词意的方式帮助学生消除畏难情绪,遇到不认识的单词也可以顺利理解文章意思	说明部分表述比较模糊。建议用举例的方式,或还原课堂真实场景,更为具体和形象的阐述如何引导学生解决问题
话题迁移,学生将所学关键词及其拓展表达运用到"网购"的话题当中,讲述自己的网购故事	1. 开头用简洁凝练的语言总结该环节的活动; 2. "运用到网购的话题当中"与"讲述自己的网购故事"有重复

看完修改意见之后,我才意识到自己犯了许多错误,也更加深刻地认识到,课例撰写是一项非常严谨的工作,每一个字,每一句话,每一段内容都需要仔细反复推敲。

在教研员和听说课前两棒执教教师的帮助下,我总结了自己在课例撰写中容易犯的错误。首先,语言表达"随心所欲":书面表达与口头表达不一样,在口头表达中容易出现的重复、啰嗦等问题在书面表达时尤为突出,语言不够简洁凝练容易模糊表达,也让读者失去阅读的兴趣。其次,逻辑结构不够严谨:课例撰写的每个部分要能经得起推敲,上下句的逻辑关系是否恰当,上下段的意义承接是否合理,都需要仔细打磨。并且,论述时是否将不同情况考虑在内,也能反映文章逻辑是否严谨。比如,第一稿原文为"当学生产出有困难时,教师可通过再放一次听力语料、重读关键句、设置问答等方式帮助学生理解听力语料"。但实际上,学生口头表达出现困难是不同原因造成的,情况不同,解决方法也应不同。最后,内容阐述"缺乏新意":这份课例为听说课的第三棒教学课例,与前两棒相比,学情不同、教学内容不同、教师教学风格也不同,如何在课例中体现自己的亮点和特色是一个难题。听说课第二棒执教教师王慧老师建议:可以选择教学过程中的几个小点,重点分析教师如何结合学情引导学生思考、鼓励学生表达或提升学生能力。比如,第一稿原文中"学生完成泛听和精听后,根据关键词复述听力语料,充分理解听力语料,为接下来话题的延伸做铺垫",就是基于重点中学高二提高班学生学情设计的提高练习,可以展开分析该步骤,体现"拷贝不走样,拷贝要走样"的理念,打造本堂课的亮点。在听说课团队的帮助下,几次修改,我终于完成了题为"以'听'促'说',有质量地说"听说课教学课例(完整课例见本章后半部分)。

在这一阶段的课例撰写中,因为有前期听说课磨课、上课、评课的实践,有对教学规程的思考和解读,有前两棒教师撰写的优秀课例作参考,我撰写课例的过程还是轻松且愉悦的,对课例整体结构和内容的把握也较为准确。但因为第一次参与沉浸式研训课例撰写,我在语言表达、逻辑结构、亮点提炼上还是出现了一些问题。在教研员和前几棒执教教师的帮助下,我反复修改、逐字打磨,终于提交了一份有自己特色的听说课例。

第二步:探索创新

2018年,作为沉浸式研训试卷评析课第一棒执教者,我在完成课堂教学后,针对试卷评析课教学过程撰写课例。虽然这不是我第一次写课例,但我的内心充满了担忧,因为我作为试卷评析课第一棒执教教师,团队里没有其他教师写过相关课例供我参考,而且相较于阅读课、听力课等课型,关于试卷评析课的参考资料也比较少。怀着这样忐忑的心情,我开始了试卷评析课的课例撰写。

因为有过课例撰写的经验,我在课例整体结构和语言风格方面没有遇到太大的困难。与听说课例类似,我将试卷评析课例分为课前思考、教学实施、课后反思三个部分。课前思考和课后反思部分,我参考准备试卷评析课过程中的困惑和实践经验很快完成了写作。主要的难题在于教学实施部分:仿照之前撰写的课例,我从课堂教学过程着手阐述,从 Training、Analysis、Practice 和 Production 这四个环节概述实践过程。节选内容如下:

本节课采用 TAPP 的教学策略,即 Training、Analysis、Practice 和 Production。

上课前,教师选择两个具有代表性的例题进行讲解,帮助学生运用逻辑分析理清解题思路。之后,学生四人一组,每组同学根据自己的错题情况,按照之前教师讲解思路,分析讨论自己错题,为上课做好充分的准备工作。上课时,根据各小组错题情况,指定学生分析该组错误率较高的题目,其他同学聆听、判断分析是否有误并做出补充。在遇到学生无法解决的错题时,教师提供思考路径,鼓励学生讨论后回答。之后,根据学生的分析情况,教师讲解和强调错题中涉及的核心知识点,引导学生辨别易混淆的知识点。接着,结合学生分析的错题信息,教师提供与错题相关的新题目。最后,根据学生对于新题目的反馈情况,教师引导学生运用先前的思路分析解决问题。在引导学生的过程中,教师注意实施评价与反馈,对于学生的闪光点及时鼓励。

教研员厉老师看了我的课例初稿之后,向我提了几个问题:①你认为试卷评析课最重要的环节是哪一步?②Training 部分,教师讲解例题之后,学生是否能马上掌握解题思路?课前训练只专注于解题思路训练吗?部分学生不敢讲题的问题怎么解决呢?③Analysis 部分,选择讲解错题的标准是什么?选择哪些同学讲题?④Practice 部分,教师选取哪些知识点拓展?以什么形式引导学生分辨易错点?⑤Production 部分,对教师提供的新题目有什么要求?学生是当堂限时完成吗?

基于这些问题,我再次审视课例初稿,发现虽然每一部分的内容都提到了,但每部分内容都没有写到点子上。一方面,我受制于之前课例撰写的框架,没有具体课型具体分析,没能体现试卷评析课的特点。以往课例撰写都以时间顺序写的,重点放在课堂教学过程,而试卷评析课的重点其实是课前从思想和技术两块对学生的培训,以及课后"线上线下互补"的过程,但初稿中教师对学生的训练过程描述比较模糊,没能体现如何调动学生积极性、如何引导学生参与讲题活动中。另一方面,对教学过程中关键问题的描述较为模糊,没能准确反映教师的引导过程。比如,出现"根据错题情况""指定学生""引导学生辨别"等概括性描述,缺乏具体的数据或实例。

基于以上修改意见和自我反思,我重新调整了对教学实施部分的描述,节选部分内容如下:

本节课采用 TAPP 的教学策略,即 Training、Analysis、Practice 和 Production。

训练: 课前训练从两方面着手,一是思想上全班同学统一认识:学习中犯错误是难免的,从错误中分析原因更能促进进步。鼓励学生自己分析错题、激发学生想要讲题的欲望。二是讲题技巧训练,教会学生如何抓住问题关键学会分析错题,通过语法结构分析理清句子的结构,通过上下文理解句子的意思,通过逻辑分析弄清解题的思路。本堂课前,核对答案后,学生先自行思考自己的错题,遇到有问题的部分,可以和同学讨论。

分析: 上课时,教师反馈班级所做题目的正误情况,筛选出问题比较严重且普遍存在的典型问题(正确率为30%~70%的题目),学生主动申请或者由教师指定学生分析典型问题,其他学生聆听、辨析、判断、评价,学生分析完错题后,由其他学生或补充分析,或发表不同意见,待问题基本讨论清楚时,教师及时评价并赞赏学生的表现。

实践: 课堂中,针对学生分析过的错题,挑选3~5个学生掌握不好的核心知识点,教师引导学生梳理与该问题相关的知识与技能,并提供变式练习,学生口头完成变式练习,教师实时进行评价。

产出: 教师给出新的语篇,着重考查错题中反映出来的学生未掌握的知识点,学生限时当堂独立完成,反馈新题目完成情况后,学生再次检查这些问题,运用之前的解题思路,做出必要的调整。

如上文所示,在这一次的课例中,我详细阐述了试卷评析课的重点环节:如何从思想上鼓励学生和从解题技巧上引导学生,并且强调学生先独立思考,后小组讨论的过程。其次,课例中使用数值或实例,详细描述了教师的引导过程。如"筛选出问题比较严重且普遍存在的典型问题(正确率为30%~70%的题目)","学生主动申请或者由教师指定学生分析","挑选3~5个学生掌握不好的核心知识点","学生口头完成变式练习"等,描写具体、语言简洁。我也将这样的修改思路应用到课例的其他部分,最终几经修改,在试卷评析团队的帮助下,我完成了题为"分享交流,评价激励"的试卷评析教学课例(完整课例见第四章)。

在这一阶段的课例撰写中,因为有撰写听说课例的经验,我对课例整体结构和语言风格的把握有了一定提升。但作为试卷评析课型的第一棒,我对于在课例中如何把握叙述重点,如何体现教师引导过程,如何提炼总结等方面还是存在一定的问题。令人开心的是,经过这两次的课例撰写和在团队教师帮助下的反复修改,我在语言、内容和结构方面都有了明显的进步。

第三步:迁移拓展

2019年,沉浸式研训听说课在上海大学附属中学继续接力,耿卉和刘颖老师分别在高一平行班和提高班开展听说课教学。圆满完成教学实践后,两位老师着手撰写听说课例,我作为听说课团队成员,参与了课例修改与指导的任务。

基于前几次课例撰写的经验,我从内容、结构、语言三个方面着手,逐字打磨两位老师的课例,并仿照厉老师和团队成员为我修改课例的方式,提供相应的修改意见。以下节选部分修改意见,见表4-3。

表4-3 修改意见(节选)

	第一稿原文	修改意见
内容方面	故事讲述。学生运用所建立的主题语义网,采用物对物或点对点的结构框架,讲述垃圾分类前后自己生活的变化	此部分为口头表达第一步,且授课对象为高一平行班学生,输出内容应难度适中,且尽量提供学习支架帮助学生产出,避免打击学生口头表达的积极性
	在2~3位同学示范性发言后,同学们以4人一组为单位,组内交流各自英语学习经历和经验。经讨论选出本组最佳学习方法,并将其关键词、要点写在poster上以备展示	此部分为口头表达第二步,输出内容的难度应在My story基础上有所提升。4人小组讨论时,可以给每个学生安排一定任务,鼓励内向的学生也勇于表达
结构方面	通过学生自主回忆、联想以及教师提醒等方式,梳理重点语词的典型用法……	每一个教学环节的说明部分可以先用一句话概述本环节内容和目的。比如,此段开头加入:"激活已学知识,拓展目标语词"。其他部分类似操作
语言方面	如何创建真实的语境,帮助学生做到学必有用,以用促学,学用结合	真实语境和做到学必有用逻辑上没有因果关系
	首先通过情境下的师生对话,帮助学生尽快融入课堂	教学步骤的描述太笼统,建议提供细节或实例。如创设情境:给同龄人Sam同学提英语学习的建议。激活学生对英语学习话题的背景知识,为话题讨论做好铺垫

除了从内容、结构、语言上打磨课例,在和两位老师交流探讨的过程中,我们还总结提炼了课例中教学步骤说明部分的结构与内容:首先,简述此步骤。如"创设情境,引入话题";接着,具体阐述如何操作该步骤。如"教师提出问题:同学Sam在英语学习上遇到了困难并感到十分沮丧,你能否给他提一些建议,帮助他提升英语学习效率?学生自由发言,结合实际经验探讨提升英语学习效率的方法。教师肯定并引导学生发言,鼓励学生以积极的心态面对学习中的困难,在遇到困难时懂得向老师或朋友求助";然后,点明操作时需注意的地方。如"当学生表达消极情绪时,教师抓住时机,鼓励和引导学生积极解决问题";最后,总结此步骤的目的或意义。如"通过创设真实语境:同龄人面临着和自己一样的学习困惑。引发学生共鸣,吸引学生对此话题的兴趣……通过快速问答,创设情境,聚焦趣点,导入话题,激活背景"。经过几次打磨,两位老师圆满完成听说课课例撰写,分别为"问题引领,迁移激活"、"搭建学习支架,提升听说技能"。(听说接力完整课例见本章后半部分)

在这一阶段,我模仿教研员和团队其他教师为我打磨课例的方式,结合自己实践领悟,帮助他人修改课例。在修改过程中,我努力了解课例撰写的要求,尝试提炼课例说明的结构与内容,反思总结课例撰写的经验教训。在此阶段,课例撰写不再让我望而生畏,我逐渐找到了自己的写作风格,形成了自己的观点看法,也期待更多的课例研究、课题论文撰写等方面的机会与挑战。

第四步:总结提升

2020年,沉浸式研训核心团队成员将多年来研训过程中的实践经验整理成文并集结成书。书稿的撰写和修改过程同样依据沉浸式研训规程,教研员下沉示范,各成员浸泡实践、接力升级并辐射推广。我有幸参与全过程,不仅撰写书稿部分章节,还模仿教研员修改初稿的方式,帮助其他成员打磨初稿,并且总结修改意见,尝试提炼修改规程,最终促进研训团队接力升级、迁移推广沉浸式研训理念。

书稿的打磨是一个复杂、细致的过程。初稿完成后,各成员根据自查项目表自查,教研员修改部分初稿,团队成员总结修改意见并迁移推广至初稿全部内容,教研员复查并提出修改意见,团队成员再次自查,再次修改……如此反复、精心打磨。在修改过程中,我参与制定自查项目表并尝试提炼修改规程,从实践中总结经验教训,结合理论形成自己的思考,不断打磨精进,丰富实践成果。

第一次自查项目表(节选)见表4-4。

表4-4 第一次自查项目表(节选)

板块	自查项目
语言方面	1. 重复的话语,如"最新最前沿的教学理论"("最新最前沿重复"); 2. 啰嗦、不必要的话语,如"以这样一种quiz的方式"("这样一种"可去掉); 3. 绕口、不够通俗的语言。如"学生难以在语言的流利性和复杂性上做到平衡"; 4. 词语搭配不当,如"促进学生的主动性和有效性""课堂是以学生的认知规律而发展的"等表述不符合中文表达习惯; 5. 表述前后不一致,如专有名词"沉浸式研训""教学规程及其实施路径"的使用; 6. 格式、标点符号错误。如书中如何引用研究论文、疑问句、书名号的使用规范 ……
内容方面	1. 每段论述没有围绕该小节论点展开; 2. 大量引用理论而没有相应的分析; 3. 论述缺乏实例或数据支撑 ……
结构方面	1. 段内主题句不明确; 2. 段内论述层次不明显; 3. 段间逻辑承接不明显; 4. 一节开头和结尾缺乏总起和总结; 5. 一章内部整体结构不统一,是否基本按照"导入—概述—分小节论述—分小节总结—全章总结"的结构 ……

根据自查项目表,团队成员先开展自查,从语言、内容、结构上提升初稿质量。自查项目表不仅为团队成员自查提供方向和指导,帮助成员自查时有规可依;还充分发挥成员的主观能动性,结合自己的初稿,具体问题具体分析;并且将理论与实践结合,自查项目表指导成员修改,

修改意见又反馈到项目表中,自查内容不断拓展,形成一个良性的研训循环。

除了自查项目表,在书稿打磨的最后阶段,研训团队还尝试提炼了修改规程,制成checklist(见表4-5),帮助成员检查文本语言、内容和结构。

表4-5 checklist(节选)

板块	具体内容	是否完成
结构	1. 每一节是否有明确的关键词或主题句?	
	2. 每一节论述是否有层次或层层递进?	
	3. 段落之间是否有逻辑关系?	
	4. 章节之间是否有逻辑关系?	
	……	
内容	5. 每一段是否围绕观点展开论述?	
	6. 观点是否有理论依据或实例佐证?	
	7. 是否对理论或实例加以分析?	
	8. 每一节是否有对观点的总结或概述?	
	……	
语言	9. 语言表述是否符合中文语法规范?	
	10. 理论引用是否有依据?是否前后一致?	
	11. 是否出现太过口语化、绕口、啰嗦、重复、表述不清等语言问题?	
	12. 标点符号、英文字符使用是否符合规范?	
	……	

与自查项目表不同的是,checklist总结了书稿修改过程中的经验教训,不仅帮助团队成员完成最后的自查工作,还能辐射推广到其他课题论文等的撰写和打磨中。自查项目表用于打磨初期,为书稿撰写提出方向性指导,checklist用于打磨最后阶段,检查书稿成果是否符合各项标准。当然,不管是自查项目表还是checklist,都不是完美的,我们坚持不断实践、不断反思、不断改进,在实践中完善"自查项目表"和"checklist",也坚持"拷贝不走样,拷贝要走样"的研训理念,自查表只是参考依据,具体情况还是要根据实际写作要求及时调整。

在这一阶段,我不仅自己撰写研训书稿,还模仿教研员的修改方式,帮助团队成员打磨他们负责撰写的书稿部分。与课例不同,书稿对我来说是更大的挑战。但通过沉浸式研训,我不仅圆满地完成了任务,还尝试总结每一阶段的实践经验,制定自查项目表和checklist。原本对理论研究一知半解的我现在能够越来越熟练地用理论指导实践,并在实践中不断提升自己的理论水平。可以说,沉浸式研训的经历让我不再畏惧理论研究与书面表达,并爱上了这个不断尝试、不断迎接和战胜挑战的研训过程。

回想起整个沉浸式研训历程,我仍旧记得第一次上课时自己的忐忑不安,第一次帮别人磨课时羡慕其他成员的滔滔不绝,第一次评课时钦佩前几棒执教教师的能说会道,第一次撰写课例时自己的担心害怕。而现在,我对不同课型都有了自己的理解,对如何磨课也找到了自己的方法，对如何评课亦总结了"评课规程"，对如何撰写课例提炼了"自查项目表"和 checklist。虽然理解还可以更深入，方法还可以再打磨，评课规程和 checklist 还可以更精进，但有了初步的成果，有了努力的方向，自己也越发自信了。

可以说，沉浸式研训的过程就是帮助广大一线教师不断提升备课、上课、磨课、评课、撰写课例五大教学核心技能的过程。沉浸式研训确实是一种想教师所想，急教师所急的科研训一体化的研训模式。

（上海大学附属中学　沈雅茜）

第二节　主题单元课例

一、教学评一体化——高中英语听说课教学课例

A Letter to Dad

（一）课前困惑

（1）相对于阅读课、写作课等课型，普通中学的听说课教学普遍缺乏规范性和系统性，教师缺少有效的教学指导，学生课堂参与度也不高。能否在普通中学顺利开展听说课教学？教师又如何鼓励学生从怕说到敢说、乐说，最后会说呢？

（2）如何运用好"指向学科核心素养的高中英语听说教学规程"？如何分配听和说在课堂教学中所占的比重？如何达到以听促说的效果？

（3）如何搭建合理的支架帮助学生优化其语言输出的质量？

（二）教学实施

本课教学材料选自于一篇外媒博客，语篇长度和难度均适中。课堂教学分为听和说两个部分。在听的过程中，学生熟悉话题，抓住文章的关键词和主旨，复习学过的词汇表达，进而树立其"说"的信心以及丰厚其"说"的内容。在说的过程中，教师帮助学生搭建形式多样的支架（如问题支架、结构支架），帮助其组织语言架构，实现较为完整流畅的语言输出。

本课采用 My USA 的教学路径，即：My Understanding、My Story 和 My Attitude 三个部分。在 My Understanding 部分，学生听出音频材料中的关键词、主旨句、关键信息以及重点词语所在的句子，并复习其用法。在 My Story 部分，学生回答教师抛出的问题，并连句成段，讲述自己的故事。在 My Attitude 部分，学生除了能在结构框架的提示下讲述自己的观点外，还能对其他同学的表现予以评价，形成良好的互动氛围。

1. 教学目标

By the end of the period, the students are expected to

- Recall expressions in the passage such as *get certain about*, *matter*, *stop doing*, *wonder why* and their extensions.

- Manage to apply the expressions to express their own stories and attitudes toward their dad.
- Get bolder to speak English to the best of their ability in and after class.

2. 教学重难点

How to help the students express themselves freely.

3. 教学过程

My Ice breaker

Activity 1.

The students share their opinions on their dad.

Purpose：

To create an exciting and productive beginning.

说 明

破冰环节非常重要，所选话题要切合主题，并能引起学生共鸣。学生可以用较为简单的语句回答，以消除心理紧张感。教师鼓励学生使用完整的句子表达自己的想法，并且及时给予表扬。

My Understanding

Activity 2.

The students pick out the key words of the passage and determine the main idea when listening to the material.

Purpose：

To develop students' habit of understanding by focusing on key words and topic sentences.

PPT 呈现内容如下：

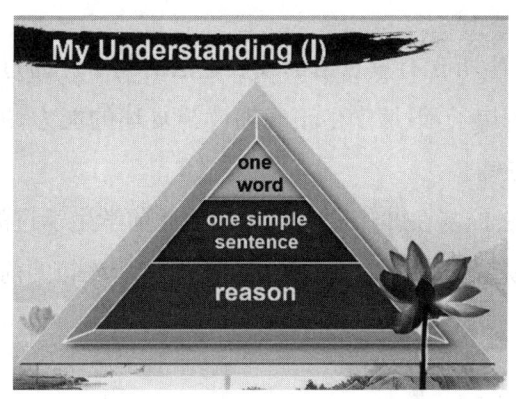

说 明

(1) 学生先听一段录音材料 A Letter to Dad，找出文章的关键词，概括文章的主旨以及与文章内容相关的信息，明确本文作者想要表达的观点。

(2) 其中关键词可以是文章中出现的词，也可以是学生听完全文后归纳得出的词，可以是表达中心思想的词，也可以是学生认为最重要的词。开放性问题可以缓解学生回答问题时的紧张情绪，鼓励其积极举手发言。通过抓关键词，找文章主旨句，可以更好地帮助学生树立利用关键词归纳主旨的意识。此外，教师设计一个与文章内容相关的问题，帮助学生拓展思维。问题不宜过难，以免打击学生学习英语的积极性和自信心。

Activity 3.

The students focus on target expressions and recall the related information.

Purpose：

To help the students have a sense of expressing in different ways.

PPT 呈现内容如下：

说 明

(1) 第二次听材料，学生听含有重点语词或表达法的句子。通过边听边记，培养学生听记关键信息的能力；通过读出句子，锻炼学生正确朗读与复述的能力；通过交流以达到训练听力的目的，为后面的"说"做好铺垫。

(2) 关键词语或表达法控制在 3~5 个为宜，均为此前学生学过的重点词语和重点句型。

(3) 当学生无法听出完整的句子时，教师可以朗读包括该句的前后三句话，以帮助学生迅速听记。

PPT 呈现内容如下：

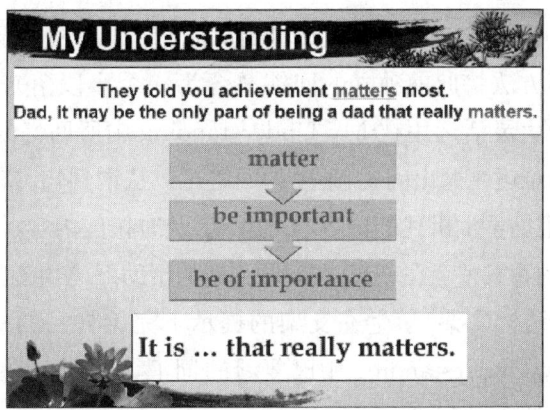

说 明

（1）学生通过回忆重点词语的典型用法和相关知识，梳理已学内容。教师鼓励学生运用这些词语造句，加深理解，为之后学生的高质量产出以及使用这些词语表达奠定基石。

（2）启发学生回顾更多与目标语词类似的表达。当学生无法顺利产出时，教师可以稍作提示，如：拓展 important 的表达时，学生如遇到困难，教师可以通过提示使用其名词形式或用 be of 结构，引导学生说出正确表达。

My Story

Activity 4.

1. The students tell a story of their own about communicating with their dad, esp. their confusion.

2. The students express logically with the scaffold.

Purpose：

To build the students' confidence and to cultivate them to get into a habit of expressing in English clearly and logically.

PPT 呈现内容如下：

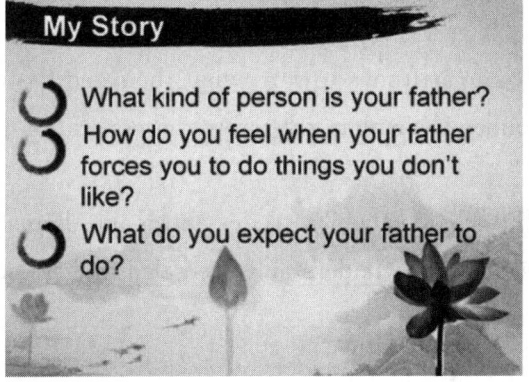

说 明

(1) 首先，教师针对听力材料的话题设计问题，学生结合自身经历回答问题。然后，学生要运用连接词、复合句等方法将此前独立的回答整合为一个小段落来叙述自己的故事。在此过程中，教师适时引导学生灵活运用在 My Understanding 中所回忆的重点词语和句型。

(2) 教师可以由易至难逐一抛出问题，学生的回答可以从词到句。教师鼓励学生说出完整的句子甚至复合句，并及时根据学生讲述的内容与之互动，及时拓展内容，与之产生共鸣。所有问答结束后，学生将上述问题的答案整合在一起，在问题支架的帮助下，学生建立流利说英语的信心。

(3) 最后，教师给出结构支架，学生在支架的提示下完善自己的故事。在此过程中，教师有意识地为学生提供 My Understanding 中已复习的词汇，帮助他们活学活用，以提升语言输出的品质，达到提高语言能力的目的。

【教学互动片段】

T：Now I wonder whether you are willing to share your story with me. What kind of person is your father?

Ss：He is kind. He is serious. He is strict....

T：How do you feel when your father forces you to do things you don't like?

S1：I feel sad when he forces me to do things I don't like.

T：The things you don't like to do but you have to are called necessary evils. Of course you don't like these things.

S2：I felt frustrated when my dad asked me to do my homework and to take some additional courses.

T：So what would you like to do?

S2：I will finish my homework, but I don't like my parents force me to do it.

T：You hope you have the freedom to control your time.

S2：Yes, I wonder why he doesn't trust me.

T：I hope your parents can know it. Good job.

My Attitude

Activity 5.

1. The students exchange attitudes toward what their dad has done.

2. The students announce their plan to narrow the generation gap.

Purpose：

<u>1. To help the students neaten their attitudes and make themselves understood.</u>

<u>2. To motivate the students to understand their dad and learn how to evaluate others' work.</u>

PPT 呈现内容如下：

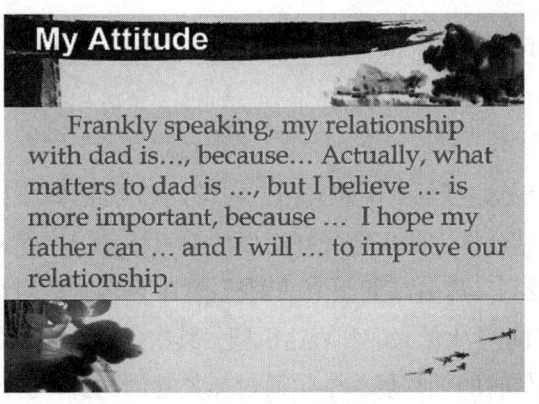

说 明

（1）此部分的操作与 My Story 基本相同，即采用回答问题—问题整合—结构支架的模式。不同于 My Story 之处在于：此处展现的是学生如何合理表达自己的态度和观点，旨在培养学生思辨能力。针对学生不同的想法，教师可以用追问的形式拓展语言形式和内容深度和丰富性。

（2）在语言输出大幅提高的情况下，加入学生评价环节，邀请学生点评他人的表现。既可验证学生是否"听"了、是否"听"懂了，也可让学生在审视他人表现的同时，反思自己的表现。至此，学生的语言能力和思维品质都能得到有效的锻炼与提高。

My Voice

Activity 6.

The students communicate their ideas to their dad："What do you want to say to your father?"

Purpose：

To encourage the students to initiate their oral practice and form a sense of sharing opinions with others and be humble.

说 明

在教学规程原有设计基础上，教师针对本话题增加了思考题，借助听说课教学的平台，构建改善子女与父母关系的桥梁。My Voice 环节表面上拆除了之前所有支架，实际上以整节课所学作为隐形支架，帮助学生就家庭关系话题自由表达。学生讲述自己内心对父母的诉求，教师适当与其对话予以引导，从而帮助学生理解父母。这样一来，本节课的情感目标便自然得以升华。

Homework

Write a letter to your dad to convey your ideas in at least 5 sentences using the expressions mentioned.

Purpose:

To consolidate what the students have learned in class and have more feasible practice.

（三）课后反思

1. 逆向设计，学生为本

基于 My USA 教学实施路径的听说课采用逆向设计的思路，真正地实现以学生为本。首先，从设计教师活动"逆向"为结合学生的兴趣爱好而设计学习活动。比如，学生是否对与父母交流这一话题感兴趣；学生是否受到父母过高期望值的困扰；学生是否有话对自己的父母说；等等。这些实际问题切合主题，易于引起学生的兴趣和表达欲望。其次，从教师讲授主导的大讲堂"逆向"为学生展示对现学知识认知与体验的训练场。学生通过抓关键词、主旨句，迅速找准语篇重点；通过回忆复习重点词语的用法和同义表达，通过帮助学生搭建各种形式的支架使用这些语词，利用原有认知中的有关经验去同化和索引当前学习到的新知识，从而赋予新知识以某种意义，达到"能应用"的目的。此外，从教师单向评价"逆向"为学生自我评价与互评的综合评价。学生对自己表现中的亮点与不足进行审视，体现理解侧面的"自知"，学生聆听他人观点并思考后进行评价，体现理解侧面的"神入"，彼此的交流不仅促进了英语语言能力的提升，更能引起学生之间思维的碰撞。

2. 支架提供，有的放矢

在听说课中，学生面临的主要问题是不敢说，怕说错；不会说，因为没有语言知识的支撑；说不好，担心句型的应用过于简单。因此，在听说课中为学生搭建合适的支架就显得尤为重要。如本课在复习重点词语时，教师提供句型支架，避免了学生看到语词后只会说简单句的尴尬；提供问题支架，引导学生在回答问题中自然地运用语言；提供结构支架，引导学生自然而然地增加语言表达的长度和难度。通过各类支架的渗透使用，帮助学生走出表达时词汇量少、句型简单、言之无物的困境，提升学生语言输出的质量。

3. 控制时间，听说搭配

听说课既有听又有说，但关键是学生的自由表达。因此，在时间分配上，处理 My Understanding 部分一般控制在 20 分钟以内为佳，重点词语的处理不易过细过繁，适当的回忆梳理即可。教师选取的听力材料录音时间长度控制在 1 分钟左右，考虑到学生注意力的集中时长有限，信息过多反而不利于捕捉关键信息。

4. 日常渗透，内化于心

这样的听说课已经无形地渗透到了我的日常课堂教学，改变着我的教学方式：上课时有意识地请学生发言，增加学生上课说英语的频率；利用一些图片或提一些问题，请学生回答，或请学生把这几个问题的答案结合在一起再次表达，这样学生至少能说四五句话，而不是一个单词或者一个简单句。久而久之，学生们变得积极起来，上课时冷场的情况明显少了，能呼应教师的人多了，大家聊得更开心了。教师提供一个话题，学生们积极响应，跃跃欲试。我想这应该就是"指向学科核心素养的高中英语听说教学规程"的指导作用和实践魅力吧！

（上海市通河中学李伊执教）

二、听见听到听清听懂——高中英语听力课教学课例

I'm Proud of My Scars

(一) 课前困惑

(1) 传统听力课上,或是学生拿着听力练习刷题;或是教师——报答案,请学生翻译一下错题,听力课常常变成"刷题课"或"翻译课"。这样的听力课,学生是否在听,是否听懂了?

(2) 听力课和听说课有什么区别?如何利用好课堂40分钟的时间,确保语言输入的数量与质量?

(3) 如何检测学生是否听懂了,听懂了多少,可以采用哪些策略帮助学生提高听力水平?

(二) 教学实施

本课教学材料选自于英语杂志,经过适度的改编,确保文本长度和难度适合本班学生。

本节课采用"听前—听中—听后"教学模式,基于听力教学规程,分为 My Understanding、My Perspective 和 My Practice 三个部分。教师根据学情,首尾分别增加 My Presentation 以及 My Appreciation 两个部分,以主题意义为引领,依托语篇,开展听的活动,提升学生理解性技能。

My Understanding 部分,学生泛听,回答问题,发现并获取与文本主旨有关的信息。结合 worksheet 的课前预习,预测并梳理出在听的过程中可能会遇到的语言障碍,通过自主学习或合作学习扫除这些障碍,同时结合材料主题,确定关键词。My Perspective 部分,学生精听,归纳主旨,理清作者观点,并对材料中 Sylvia 的做法展开讨论。在讨论与提炼主旨时,教师应鼓励学生运用课堂学习的语言知识分析和阐释,并及时请他们对同伴的观点做出评价,或赞同或反对,或在他人观点的基础上作补充。My Practice 部分,学生再听语料,由被动回答问题变为主动针对语料提问,这里考查了学生自我加工、处理文本的能力。教师适度地从文体结构上给予提示,帮助学生提出进阶问题。学生根据自己所提问题进行复述,其实是学生从学到用的蜕变过程,帮助学生真正理解文本,实现以听促说的目标,完成从输入到输出的转变。

1. 教学目标

By the end of the period, the students are expected to

- Master the expressions in the passage such as *cover up*, *be struck by*, *encounter*, *boost* and their extensions.
- Manage to retell the story by catching the main idea and the key information through listening.
- Evaluate others' opinion and express their attitudes to the misfortune.

2. 教学重难点

To encourage the students to get the main idea of the text, trigger thoughts and evaluate each other.

3. 教学过程

Step 1: Pre-listening

Warming-up: My Presentation

Activity 1.

One student gives the daily presentation, and the other students listen and interact with peers.

Purpose:

To raise the interest and lead to the topic.

说 明

每节课课前均有值日生作主题报告。本节课，值日生介绍电影 Wonder。电影主要讲述因患病动手术而脸上布满疤痕的小男孩 Auggie，进入学校后，逐渐融入集体的过程中所发生的一系列事件。电影主题与本节课的话题不谋而合。教师通过图片展示，帮助学生扫除生词障碍，如 scar，helmet 等。根据 presentation 的内容，师生互动，由学生得出 Auggie 因为友爱而走出心理阴影的结论，教师进一步提问学生："如果自己身上满是疤痕，你有什么感受？"通过问题，导入话题。

My Understanding

Activity 2.

The students pick out the key information of the passage and discuss the essential questions.

Purpose:

To develop a habit of taking notes of key information while listening.

PPT 呈现内容如下：

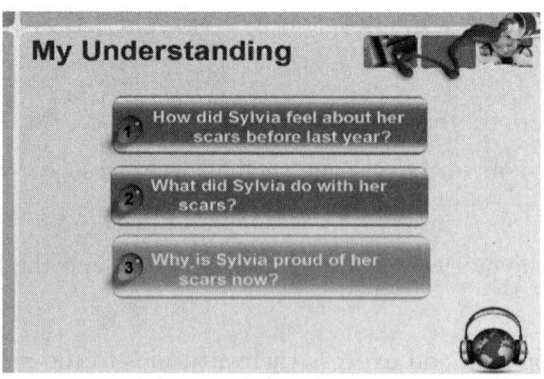

说 明

（1）学生针对标题提出疑问：If we had scars, we would feel sad and depressed, but why is Sylvia proud of her scars? 学生带着这个疑惑听音频材料 *I'm Proud of My Scars*,边听边记下重点信息,听后互相讨论,了解文本主旨大意。

(2) 教师提问的呈现方式可以多样化,或问题,或表格,或填空,目的是帮助学生梳理材料内容主旨、文体特点和结构框架。

Activity 3.

The students focus on unfamiliar expressions, look up the new expressions in the dictionary beforehand and explore the related information.

Purpose:

To promote the students' initiative in learning.

PPT 呈现内容如下:

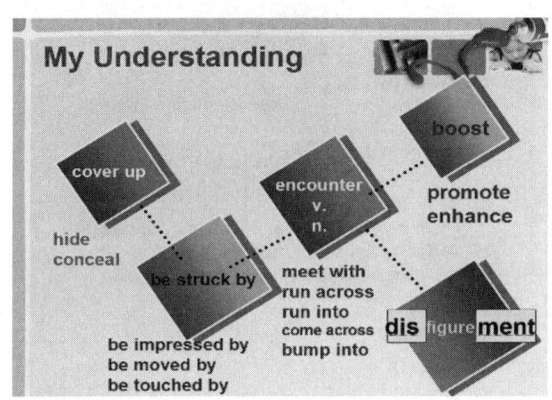

学案呈现内容如下:

Look up the new words and try to find out the similar expressions:

1. cover up _____ , _____
2. be struck by _____ , _____ , _____
3. encounter v./n. _____ , _____ , _____ , _____
4. boost _____ , _____
5. disfigurement _____ figure _____ dis- _____ -ment _____

说 明

(1) 教师事先理出材料中 3~5 个生词或学生不熟悉的表达法,学生可以通过查字典或借助前缀和后缀的意义,先自行理解学案中所列生词或表达法的意思。

(2) 本节课所选的生词和表达法若正好为所听材料的关键词,可以让学生尝试串联关键词,复述故事;如果不是,可以鼓励学生自主讨论以确定所听语篇的关键词。

Step 2：While-listening

My Perspective

Activity 4.

1. The students listen again and try to catch the sentences with the target words and expressions.

2. The students determine the main idea.

Purpose：

To encourage the students to get the main idea.

PPT 呈现内容如下：

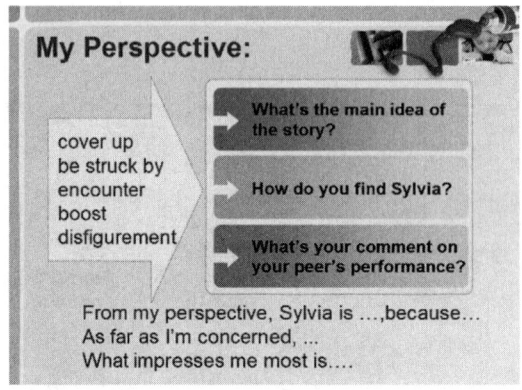

说 明

（1）学生二度听材料，记下要点，通过记下的信息简述主旨。

（2）学生记下的信息不一定与听力语料一模一样，包含特定的信息能够帮助其复述主旨大意即可。第一次处理该部分时，教师要求学生复述原句，由于句子本身较长，无形中给学生增加了难度，打击了学生听的信心。第二次尝试时，降低难度，只要求包含关键信息即可，学生能够适当地调整组织语言，积极性也有所提升。

Activity 5.

1. The students exchange attitudes toward Sylvia and the misfortune.

2. The students evaluate others' ideas.

Purpose：

To help the students neaten their attitudes and evaluate them properly.

说 明

（1）学生根据所记内容，进行主旨交流，理清主人公从极力掩盖自己毁容的事实到勇于面对伤疤、决心帮助那些与自己有相似经历的人们的转变过程。学生就此发表自己的观点，并给出理由。如果学生在讲述主旨时有所偏差,教师不要急于纠正,可以请其他同学帮助完善。

(2) 学生发表观点时,可以根据教师提供的句子结构进行论述,以确保语言的丰富性和流畅性。

(3) 该环节中,学生不仅要发表自己对文章的看法,也要对同伴的观点予以评价。学生在这种"自说互评"的交互模式中实现了思维的碰撞。

Step 3: Post-listening

My Practice

Activity 6.

1. The students listen a third time and raise questions about key details related to the text.

2. The students retell the story and demonstrate their understanding of the text with the help of the questions raised by themselves.

Purpose:

To check the students' attainment of the listening material and to develop their ability to retell.

PPT 呈现内容如下:

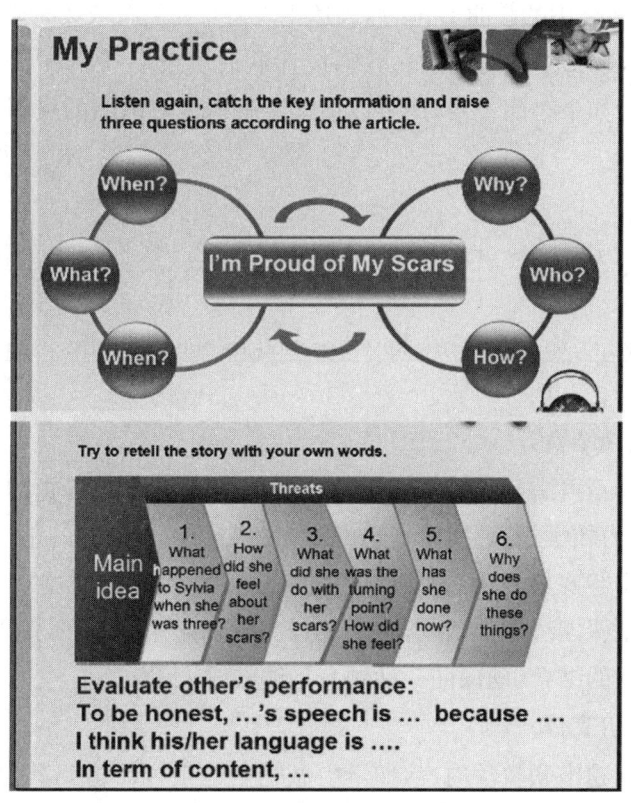

说 明

(1) 学生第三遍听材料以后自己提出3~5个问题,由其他同学回答。教师适时引导学生如何提问,确保问题质量,如本文为记叙文,可围绕Wh-疑问词提问等。学生互动时,可以不拘泥于形式,既可由提问学生指定回答人选,也可由其他学生抢答。

(2) 学生以主旨和问题为支架,复述故事。有了支架的提示,教师也可以鼓励学生结合概要写作中CNPC(Clause, Non-predicate Verb, Phrase and Conjunction)的策略,让故事更趋完美。

(3) 在该部分中,学生评价的是同伴的表现,可以从语言结构和内容上予以评价,教师或提供句型结构,或提供checklist,确保学生懂得从哪几方面进行评价。

My Appreciation

Activity 7.

1. The students appreciate the song *Darker*.

2. The students fill in the blanks and get the main idea.

Purpose:

To broaden the students' horizons.

说 明

(1) 以英语歌曲结束整堂课,可以创造条件让学生多方位、多形式地接触英语语言。歌曲呈现的方式可以多样化,或请学生现场表演一首英文歌曲,或教师演唱一首英文歌曲。根据本节课的内容,选取电影*Wonder*中的歌曲*Darker*,表达主人公身处黑暗依然向往光明的美好愿景。

(2) 学生边欣赏,边关注歌词大意。教师设计歌词填空,一般3~5个关键词即可。之后请学生说出主旨大意,如果时间充裕,还可以请学生就他人对歌曲的点评进行再评价。

Homework

Write a summary of the story.

Purpose:

To consolidate what the students have learned in class and develop their writing skills.

(三) 课后反思

1. 打破传统,泛精结合

跳出传统听力课,不再满足于机械刷题,真正为学生呈现一场听觉的盛宴,是"指向学科核心素养的高中英语听力教学规程"所要传达的理念。与听说课不同的是,听力课更侧重听的质与量,这意味着听的内容要更多,听的品质要更高,以便学生能够通过"听"获取更多与话题相关的信息。因此,本堂课围绕一个话题,在课程开头引入学生自制的小视频,结尾增加歌曲赏析,以实现精听和泛听的结合,确保同一话题有足够的输入量。

2. 问题引导,评价支撑

本节课,教师以问题串联教学内容,如学生做完主题报告后追问其他学生感受,检验学生听的效能;对文本材料提出三个围绕主旨的问题,帮助学生迅速抓住主旨;学生自行对文本内容提问,探究深度理解;以问题为支架复述故事,考察学生语言运用能力。课堂教学中每个部分都不是孤立的,且每个环节都由学生评价作为支撑。教师鼓励学生思考他人的观点,在互评中倾听同伴的声音,反思自己,互补长短。

3. 几点改进,增质提效

(1) 学案的设计过于简单,还应进一步丰富学案内容;学生脱离上下文靠查字典解决生词效果一般,教师可以根据实际情况,或让学生根据构词法猜测词意,或提供例句,让学生根据上下文猜测词义。

(2) 关键词由学生自己讨论得出,要比教师直接提供更为合理。若关键词涉及的有关信息过长,学生记不下来,教师可以口述,也可以根据学生水平,对文本加工,减少过多长句对学生的干扰。

(3) 歌曲采用填空的方式,显得原本逐步提升的教学难度又大幅降低了,可以要求学生讲出表达主旨的歌词大意,或发表自己对歌曲的看法,由同伴再评价,效果会优于填空。

(上海市通河中学李伊执教)

三、 语法＝形式＋意义＋使用——高中英语语法课教学课例

Infinitive: To have done & To be doing

(一) 课前困惑

(1) 如何帮助学生依托已学语法知识习得新的语法知识项目?

(2) 语法学习中,如何帮助学生在真实语境中体验语法功能、获取语法知识?

(3) 如何帮助学生在交际过程中应用语法知识?

(4) 如何借助语法学习提高学生英语表达能力?

(二) 教学实施

本课新学语法是 to have done 和 to be doing,即动词不定式的完成时和进行时。本课开始借助学生熟悉的学习生活,回忆已学语法知识,引出新授语法项目。通过设置语境,帮助学生应用新授知识,以此提升学生英语交际的主动性,丰富英语表达的多样性。此外,鼓励学生对语境中的历史事件和同学的表达进行评价,培养学生的思维品质,领悟他人观点,同时自知自身不足。

本节课采用 PWP 教学模式。

学前活动:学生听教师讲述一个关于 iPhone 6 被没收的故事(其中含有 4 个从句)。

学中活动:任务一:以已学语言知识为桥梁,用 to have done 和 to be doing 重新描述上述故事中的师生动作,然后归纳总结出 SP(Simultaneous Actions and Previous Actions)策略。任务二:SP 策略的巩固,即学生运用 to have done 和 to be doing 重新讲述课前活动中的故事,巩固此两种语法知识。任务三:利用 SP 策略,结合教师所给的关键词,独立描述一个新的故事(考试作弊),操练 to have done 和 to be doing。任务四:先以补全空格的方式来阅读和理解

一篇关于"南京大屠杀"的短文,空格中设计了本课所学的新授语法,也包含旧的语法知识,学生在回顾历史的同时,通过互动,回忆已学知识,体验和巩固新授语法。

学后活动:学生借助教师的问题提示以及 to have done 和 to be doing 的结构,独立完成短文概述,开展同伴评价,并交流分享对"南京大屠杀"历史事件的感受。在这个过程中,学生能够运用新授语法知识进行高质量的概述,并且通过互评作品、分享感悟培养学生的批判性思维。

作业:借助 to have done 和 do be doing,写一篇 60 词左右的文章,发表对"南京大屠杀"的感想。

1. 教学目标

By the end of the class, all the students will be able to

- Identify the difference between "to be doing" and "to have done" with the help of SP Strategy.
- Introduce an incident by using "to be doing" and "to have done".
- Develop their patriotism by reading and summarizing a passage about Nanjing Massacre.

2. 教学重难点

The students will summarize a passage about Nanjing Massacre by using "to be doing" and "to have done".

3. 教学过程

Pre-task

Activity 1.

The students listen to the teacher and interact with the teacher when he tells a story about an iPhone 6 which was confiscated from a student before in different ways.

Purpose:

To motivate the students to participate in the class activity and to get the students prepared to learn "to be doing" and "to have done".

PPT 呈现内容如下:

A Story About this iPhone 6	Simultaneous Actions
It appeared that he was doing something else.	It appeared that he was doing something else.
He pretended that he was listening to me.	
I believed that he had sent several messages.	He appeared to do something else.
He felt sorry that he had behaved improperly during the class.	

说明

导入环节,教师以"上课用手机"引入话题,通过互动,聚焦相关语句,鼓励学生尝试使用动词不定式替换故事中的表达。

设置真实语境,聚焦目标语法。使用手机这一话题与学生日常生活紧密相关,以该话题引入语法课可以提升学生学习探究的兴趣,有利于教学自然过渡到本节课的目标语法知识。

While-task

Activity 2.

The students listen to and interact with the teacher and conclude SP strategy by analyzing the structure of a sentence including "to be doing" and "to have done".

Purpose:

To help the students identify and analyze the structure of a sentence including "to be doing" and "to have done" by using SP Strategy.

PPT 呈现内容如下:

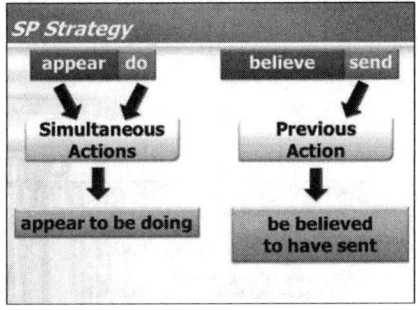

说明

基于真实表达,提炼语法规律。提示学生比较谓语动词和非谓语动词发生的动作时间,学生将活动1中总结出的动词不定式结构进一步转变为 He appeared to be doing something else. 和 He is believed to have sent several messages 两个包含 to have done 和 to be doing 的简单句。通过互动,学生归纳得出 to have done 和 to be doing 的语法功能,总结得出 SP 策略。

Activity 3.

The students retell the iPhone 6 story, using "to be doing" and "to have done".

Purpose:

To make sure that the students have mastered the structure.

PPT 呈现内容如下：

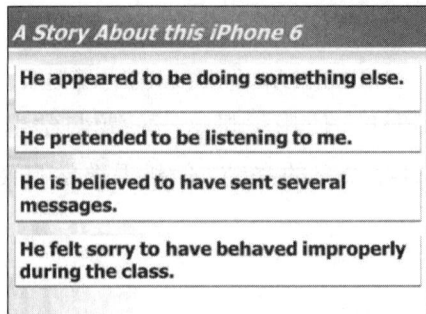

说 明

应用所学，复述故事。学生用 to be doing 和 to have done 语法结构重新讲述课堂开始的故事，运用 SP 策略使用不定式表达自己的所思所想。

Activity 4.

The students introduce a cheat in the exam with the help of the key words, using "to be doing" and "to have done".

Purpose：

To help the students apply what they have learned—"to be doing" and "to have done" by asking them to introduce something they are familiar with.

PPT 呈现内容如下：

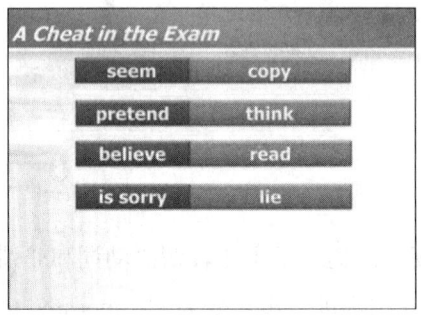

说 明

知识迁移。构建新的语境，学生在关键词的帮助下，借助 to be doing 和 to have done 的结构，独立讲述一个关于考试作弊的故事。迁移创新，学生独立介绍一个自己熟悉的话题，进一步巩固 to be doing 和 to have done 结构。

Activity 5.

The students read a passage about the Nanjing Massacre, fill in the blanks and answer the questions.

Purpose：

To arouse the students' patriotic emotions by reading a passage about Nanjing Massacre and help them to understand the main idea of the passage.

PPT 呈现内容如下：

> It didn't end until February, 1938. 300,000 people were reported *to have been killed* (kill) during the massacre. Many westerners *staying* (stay) in Nanjing at that time said they seemed *to be living* (live) in hell. Japanese army was pleased *to have taken up* (take up) the capital of China. China appeared *to have been defeated* (defeat). However, Nanjing Massacre was not the end of the war but only the very beginning of the 8-year anti-Japanese war. China won the victory finally.

Summary
1. How many people were killed during the Nanjing Massacre according to the *report*?
2. Why did Japanese feel *delighted* when they took Nanjing?
3. Were China really defeated or not?
4. What *are* the right-wing forces in Japan *believed* to be doing?

说 明

语篇迁移。学生阅读一篇关于"南京大屠杀"的短文，一边阅读，一边填空。在这个过程中，学生既能通过阅读真实语篇，又能通过动词填空巩固对 to be doing 和 to have done 的理解，并且体会它们和其他非谓语动词形式的区别。之后，学生通过对读后问题的回答，进一步加强对文本的深入理解。

Post-task

Activity 6.

The students summarize the passage about the Nanjing Massacre, using "to be doing" and "to have done".

Purpose：

To train the students to use the learned structure independently.

PPT 呈现内容如下：

Summary
The Nanjing Massacre began on December, 13, 1937 and it lasted over two months. 300,000 people were reported *to have been killed* during the massacre. At that time, Japanese were delighted *to have captured* China's capital, and China appeared *to have been defeated*. However, we won the final victory with a will to survive. Today, we feel sorry to read the news that Japanese are attempting to conceal the truth. The right-wing forces in Japan are believed *to be denying* their crimes. China and Japan cannot be true friends until Japan admits their sins.

说明

互评习作。学生用 to be doing 和 to have done 概括短文,同时进行同伴评价。然后,教师展示教师版本的概述,并让学生进行评价。此活动可以帮助学生熟练运用新的语法项目。

Activity 7.

The students express their feelings after reading the passage.

Purpose:

To help the students express their ideas about the Nanjing Massacre and promote their patriotism.

PPT 呈现内容如下:

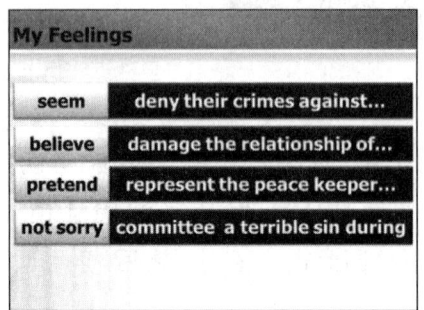

说明

实践应用。学生运用 to be doing 和 to have done 发表对南京大屠杀的看法和态度,加深对此历史事件的印象,用新学的语法知识表达自己的态度。

Homework

1. Grasp and use "to be doing" and "to have done" correctly and freely.

2. Write a passage(around 60 words) about your feelings about the Nanjing Massacre, using "to be doing" and "to have done".

Purpose:

To review in time and have a sense of using what they've learned.

(三)课后反思

1. 创设语境,注重语用

学生在语法学习中碰到的最大障碍是孤立地学习语法知识,缺乏利用其进行英语交际的意识和习惯。本节课中,教师围绕学生熟悉的学习生活,以已学语法知识为依托讲述故事,激发学生的学习兴趣,同时搭建学习支架,帮助学生理解 to have done 和 to be doing 语法结构。

鼓励学生使用高阶、精炼的语言表达生活中的人和事,并引入历史话题,鼓励学生能够深入思考,用新学语法知识表达思想和情感。

2. 多元评价,分享共进

分享自己的见解,能够帮助学生内化语法知识,评价他人观点,能够引导学生自知不足,锤炼思维品质,提高口语表达的语言质量。

3. 迁移实践,培养习惯

本节课展示了新授知识和已学知识的承接关系和变化过程,并通过归纳,提炼了 SP 策略。这个过程既是语法知识的学习过程,也是学生口语能力的提升过程,有利于帮助学生养成良好的学习习惯。

(上海大学附属中学司南执教)

四、做一个会与作者对话的读者——高中英语基础阅读课教学课例

Cherish the Moment

(一)课前困惑

(1)如何帮助学生总结不同体裁文章的语篇特征并以语篇主题为引领理解文章?

(2)如何帮助学生理解文章的主要内容和作者的写作目的,并能推敲重要词句在语言环境中的意义和作用?

(3)如何开展批判性阅读,将学生思维提升到分析和评价层次,而不是局限在字面信息的理解?

(4)如何鼓励学生针对文章的内容和语言提出自己的看法或疑问?

(二)教学实施

本课选材为记叙文,通过讲述哥哥砸车是为了救残疾的弟弟的感人故事,表达了兄弟之间的情谊和珍惜当下的人生哲理。整堂课分为三个部分:框架梳理部分,教师训练学生梳理文本体裁和主旨概要,理解作者的写作目的;深度理解部分,教师引导学生根据字面信息进行有根据的分析和判断;拓展升华部分,教师引导学生从文本的语言、内容、结构、写作手法和情感态度等方面进行评价,表达自己的观点。

本课基于"指向学科核心素养的高中英语基础阅读教学规程",采用 My UCP 的实施路径,即 My Understanding、My Confusion 和 My Perspective。通过这些学习环节,学生不但能够了解语篇结构和语言特征,而且能够聚焦语篇重难点,进行更深层次的分析、探究和评价,促使学生积极主动地思考,分享自己的观点和态度,培养学生的批判性思维。

1. 教学目标

By the end of the period, the students are expected to

● Have a clear idea about the different types of articles such as narrative, exposition and

argument and identify the elements of narrative correctly.
- Determine the deeper meaning from words and expressions.
- Develop critical thinking ability to express their ideas about some elements of a narrative such as setting, characters, plot, language, writing purpose.
- Learn to appreciate and evaluate other students' point of views.

2. 教学重难点

- To help the students to identify the types of articles according to their own features.
- To equip the students with critical thinking ability and help them to express their own ideas.
- To help the students to form a habit of evaluating others in different ways.

3. 教学过程

Step 1: Pre-reading

Activity 1.

The students describe a picture in a few words and predict what will happen according to the picture.

Purpose:

<u>To inspire the students to be open-minded and pave the way for the following activity.</u>

PPT 呈现内容如下:

说 明

图片导入,预测内容。教师展示一幅图片,要求学生用一两句话描述图片。学生描述时,教师引导学生关注 4 个 W(When、Where、Who、What),帮助学生顺利产出。然后,学生根据图片猜测接下去会发生什么事。预测活动可以培养学生的探索和思考能力,激发学生的好奇心。

Step 2：While-reading

Activity 2.

1. The students skim the article and decide the type of the article and the target readers.

2. The students read the article again and find out the details about the article.

Purpose：

To make the students have a clear idea about the different types of articles and identify the elements of narrative.

PPT 呈现内容如下：

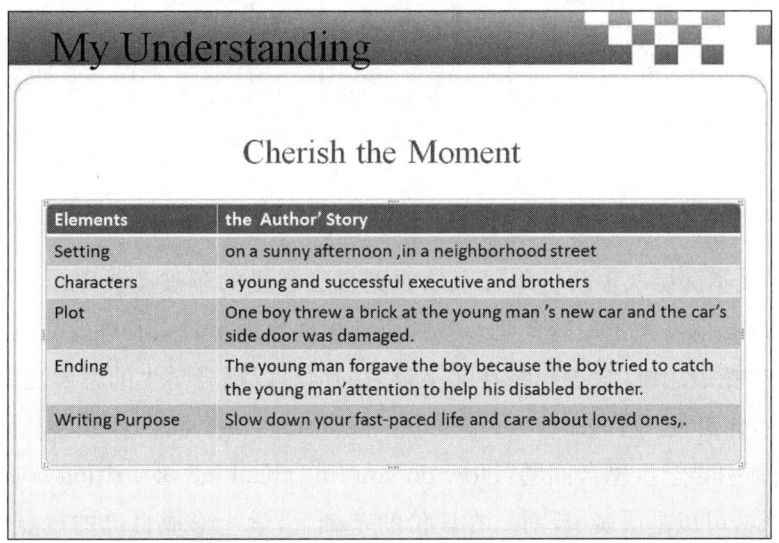

说 明

（1）学生根据题目猜测目标语篇的体裁。接着，学生扫读语篇，确定体裁为记叙文。学生说出判断的依据，教师引导学生简要梳理议论文和说明文体裁的特点。通过梳理不同文体的语篇特征和语言特点，帮助学生把握阅读方向，为深度阅读做好铺垫。

（2）完成表格，梳理大意。学生根据记叙文的特点迅速定位，寻找细节完成表格。通过语篇结构和内容梳理，学生把握文章基本脉络，为后续阅读做准备。

Activity 3.

The students need to find out the writer's change of mood by seeking relevant information and express their opinions about the writing style.

Purpose：

1. To help the students to have a deeper understanding of the article and to look at each problem from different angles.

2. To develop the students' appreciation and evaluation of other students' point of views.

PPT 呈现内容如下：

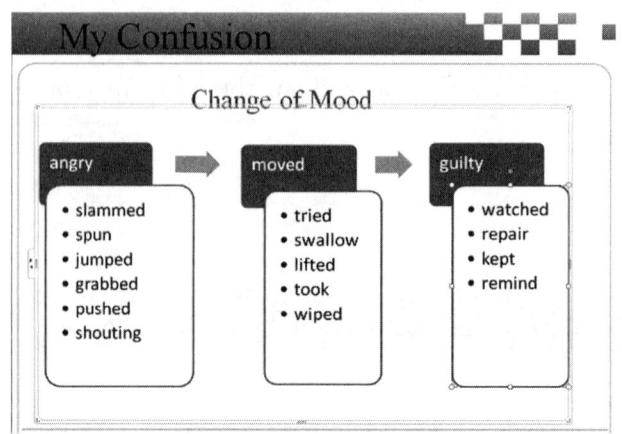

说 明

（1）学生对文本深层次理解。年轻人从看到自己心爱的车被砖头砸了，到得知小男孩砸他车的原因，他的心情发生了一些变化。教师引导学生梳理年轻人心理变化的过程，并找出相关依据；引导学生拓展思维，挖掘隐藏在文字背后的信息以提升学生的思辨能力。

（2）语篇中，作者使用了 grabbed、pushed、shouting、moved、tried 等动词来表达年轻人当时的心情，教师引导学生思考问题：How do you find this kind of writing style? 学生的评价可以是赞同、欣赏，可以是质疑、反对。在评价的基础上，学生形成自己的观点和看法，并尝试对文章提出修改意见。

（3）当学生发表了自己的看法后，其他同学可以对其看法进行评价。在教学中运用同伴评价，让学生参与评价的过程，不仅可以改变学生在评价中的被动角色，还能够发挥他们的主观能动性，使其主体地位得到充分体现。

Step 3：Post-reading

Activity 4.

The students need to finish a questionnaire about their opinions of the article and express their different points of view regarding the setting, the character, the plot, the ending the language and the writing purpose.

Purpose：

1. To encourage the students to express their own ideas about the article.

2. To develop the students' critical thinking ability.

PPT 呈现内容如下：

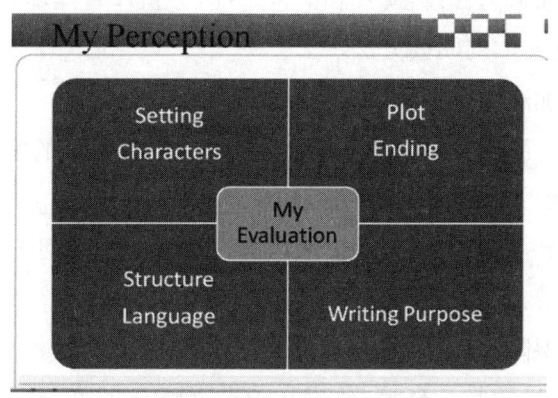

说 明

（1）在这一环节中，教师设计一份问卷调查，调查学生在读完这篇文章后的感受。引导学生可以从作者的写作手法、文章的语言、内容、结构和情感态度等方面来评价文本。要求 4 人一组讨论，每个小组的其中一名成员作为调查员，采访组内其他同学。

（2）采访完成后，每一位小组的"调查员"选择问卷调查中的某一项内容展示交流本小组的调查结果，其他同学聆听并评价该"调查员"的表现。评价是批判性阅读最常用的策略，可以充分发挥学生学习的积极性和主动性。

Homework

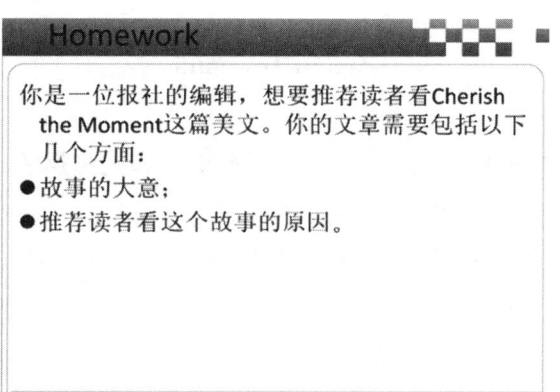

说 明

作业是课堂教学的继续和延伸，设计这样的作业有利于学生在实践中巩固知识，学会用英语来评价一篇文章，达到本节课的教学目标。

（三）课后反思

1. 关注体裁特征，提升阅读技能

本课中，教师引导学生采用记叙文的阅读策略抓住文章的主旨和重要信息，今后的教学中,教师可以尝试其他的文体,如议论文、说明文和应用文,培养学生的体裁意识和阅读习惯。帮助学生了解文章的体裁结构、语篇模式和语言特征,分析作者谋篇布局的特点和遣词造句的方法,帮助学生掌握不同文体的阅读方法。

2. 运用阅读策略,加深学生理解

将批判性阅读策略运用到英语阅读教学中,引导学生从传统的字面阅读升华到篇章结构层面去理解文章。课堂中大量的动态生成对教师自身的能力是一个极大的挑战,所以,课前的问题设计和活动预设就显得至关重要。同时,教师在课堂上的提问策略也很重要,必须考虑问题的有效性和蕴含的思维含量。

3. 营造轻松环境,保障阅读质量

阅读教学时,营造宽松的教学环境,给学生充分的阅读时间,让他们在读中理解,读中感悟,读后表达。日常教学中,有时为了赶进度,在学生对文章还不熟悉的情况下,教师就对文章进行分析。这样一来,学生对文章的理解是支离破碎的,难以整合和深化。

4. 引领学生思维,提升综合能力

阅读教学时,适时有效地启发学生的思维至关重要。教师向学生提问后,如果学生回答不出来,教师不要直接告知答案,应该一步一步地帮助学生找到问题的答案,提升学生的思维品质,让学生能够更好地理解和掌握知识,从而提高学生的学习能力。

(淞浦中学 王慧 执教)

五、深入文本合作探究迁移升华——高中英语深度阅读课教学课例

Arturo Toscanini

(一)课前困惑

(1) 传统英语阅读课往往比较关注零散的词汇识记和句型操练,如何引导学生整体把握语篇结构特征,更为有效地获取和传递信息?

(2) 学生能否在理解概要、获取相关信息的基础上进一步领略作者的写作意图,体悟文本的价值取向,从而丰富自己的认知?

(3) 学生能否对所获取的信息分析和判断,形成自己独立的观点,并且进行有条理地表达?

(二)文本分析

本课是一篇人物传记,介绍了意大利杰出指挥家托斯卡尼尼的生平,文本内容按人物成长的时间顺序依次展开。重点语汇主要涉及指挥家的生活经历,如 regard、honor、greet、loyalty、baton 等,以及强调其特质的结构,如 What is special about... is...、It is... that...。凸显了音乐家杰出的天赋和高洁的品质,以及对艺术所持有的严谨而热忱的态度。

补充阅读材料 Kong Goes for Folk 讲述了我国著名钢琴演奏家孔祥东的事迹,文本在开

头部分采用了倒叙的手法。由于主题同样是围绕音乐家和音乐演出,补充材料语汇与课文有一定的重合,补充的语汇主要涉及这位钢琴家的中国身份,如 identity、folk、root、combine、rediscover。文本描述钢琴家民族意识觉醒,以中国传统音乐为突破口,精进艺术的过程,鲜明地传递了民族认同的价值观。

两篇文章话题贴近,相似相仿,又互为补益。

(三) 学情分析

本堂课的授课对象为高一年级学生,他们具备基本的阅读能力,能够根据要求获取语篇中的相关信息,但是在对语篇整体结构的认知、文本价值的挖掘以及思辨迁移等方面有待提高。他们对于涉及的音乐家有所耳闻,但欠缺过程性的了解,对于他们成功的缘由缺乏深层的理解。

(四) 教学实施

本课是阅读第二课时。在前一个课时中学生已经梳理了 Toscanini 的生平,并尝试利用角色扮演的形式复现了其中的重要场景和细节,初步了解了该指挥家的个人特色。本堂课引入了与课文相同主题的语篇,首先对于人物要素和语篇特点进行进一步的应用和实践,进而通过对比不同时间顺序,进一步加深对于语篇组织的理解,同时,对比中外两位音乐家的成功之路,发现并尝试总结成功的秘诀。

整堂阅读课采用 THAT 教学实施路径(即 Target-Highlight-Assessment-Transfer)。一开始的概要回顾环节,利用人物传记的五个要素(Admiration、Background、Characteristics、Deeds 和 Evaluation)作为复习语篇的线索,帮助学生回忆和组织课文概要。然后,以此为支架,引导学生迅速获取补充文本中的目标人物孔祥东的关键要素,形成完整的人物拼图,并进一步检视学生对于同类语篇要素的把握和运用(Target)。在接下来的线索梳理环节中,学生借助于时间线索,有条理地进行细节整合,教师鼓励学生在落实语言要点理解的同时,通过对比辨析的过程,关注整体文章结构的推进(Highlight)。质疑评价的环节围绕"标题选择"活动展开,引导学生更好地把握两个语篇的重心,进一步突出托斯卡尼尼的优秀品质以及孔祥东所展现出的民族自豪感的主题(Assessment)。最后的迁移思辨环节,提供举例论证的两种基本模式,为学生的观点表达助力(Transfer)。课后作业设计是以"成功的秘诀"为题,写一篇 120~150 字的稿件,要求给出人物实例,有助于评估和巩固课堂所学内容。

1. 教学目标

By the end of this period, the students will be able to

- Introduce two musicians coherently according to the template for biography.
- Figure out the time sequence of the writings as well as the focus of the writer.
- Put forward viewpoints on the secrets of success convincingly by providing supporting examples.
- Develop a greater awareness of identity and a sensible attitude towards success.

2. 教学重难点

- To guide the students to compare different time sequences the two articles follow and clarify the intentions of two writings.
- To help the students get an idea of the secrets of success and express their opinions clearly.

3. 教学过程

Activity 1：Warm-up.

The students recall the contents of the main text and figure out the biography of Toscanini following the guided questions.

Purpose：

To review the elements of biography as well as the outcomes of the previous reading.

PPT 呈现内容如下：

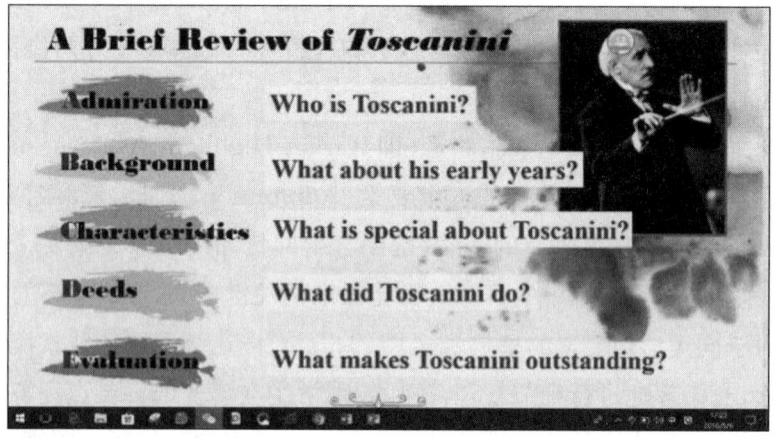

说 明

（1）根据文本特征，五个问题的设计依据是人物传记的五个基本要素，这样既能够帮助学生比较迅速完整地梳理语篇的要点，也可以帮助他们回忆梳理这种熟悉的语篇特征（如高一上学期所学课文 Michelangelo）。人物传记中的五个基本要素是学生在相似的语境文本中信息获取和组织的有力工具。

（2）概要回顾是前后两堂课衔接的重要环节，通过互动回忆前一个课时已学的语篇要点，教师给予简单直接的提示，让学生更容易上手，迅速热身从而延续前一个课时的讨论。

Target

Activity 2：Character Exploration.

The students watch a video of Kong, skim the whole text and apply the template for biography to figure out the key information of the character.

Purpose:

To direct the students to acquire basic information about the figure for further discussion and check the application of the template.

PPT 呈现内容如下：

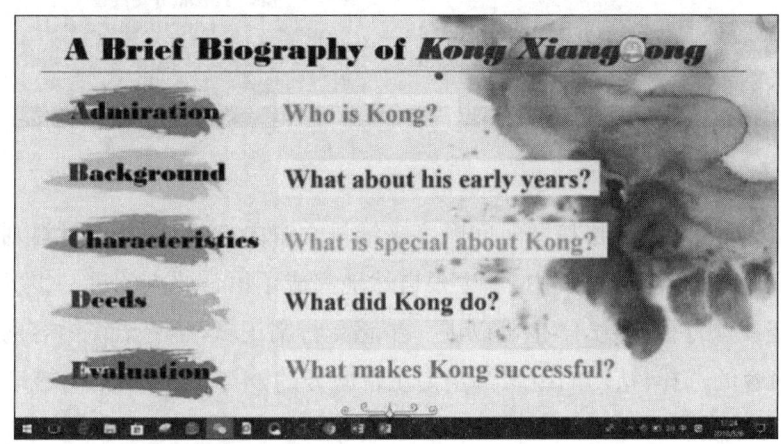

说 明

（1）补充文本虽然与主课文的结构不尽相同，但是借鉴人物传记的要素很容易比较完整地获取主题人物的要点，而演奏片段的播放可以增加更为感性直观的认知输入，帮助学生在脑海里迅速构建人物的鲜明形象。

（2）语篇的整体输入通过人物传记要素的分析来实施，有助于学生积累整体理解的阅读经验，为后续文体结构的分析奠定良好的基础。

Highlight

Activity 3: Sequence Analysis.

The students retell the supporting details of the two musicians following the time sequence.

Purpose:

To deepen the students' understanding of the targeted passages as well as the relevant language and its writing style.

PPT 呈现内容如下：

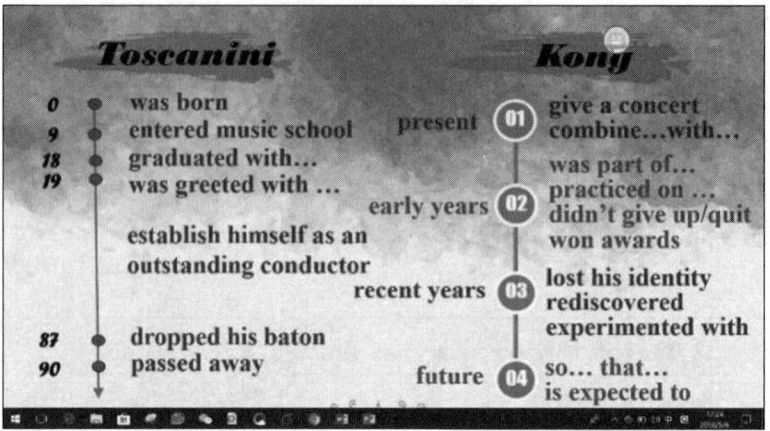

说 明

（1）课文 Toscanini 是严格按照时间顺序来铺排文章内容的，而补充材料则是采用了倒叙的手法，一方面在时间梳理的过程中，学生很自然地完成了语言要点的进一步巩固，另一方面，通过两个文本组织顺序的对比，学生可以进一步感受行文逻辑，学习语篇内容的组织方式。

（2）语篇内容的选择、结构的组织都是为主旨服务的，对内容与结构的梳理有助于学生抓住文章的要领，领会作者的意图。如 Toscanini 的作者在文章中用近半篇幅描述了指挥家对待工作的态度，而补充阅读在一开头就描述了具有中国元素的钢琴演奏会大获成功。

Assessment

Activity 4：Focus Investigation.

- The students pick out the best title for the writing and give reasons.
- Watch the second video of Kong and express their understanding compared with the first one.

Purpose：

To check the students' understanding of the writing purpose to some extent and prepare them for further discussion on value.

教学互动片段

T：*Compared with Toscanini, what do you think of Kong's performance?*

S1：*They are both passionate, confident and… eye-catching.*（Ss laugh.）

T：*Exactly. I just can't move my eyes from their passionate performance. Anyone else?*

S2：*I prefer Kong's. It's more touching.*

T：*Why?*

S2：*Because the Chinese music is more familiar to me and I can get the meaning of the tone. It's inspiring.*

T: *A sound explanation. Then do you think it difficult for the foreigners to accept Chinese folk music? Can you find some clues in the text?*

S3: *No. The nation is the world. In the last paragraph, it is said that Kong's Dream Tour is a success all over the world.*

T: *Great! Then, when it comes to the success, do you think Kong is a success in the first video?*

S4: *Yes. It was a performance on CCTV during the Spring Festival. He must have been famous.*

T: *Compared with Kong at that time, what do you think of him now in the second video?*

S5: *He looks more confident.*

T: *Where does the confidence come from?*

S5: *I think he was proud.*

T: *Why was he proud?*

S5: *He was a Chinese.*

T: *He was a Chinese in the first video and he is a Chinese now. What made a difference?*

S6: *Although he was a famous pianist, he lost his identity until he recovered the beauty of Chinese folk music.*

T: *Why he turned to Chinese folk music? What was he aware of?*

Ss: *He was a Chinese.*

T: *In brief, what is it that helps him achieve the breakthrough?*

Ss: *It is the awareness of his identity that helps Kong achieve the breakthrough.*

说 明

(1) 通过内容和结构的反复梳理,学生了解 Toscanini 一文所要传达的主旨,即介绍指挥家生平,推崇其对艺术所持有的严谨而热忱的态度。

(2) 文章标题的选择取决于学生对于文本主旨的把握,学生在认真分析文本选择标题的过程中,逐步明晰了文章的主旨,并通过视频的对比,进一步加深了认识。

(3) 写作意图和价值取向是文本理解的重点和难点,层层的铺垫和思维的启发,有助于学生自主领悟。独立的品读和感悟的积累,有利于学生学习能力的有效提升。

Transfer

Activity 5: Secrets of Success in My Eyes.

The students discuss in groups and put forward viewpoints on the secrets of success with the help of templates provided.

Purpose：

To evaluate the students' understanding of success as well as the achievements of the module.

PPT 呈现内容如下：

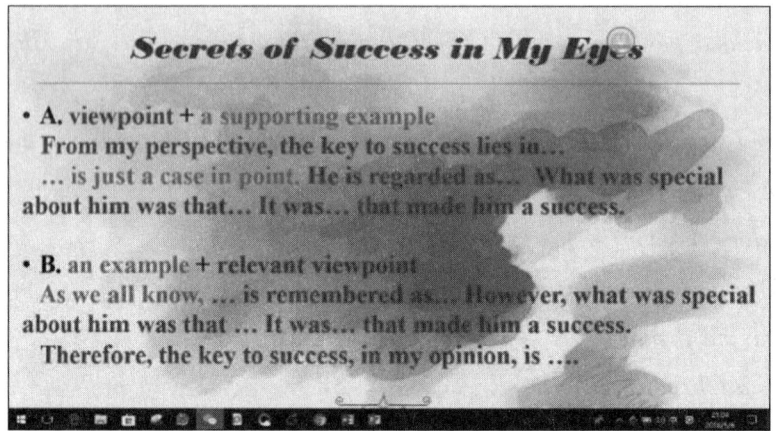

说 明

（1）提供"先提观点后举例论证"和"先提供例证然后总结观点"两种模式，以及语境词汇和表达，为学生的有序输出提供支架。

（2）通过前面多个环节的铺垫，学生不仅以两位音乐家为例提出了天赋、态度和民族意识等成功的秘诀，还结合之前学过的课文和生活中的人物，提出了机遇、职责、毅力等品质的重要性，语言表达充实而有序，观点鲜明。

Homework

The school newspaper is asking for contributions for its new column *Secrets of Success*. Please write an article of 120～150 words under the name.

（Note：You are supposed to include in your essay a story of celebrities. Make sure that this example can support your viewpoint.）

Purpose：

To consolidate and evaluate what the students have learned in class.

（五）课后反思

1. 逆向设计，充实语篇输入

阅读课上，学生的多元思维和输出主要依托于语篇输入。本堂阅读课，我们希望学生可以在人文价值方面实现对于成功秘诀的挖掘。而成功的因素往往是多方面的，有其共性也各有不同的契机,仅仅依靠 Toscanini 一篇文章难以达成。考虑到学生的接受程度和课堂的容量,我们选择与主课文相互补益的 Kong Goes for Folk,对比中外两位音乐家,他们有相似之处,如勤学苦练的精神和对待音乐的热忱和严谨,又有各自的特点,如托斯卡尼尼对原作的忠实和孔祥东对于传统音乐的再创造。在比较对照的过程中,学生加深了对于主题意义的理解,实现了比较丰富的输出。

值得思考的是,这种语篇的拓展不应该拘泥于课堂之内,是否可以尝试课前、课中、课后的整体输入设计仍然需要进一步的探索。

2. 提供支架,助力理解表达

学生从走进文本到输出表达,需要一定的指引和支撑。在本堂课中,我们尝试通过人物传记要素的获取、时间线索的梳理等方式,帮助学生比较完整高效地完成信息与框架的整合,有助于深入语篇的理解和应用。在学生进行观点表述的时候,提供了举例论证的范式,让学生可以更加轻松地完成质量较高的表达。

无论是人物传记的要素、时间线索还是举例论证都是常见的语篇组织方式,对于语篇规律的把握是否可以有序引导和有效积累还需要不断摸索。

3. 有感而发,提升文化意识

文本的价值取向和文化内涵的挖掘是教学的重点也是难点,其困难之处在于需要学生自己体悟,有感而发才能实现情感上的升华。本堂课涉及的民族认同感是比较抽象的概念,学生可能一开始无法深入文本体会这种情感,因此我们特别加入了两段对比视频,通过直观的视听感受加深学生对语篇的理解,通过各个环节的层层铺垫,学生逐步体会到这一要点,并在最后的观点阐述环节深入挖掘了文本的价值内涵,这一过程旨在帮助学生汲取文化精华,形成正确的价值观。

文化意识是英语学科核心素养之一,对于其内涵的挖掘和在课堂的落实还可以更加深入,需要进一步研究和实践。

（上海市吴淞中学张灵犀执教）

六、创建学习共同体关注跨文化意识——高中英语报刊阅读课教学课例

Feed Your Heart, Not Just Your Head

（一）课前困惑

课前选取材料备课,课上教师讲评的传统教学模式使得教师备课任务繁重,课堂教学经常出现"一言堂"的情况。更糟糕的是,学生被动阅读,学习效果一般,阅读技能训练有限。

（1）如何让学生主动拓展阅读,提升阅读技能,甚至在阅读中提高审美、鉴赏和批判性思维能力?

（2）如何增强学生对报刊阅读课的兴趣?将英语报刊阅读的课堂真正还给学生,变成以学生为主体的课堂?

（二）教学实施

本课材料来自《上海学生报》*Shanghai Students' Post*,报刊语篇题材新颖,话题贴近学

生现实生活。课前，四位学生组成小组，选取议论文 *Feed Your Heart，Not Just Your Head* 自主赏读，并完成阅读日志。课上，以小组学生为主体，主动分享，并与其他学生互动，实实在在地谈文章、聊文章、评文章。学生通过自主阅读积累语言知识和文化知识，通过分享交流尝试有质量的输出和表达观点，通过对他人分享进行评价实现沟通与交流。学生在提高语言表达能力的同时，也锻炼了自己的思维品质，形成了一定的学习能力，增强了文化意识。

这节课采取 ASAP 教学模式。课前，学生自主赏读（Appreciation）；课上，学生进行内容分享、知识分享和策略交流（Sharing）；之后全班同学根据 checklist，从分享学生表现、所选文章、推荐语言项目三个方面鉴赏评价（Assessment）。在最后的风采呈现部分（Performance），学生从报刊文章出发，联系生活实际，或表达自己的观点，或讲述自己的故事；最后，师生共同回顾本节课的学习成果，促进自主学习和合作学习有效开展，达到提炼与升华的效果。

1. 教学目标

At the end of the lesson, the students are expected to

- Improve reading skills by summarizing the main idea and the writer's attitude in the passage, looking for details and information from the passage and inferring according to the context.
- Accumulate the language knowledge by recommending a word, phrase or sentence from the passage and illustrate their reasons.
- Make assessment on peers' performance, the passage and language points.
- Relate the topic discussed with personal experience and give opinions.
- Cultivate cooperative spirits in teamwork.

2. 教学重难点

- make assessment on peers' performance, the passage and language usage.
- relate the topic discussed with personal experience and give own opinions.

3. 教学过程

Step 1：Pre-task(My Preparation and appreciation)

Activity 1.

1. Choose a proper and inviting passage from SSP news either by the students or by the instructor.

2. Appreciate the passage and finish Reading Log in a group of 4.

Purpose：

<u>1. To be prepared for the sharing and discussing procedures in class.</u>

<u>2. To improve reading skills such as prediction, looking for information and inferring according to context.</u>

说 明

(1) 报刊阅读课前的学生自主赏读过程是重点。赏读的文本可由学生自行选择感兴趣的语篇,尽可能丰富多样,也可由教师推荐一些有代表性的或契合时事热点的语篇。本课学生自主选择了上海学生报中 Feed Your Heart, Not Just Your Head 一文。文章探讨了多项竞赛被叫停的现象,呼吁人们反思参加竞赛的真正目的。主题有吸引力、文蕴含较丰富的文化内涵,是一篇值得赏读的文本。

(2) 确定赏读语篇后,学生四人小组赏读,分配好组内任务,完成 Reading Log 阅读日志。其余同学泛读本篇文章。

(3) 阅读日志主要涵盖以下几个方面:

阅读日志模块	设计意图
1. 根据标题预测3~5个问题	有的放矢的阅读
2. 略读文章,写下中心句/概括主要内容	提升对文章的理解和概括能力
3. 扫读,写下可回答的预测问题的答案	提升搜集信息的能力
4. 查找好词、短语、句型结构,中英文标注	学会梳理语言知识
5. 结合文章内容联系实际,反思学习和生活,表达自己对这篇文章的看法	积累并尝试运用语言知识创造性地表达个人观点
6. 记录完成时间与组员任务分配情况	激活元认知策略;关注小组合作情况

Step 2: While-task (My Sharing and Assessment)

Activity 2.

The students in the group take turns to share the topic and theme in addition to the language knowledge in the passage.

Purpose:

<u>To accumulate the language knowledge through sharing and interaction and thus improve expressive skills.</u>

说 明

(1) 首先探讨文章主题与主旨。小组成员自行决定主讲人员及顺序,可直接介绍或描述,或者通过提问引出文章主旨。如:①From the title "*Feed your heart, not your head*" and the illustration beside, can you see what the passage is about? ②Many out-of-school competitions, including the Hua Luogeng Golden Cup, have been banned. Why do you think they are banned? Do you think they should be banned? Why or why not?

(2) 学生向其他同学推介组内认为最精彩的一个单词、一个短语或一句话,并给出推介理由。如学生提出本文最后一句话表达作者观点尤为精彩。*So next time you hear about…, ask yourself:…Will acing this competition help me achieve my goals—not what someone*

else says I should achieve? 学生认为本文作者使用问句收尾,既呼应、总结了自己在文中陈述的观点,问句的形式也增强了自己与读者间的互动,为文章留出空白,引导读者思考。The author uses a question to end the passage. He not only echoed to and concluded his opinion, but also enhanced the interaction between him and the writer, and thus triggered more thoughts from the readers.

Activity 3.

The students assess the sharing presentation from three aspects: group performance, the passage and the language knowledge by interaction.

Purpose:

To arouse initiative for reading news reports; to improve critical thinking ability and autonomous learning ability through peer assessment and self-assessment.

【Checklist】

Aspect	Assessment
Group performance	● Do they grasp the main idea and theme of the passage? What is it? ● Do they share the passage confidently and fluently? What impresses me most in their performance? ● Do they have clear task allocation? Why?
Passage	● Is it an intriguing and readable passage? Why?
Language knowledge	● Is the language knowledge useful? How can we apply the language knowledge to practice? Give an example.

说 明

(1) 小组展示后,请其他学生点评。教师提示可以参照 checklist 所细化的内容进行评价。点评的学生在"同学表现""所选文章""推介项目"三个方面选1～2个方面进行点评。

(2) 一位学生提到所选文章很值得读,但却不知道如何表达自己的理由。教师引导学生思考:作者写作意图是什么?是否成功达成?通过什么方式达成?

(3) 经过思考探讨后,学生得出作者写作意图是为鼓励读者不要受别人的影响,要坚持和追随自己的爱好和特长。他的论述是成功的,因为依次通过引用谚语、举出真人实例和引用名言的方法,增强了观点的可信度。

(4) 此外教师提出建议:先总体评价、再分内容和语言两部分评价,学生根据教师的指导继续就其他方面点评。

Step 3：Post-task(My Performance)

Activity 4.

1. The students express their doubts, ideas, or reflections after reading the passage and illustrate their point.

2. The teacher and the students conclude the lesson.

Purpose：

To improve expressive skills and put the language knowledge into use; to reflect on and conclude experience for further adjustment and improvement.

说 明

（1）读后，学生表达对文章作者观点的认识，可陈述、可讨论、可演讲、可辩论。联系生活实际阐述自己的观点及理由。一位学生从文章所探讨"竞赛"话题出发，联系自己实际提出"What should the goals of taking part in a competition be? Why?"引发了同学们的讨论。

（2）教师和学生汇总本节课的内容和观点，学到的语言知识和情感上的收获。同时给出下一组分享的学生可提升之处。

Assignment

Write a composition on "What do you think the goals of taking part in a competition should be? Why?"

（三）课后反思

1. 试错积累与教师的引导不可或缺

本节课基本做到了将课堂还给学生，以学生分享、交流和表达为主体。学生从不会表达到善于表达需要一定时间的试错、积累和教师引导。为了解决学生不会表达，不善表达的问题，教师可以从以下几方面入手：首先，在报刊阅读分享课推行的初始阶段，教师可以适当介入，给予个别学生指导和鼓励，有利于增强分享同学的自信心，提升课堂共享交流的效率和效果；其次，课上无论是知识分享环节、评价建议环节还是风采呈现环节，都需要同学们畅所欲言，大胆运用积累的语言知识及学习策略表达自己的观点。教师首先要在课堂上营造安全、轻松的表达氛围。其次，要及时提供支架：如在评价建议环节中，引导学生根据 checklist，思考所列出的几个问题，这样可以有理有据地阐释给出评价的理由，进而拓展思维，提高审美、鉴赏和评价能力。最后，在整个教学过程中，教师要及时给予恰当的正面评价，多鼓励学生。在持之以恒的自主学习、合作学习和探究学习中，学生不断学习榜样的力量，总结经验教训，交际意愿和表达水平都得到了一定的提升。

2. 同伴互评的合作学习为重难点

评价环节引入同伴评价，作为迁移创新类活动，充分体现了学生的主体地位，调动了学生自主赏读和交流分享的学习积极性。为了减少同伴评价的劣势，最大程度地发挥同伴作用，教师提供评价量表，学生评价时有据可循。基于真实语境的批判评价，也有利于提升学生的表达能力和思辨能力。

4人小组合作完成任务，需要学生在任务的前期、中期和后期的评价环节都重视组员之间的合理分工，因此这也被列为评价的标准之一，以此充分发挥同伴合作互助的作用，避免小组合作流于形式。

（上海大学附属中学刘颖执教）

七、过程指导学生自评边做边改——高中英语写作指导课教学课例

（一）课前困惑

（1）如何帮助学生梳理写作题目中的关键信息，理清写作思路？

（2）以学生为主体的课堂，能否在保证学生充分发言的基础上兼顾高效的课堂输出？

（3）指向学科核心素养的英语写作指导教学规程能否在一堂课中有效实践？

（二）教学实施

本节课采用"读题破题—入题实践—开题评估—结题内化"的教学模式，依据教学规程，课堂活动可以分为 Accumulation、Boot up、Criticism 和 Digestion 四个部分。

读题破题部分，教师引导学生梳理题目中的重要信息，即找出题目中的关键词（key word）并分析与之相关的词汇（related lexis）、梳理核心内容（core content）。**入题实践部分**，对 The beginning、The body 和 The end 三个部分进行梳理：教师讲解写作小技巧，学生当堂写出开头与结尾；教师梳理核心内容（core content）涵盖的两个维度及相关的句型与词汇，学生当堂写出正文部分。**开题评估部分**，学生根据内容（content）、语言（language）、结构（structure）三个维度进行自评。学生组内交流，教师再请数位同学投影展示草稿，全班交流意见。**结题内化部分**，教师针对习作中所出现的共性问题进行指导。学生依托同伴及教师的引领，独立进行习作的梳理、修改、重写。

1. 教学目标

By the end of this lesson, the students will be able to

- Learn about how to analyze the requirement and figure out the core content; know about how to describe an event in 5 aspects; know about how to express their own opinions or impact of the event logically.
- Improve their abilities to express their own feelings more clearly with the help of certain sentence patterns and phrases.
- Develop the habit of applying what they have learnt and experienced to writing.

2. 教学重难点

To know about how to perform the writing containing appropriate content and related lexis.

3. 教学过程

Accumulation

Activity 1.

The students read the requirement of the writing, determine the key word and brainstorm on it and its related lexis. The students read the requirement again to figure out the core content.

Purpose:

To make the students analyze the requirement and figure out the key points that will help them with their writing.

PPT 呈现内容如下：

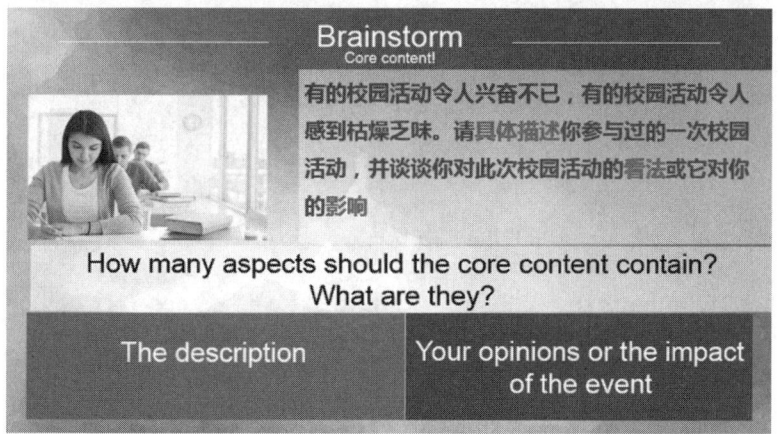

设计思路：读题破题部分，学生仔细阅读写作题目及要求，画出关键词、剖析关键词、头脑风暴与关键词相关的核心词汇、解构文章的核心内容。

出现的问题：学生难以想出与关键词相关的核心词汇。

解决方案： 教师举例，引导学生寻找核心词汇。以 sports meeting 为例，通过师生问答，回顾本学期的田径运动会，梳理必备词汇，如 athlete、field/track events、champion、gold medal、break the record 等。

Boot up

Activity 2.

The students analyze the core content and related lexis. The students try to perform the beginning, body and the concluding part of the composition with the teachers' tips and assistance.

Purpose:

To make the students perform the composition on the basis of analysis.

PPT 呈现内容如下：

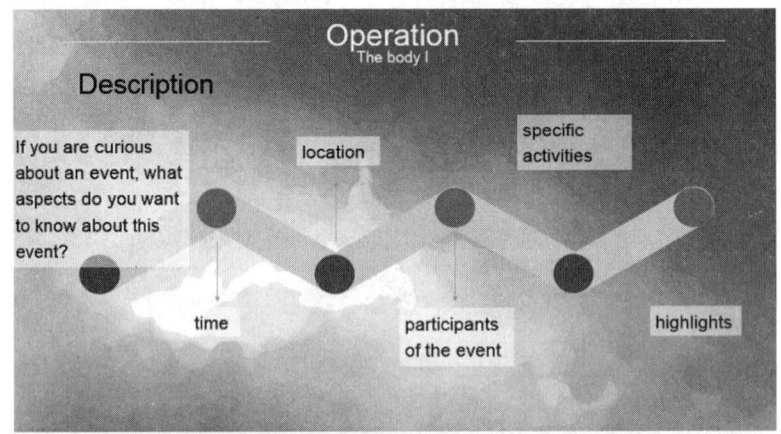

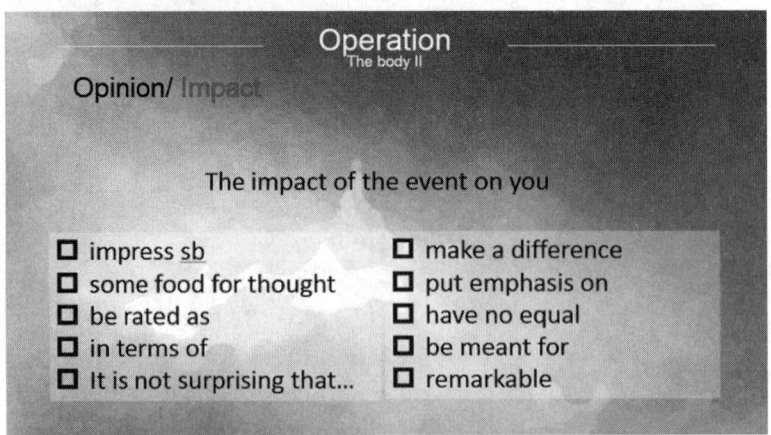

设计思路： 入题实践。学生根据教师给予的建议，完成部分写作。首先，教师引导学生解构核心内容的两个维度，即 Description, Opinion or Impact，并了解相关词汇与句式。其次,学生根据已有的框架自由创作。

出现的问题: ①学生无法解构核心内容的不同维度;②部分学生未来得及在课堂上完成写作。

解决方案: ①教师为学生创设真实情境,引导学生结合生活经历拆解题干;②教师鼓励学生发散思维,"七嘴八舌"表达观点,再对不同观点整理、分类;③教师帮助学生分析未能及时完成的原因,在下面的写作中调整改进。如学生遇到词汇障碍导致超时,建议学生考虑替换词或调换表达形式等。

Criticism

Activity 3.

The students assess their works according to the criteria, and grade their own compositions.

Purpose:

To make the students experience the criteria personally and deepen their understanding.

PPT 呈现内容如下:

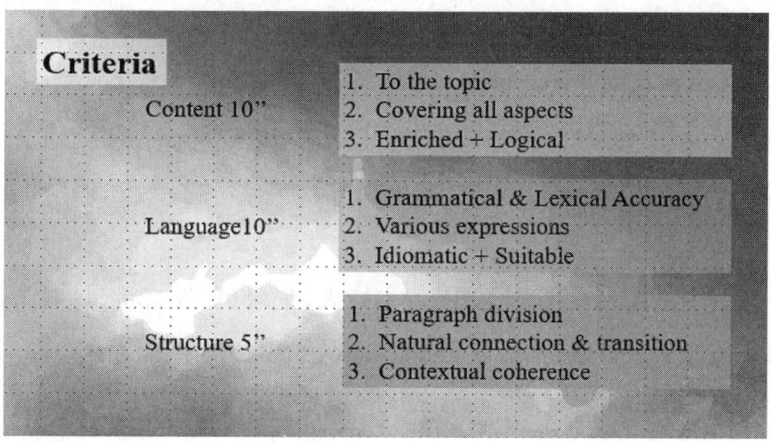

设计思路: 开题评估部分的交流介绍环节,教师帮助学生了解英语作文的评价标准,确定内容、语言、结构三个维度下具体的评价细则,培养学生根据评价细则进行写作的习惯。

出现的问题: ①学生不能理解标准含义,无法给予适切的评价;②学生未能了解好作文的标准,给予的分数缺乏合理性。

解决方案: ①举例帮助学生理解评价细则的含义;②通过下一个环节中的评价,引导学生切实把握评分的标准。

Activity 4.

The students exchange their works within the group discussing each work's shining points, shortcomings and then offer opinions. Some students show their works to the whole class and express the opinions discussed in the group.

Purpose：
To cultivate the students' awareness of teamwork.

PPT 呈现内容如下：

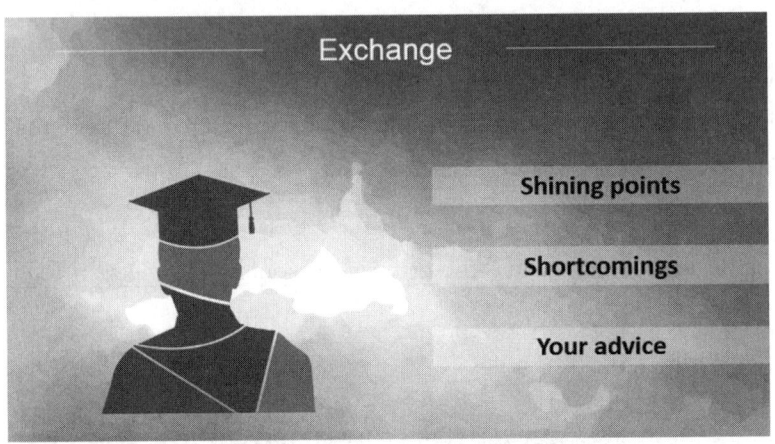

设计思路： 开题评估部分的改进建议环节。学生组内对彼此的文章进行评价，充分发挥同伴效应，实现有效的生生互动。教师邀请不同层次的学生进行全班展示示范。

出现的问题： ①组内交流缺乏有效性，出现"话霸"等情况；②学生不愿主动在全班面前进行示范。

解决方案： ①小组内设立岗位的分工：主持人、记录员、发言员、计时员，并时时轮换岗位，最大程度保证每位学生有话能说，有话可说，不让小组合作学习流于形式；②分享学生习作之前，教师需深入每一个小组，观摩小组讨论并解答学生在讨论中生成的困惑，寻找合适的学生。教师先就共性的问题进行指导，而后邀请部分学生上台分享习作，同时也请同组的成员评价该同学的闪光之处、缺陷并提出相应的意见。

Digestion
Activity 5.

The students revise or rewrite their work.

Purpose：
To make the student apply what they have learnt to use.

PPT 呈现内容如下：

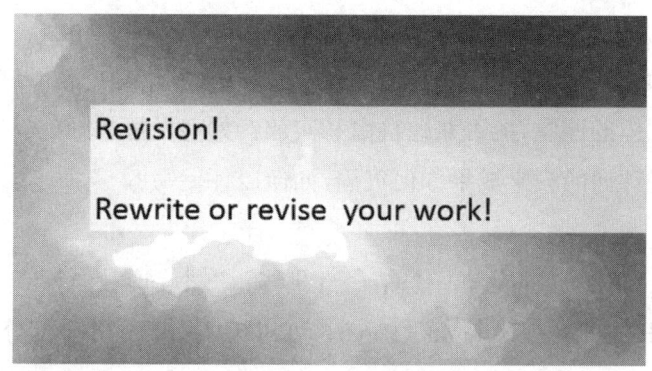

设计思路：结题内化部分旨在帮助学生根据评分细则的解读以及教师对共性错误的指导，有根据地修改习作，基于小组成员的建议，改善习作中存在的问题。

出现的问题：由于时间限制，该部分的时间过于紧凑。

解决方案：将未完成的任务顺延至回家作业。

Assignment

Continue revising or rewriting your work！

（三）课后反思

1. 逐步引导，系统分析

本节英语写作指导课基于指向学科核心素养的写作指导教学规程及其实施路径。高一学生对于英语写作一知半解，不了解如何审题、如何解构文章结构、如何将合适的词语运用到写作之中。本课的成功之处在于引导学生通过一步步阅读题目，找出关键词，分析关键词，找出核心内容，解构核心内容，积累相应词语，使学生在拿到写作题目后有系统的思路去分析题目、解构文章。

2. 合理分配，弹性调整

不足之处在于教学实施环节中，各个部分所占比重尚不均衡。如若给予学生充分的时间进行头脑风暴，实践的时间就显得较为紧凑，互相交流与评价的环节则更没有时间实施；如若压缩头脑风暴的时间，则无法培养学生发散性思维以及创造性思维，无法体现学生的主体地位，更无法保证真正的课堂输出。在以后类似的课堂教学中，会尽量平衡前后两个环节，或者根据具体学情，将教学重点放在学生产出较为困难的教学环节。

（上海市行知中学陈娅琴执教）

八、"DRESS"量体裁衣——高中英语写作讲评课教学课例

（一）课前困惑

（1）学生能否领会、实践英语写作评价标准，并以此为基准更好地开展写作修正？

（2）以学生为主体的课堂，能否兼顾自由和实效？如何发挥教师的引导作用？

（3）单堂写作讲评课的教学成果如何巩固，如何以评促写？

（二）教学实施

本节课采用"展示—修正—分享—总结—自我修正"螺旋形教学模式，按照教学流程可分为 Demonstration、Revision、Exchange、Share 和 Self Revision 五个部分（DRESS）。

展示部分，学生回顾英语作文的评价标准，即内容（content）、语言（language）、结构（structure）三个维度。教师投影一篇学生习作（课前已印发给学生，布置研读批阅该习作），请一两位学生给该习作评分并梳理其亮点及不足；**修正部分**，通过短文修改（proof reading），修正语言错误；通过语言打磨（language polishing），关注内容是否充实、语言是否有亮点；**分享部分**，学生先组内交流，然后请两三位学生通过投影呈现自己的修订版。然后，教师用 PPT 展示在批改过程中收集的好词佳句；**总结部分**，引导学生归纳英语写作的思考路径和优秀作文的特点；**自我修正部分**，鼓励学生"躬行实践"，延展英语课堂的时空。

1. 教学目标

By the end of the period, the students will be able to

- Review and focus on the criteria of English compositions while writing.
- Learn about the characteristics of a well-written composition: FIONA＋Variety.
- Improve their compositions according to the criteria effectively.

2. 教学重难点

- To help the students sort out the norms of well-written compositions.
- To encourage the students to try out such norms through practical application.

3. 教学过程

DEMONSTRATION

Activity 1.

The students recall the criteria of CEE composition writing, and offer a reasonable score to a model composition, based on its shining points and shortcomings.

Purpose：

To assist the students to study the criteria personally and deepen their understanding; to prepare them for the rewriting stage.

PPT 呈现内容如下：

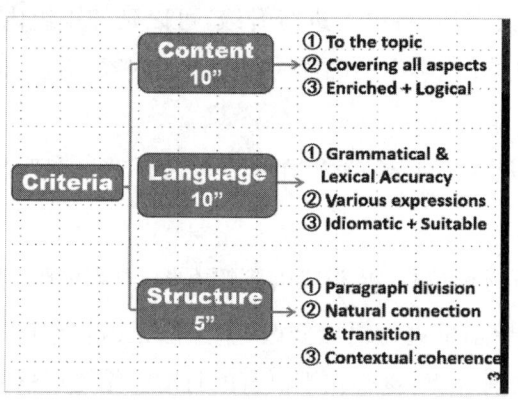 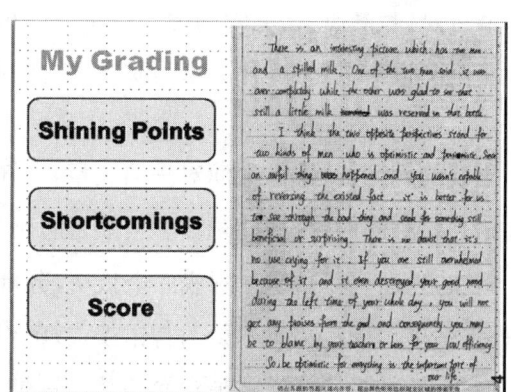

设计思路： 展示部分，学生回顾英语作文评价标准，确定从内容、语言、结构三个维度进行评价。学生评价时，需梳理例文的闪光点和不足，并提供证据，这有利于培养学生的辩证思维，也为后面的修正提供导向。

出现的问题： ①学生用英语表述作文评价标准时，也许会出现表达不流畅、不完整的情况；②学生评分时，也许会出现两种倾向：一是碍于情面，不便评分；二是困于理解，不擅评分。

解决方案： ①通过 TCL、VISA、PNC 这三个缩写，帮助学生评价；②评分环节中，以平等的师生互动，营造轻松融洽的课堂环境，引导学生切实把握评分标准，从文中找出实证以提高评分的信度。

REVISING

Activity 2.

The students try to modify the article through proof reading and language polishing.

Purpose：

To offer the students an opportunity to apply the criteria into practice.

PPT 呈现内容如下：

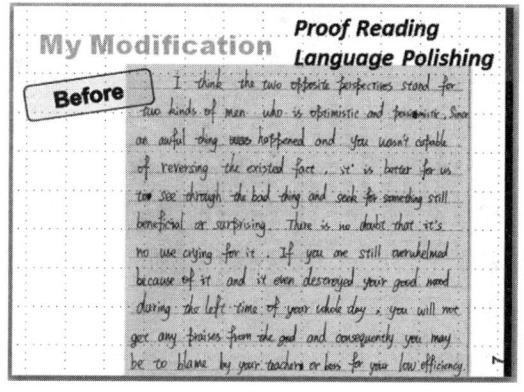

设计思路： 修正部分，学生第一遍校对，修正习作的语法错误，明确正确表达的重要性。第二遍校对，打磨语言，充实内容。学生可以替换表达，将语言进行升级，可以延伸重组内容，甚至将全文推倒重建，提升文章品质。经过两次修改，学生明确优秀习作对于内容、语言、结构的要求。

出现的问题： ①学生面对一篇文章，不知从何入手；②学生在语法修改环节，表现尚可，但在语言打磨和内容提升环节，学生缺乏思路。

解决方案： 将文章分割成三个板块，分批进行改写。开头段落篇幅不长，内容清晰，功能明确，但学生可能存在有不少语言错误，教师引导学生进行语法修改，重点修正语言错误。第二次修改中，学生关注内容是否充实和语言是否有亮点，核心在于语言的打磨。结尾段落需归纳重申本文主旨，至此环节，学生已充分进入状态，开始跃跃欲试了。

Exchange & Sharing

Activity 3.

The students exchange their own modified versions within the group. One student representatives demonstrate several examples to the whole class by the projector.

Purpose：

To encourage the students to cooperate and learn from each other.

PPT 呈现内容如下：

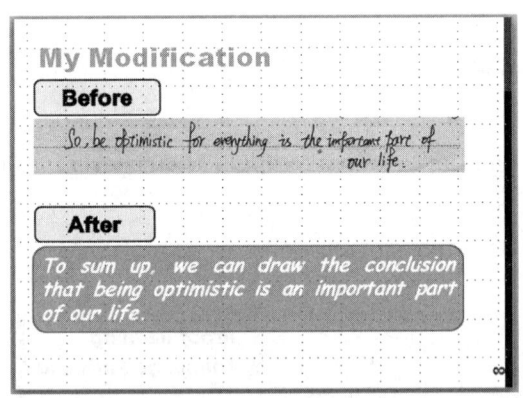

设计思路： 分享部分，教师需兼顾学生组内交流、组际交往和全班共享。减轻内向学生的心理负担，增加生生交往和互动；邀请不同层次的学生进行全班展示，树立信心，激发兴趣。值得一提的是，习作的原作者也上台展示，全班给予鼓励和建议，使其真正成为本堂课最大的受益人。

出现的问题： ①学生缺乏自信，不愿意分享；②一名学生在分享，其余学生作壁上观。

解决方案： ①组内分享是英语课堂的重要组织形式，既能扩大交流的广度，也能放松学生的心态，但需要教师进行监管和指导，谨防流于形式。在本部分，教师深入每一个小组，观摩并给出必要的建议，也为全班共享环节物色人选；②学生分享完毕，教师先做点评，再邀请其他学生点评改写后的版本，充分利用课堂上即时生成的语料，进一步强化生生互动、共同进步的氛围。

Activity 4.

The teacher shares other impressive language points collected in the students' compositions.

Purpose：

<u>To cultivate the awareness of upgrading language and build up their self-confidence and passion for language study.</u>

PPT 呈现内容如下：

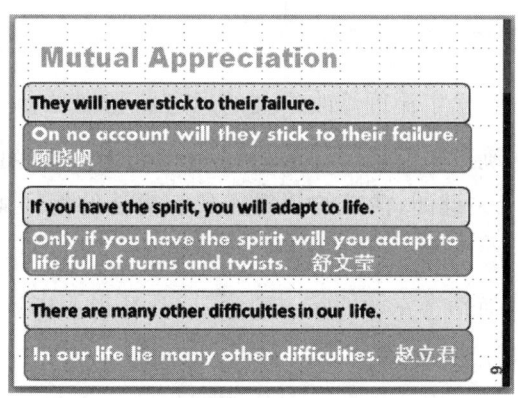

设计思路： 好句分享。挑选好词佳句时，教师需照顾各层次的学生。课堂上，这些好词佳句由学生自己朗读，进一步激发了他们的自豪感和学习热情。此页 PPT 上，特别设置了两两成组的对比，让学生明确只要再动动脑筋，将平时积累的词汇活用起来，将朴实的语言升级换代，人人都能成为 Star Student。

出现的问题： 好词佳句的分享也许会成为优秀学生"一人独大"的舞台。

解决方案： 在挑选好词佳句的时候，务必兼顾不同语言水平的学生，让更多的同学得到展示自我的机会。同时，应避免走向过分追求华丽辞藻的极端，尽量从学生实际语用能力出发，取之于生，用之于生。

Summary

Activity 5.

The students summarize the approaches of the composition modification and the characteristics of a well-written composition based on their own practice and mutual appreciation.

Purpose：
To let the students come up with their own opinions and to resonate the key points.

PPT 呈现内容如下：

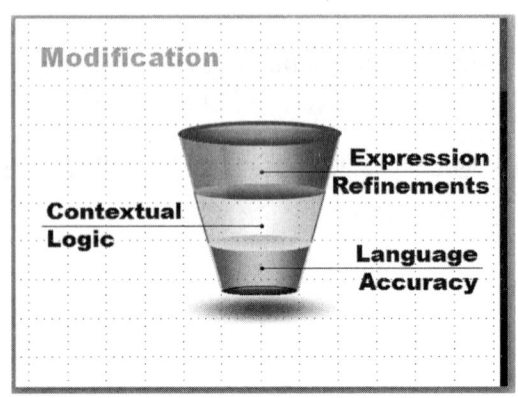 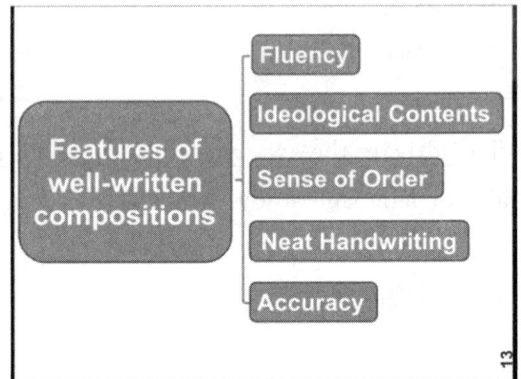

设计思路： 总结巩固。学生梳理修改作文的思考路径，归纳优秀作文的典型特征，将感性认识升华为理性经验，明确今后英语写作的目标，了解提升写作技能的途径。教师选择了金字塔形状及 FIONA 这五个关键词，精准的视觉印象和简洁的特征概括能帮助学生更好地巩固本堂课的学习成果。

出现的问题： 学生在概括本堂课的学习内容时，容易报流水账，且一堂课的效果也许随着下课铃响起，就到此结束了。

解决方案： 教师有责任将课堂的精华固化升华。可以通过图表、顺口溜等易于被学生接受认可的方式巩固教学成果，以期在今后的学习中更好地为学生所用。

Self-revising

Homework

1. Build up lexis bank on the topic.

2. Rewrite your own compositions.

Purpose：
To apply what they have learned in class to self-modification.

（三）课后反思

作文讲评课是每位英语教师，尤其是高三教师，逃避不了的教学任务。而传统的作文讲评课一直是教师的一块心病：课前，教师耗费大量的时间和精力批改作文，提出改进意见；课上，教师激情昂扬地阐释、指导，学生在台下奋笔疾书；课后，学生努力背诵教师教授的好词好句……然而，下一次的作文还是如同一面照妖镜，将学生统统打回原形。这让我不禁思考，到底该怎么做才能真正解放教师、服务学生？

1. 精准实施路径，激发学生的能量

本堂课通过 DRESS 的实施路径，充分激发学生的能量。在课堂活动的每一部分，学生都是课堂的主体和主人。经过展示互评、改写分享及课后自我改写活动，学生学习、运用、巩固了英语写作的知识和技能。通过生生交流和分享，将同伴压力转化为前进的动力和努力的方向。通过好词佳句的展示，提升语言表达的自信和意愿。

2. 发挥裁缝角色，为学生量体裁衣

教师更多地担任裁缝的角色。课前"打样"：挑选适合作为样稿的习作，并整理优秀的表述形式。课中"裁衣"：在必要的关键节点进行总结、概括、归纳，因势利导，顺势而为。课后"精修"：对学生二次修改后的习作进行批阅，想必是心情愉悦、事半功倍。

（上海市行知中学陈娅琴执教）

九、紧扣文本搭建通道——高中英语概要写作课教学课例

Howling

（一）课前困惑

（1）概要写作输入与输出环节中的关键隐形步骤如何落实？说明文的概要写作如何寻找、提炼关键词？如何分析文本结构？

（2）如何运用写作策略优化概要写作的语言表达？

（3）如何鼓励并促进学生从怕写概要到愿写、会写概要？

（二）教学实施

本课选取了科普性说明文 *Howling* 进行概要写作指导，在输入过程中帮助学生了解英语说明文的结构特点和语言特征，进而培养学生概括文章主旨的能力。特别是指导学生如何锁定关键词，并使用已学语言知识，归纳总结出语言表达策略，从而在输入与输出间搭建通道，帮助学生形成完整的概要。

这节课采取 PWP 教学模式。写前，学生通过讨论确定 *Howling* 一文中的关键词以及相关主题句。写中，学生了解、并尝试运用 CNPC（Clause, Non-predicate Verbs, Phrase and Conjunction）知识，完成本篇概要写作。写后，学生根据检查清单（checklist）明确概要写作的评价标准，交流互评。此外，鼓励学生将概要提炼技能运用于生活学习中，比如现场提炼总结本节课的学习内容。

1. 教学目标

At the end of the lesson, the students are expected to

- Extract the main points of an exposition based on key words.
- Make a summary after reading an exposition via CNPC knowledge.

- Appreciate and evaluate others' performance in class.

2. 教学重难点

- Help the students to pick out key words from an exposition.
- Encourage the students to fulfill a summary by means of CNPC knowledge.

3. 教学过程

Step 1：Pre-task(My Understanding)

Activity 1.

1. Be familiar with the topic via interacting.
2. Exchange the key words of the passage. Share the main points in simple sentences.

PPT 呈现内容如下：

Key Words	Main Points
explanation	There are different explanations of a wolf's howl.
bond	Perhaps howling helps the pack bond together better.
status	Maybe Howling is a way to reconfirm status.
locate	Howling is often used among packmates to locate each other.
contagious	Howling is a contagious behaviour.

Key Words	Supporting Detail
bond	create a sense of involvement
status	"lowest-ranking" members cannot join
locate	gathering
contagious	report presence

说　明

（1）导入环节，引导学生用简短的语言概括事物，比如小说、电影等，树立生活中"概括"无处不在的观念，打消学生对概要写作的抵触害怕情绪，创设友好轻松的学习环境。同时引出本节课的学习话题：狼的嚎叫。

（2）学生寻找关键词出现困难时（如不会定位或定位错误等），教师引导学生通过定位文本主旨句，缩小寻找关键词的范围。学生可以使用文中原词作为关键词，也可以使用自己提炼概括得到的关键词。同时教师还需引导学生注意文本的框架结构。

（3）确定关键词之后，也要考虑支撑性细节对主旨的补充解释。以第五个要点为例：Main idea 为 Howling is a contagious behavior. 后文支撑性细节点明嚎叫的目的是 report presence。因此可以合并得到 Howling is a contagious behavior to report presence。

Step 2：While-task(My Strategy and My Achievement)

Activity 2.

Get to know the CNPC knowledge and complete the draft by using them.

PPT 呈现内容如下：

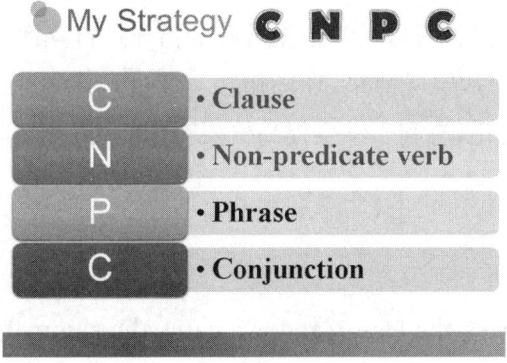

说　明

（1）通过举例让学生回忆并使用已学知识，比如复合句、非谓语动词等，丰富语言表达的层次感和多样性，养成在实践中运用已学知识的学习习惯。

（2）学生能够正确运用复合句组织主旨句时，教师及时给予充分的肯定和表扬，同时鼓励学生尝试使用非谓语动词表达主旨。这样有利于增强学生概要写作的信心，促进学生将CNPC知识运用于概要写作中，真正实现从怕写到愿写、会写概要的转变。

Activity 3.

The students appreciate and evaluate their achievements.

1. Self-evaluation
2. Peer-evaluation

PPT 呈现内容如下：

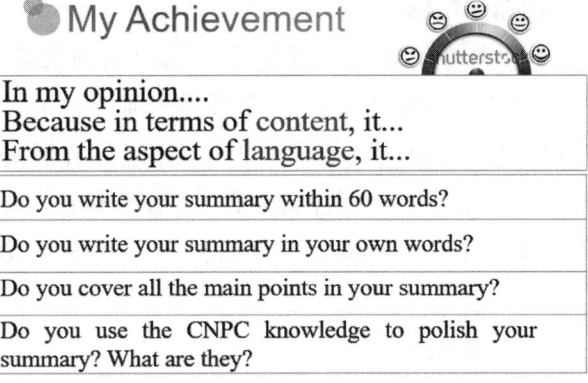

说　明

（1）选取一名学生的习作投影到大屏幕上。首先请这位同学进行自我评价，再请其他同学进行点评。点评前,教师提示可以参照学案上的检查表 checklist 从不同角度评价。

(2) 教师针对学生的点评提出建议:先总体评价,再分别对内容(要点是否涵盖等)和语言(语言是否凝练并原创等)进行评价,学生根据教师的指导进行互评,现场讨论并改进。

(3) 先写后说,说后再写,层层铺垫,环环相扣。通过自评与互评也加强了学生对于概要写作要求、策略的理解和内化,有利于学生提高概要写作能力。

Step 3: Post-task
Activity 4.
One student summarizes the lesson and evaluates the summary.

说 明

鼓励学生概括本节课学习内容,既可以验证学生是否学会了运用概要策略解决实际问题,也可以帮助学生养成学以致用的学习理念和行为习惯。

Assignment

Rewrite their summary based on others' comments in class.

(三) 课后反思

1. 仔细阅读文本,强化语篇意识

在概要写作的教学实践中,发现学生不会分析句间、段间的逻辑关系、不会进行关键词和关键句的定位。在关键的第一步存在短板,导致许多学生概要写作时抓不住重点,乱写一气。针对概要写作输入与输出环节中的隐形关键步骤,需要教师帮助学生搭建写作内容支架,同时教给他们提炼信息的方法,特别是针对不同文体,所涉及的提炼方法也不同。这就需要在输入过程中,教师和学生对文本进行仔细的阅读,强化语篇结构意识,提高组织概括文意的能力。

2. 灵活分配时间,平衡课堂结构

教师要思考如何在 40 分钟的课堂内,平衡输入与输出间的关系,尤其要根据所教授学生层次水平的不同,灵活处理时间分配问题。本节课是教师首次和学生探讨说明文概要写作的方法,也是第一次将 CNPC 知识引入概要写作中,并设计开展自评互评环节。为了取得切实的学习效果,让学生有充分的时间进行自评、互评和修改,本节课只设计让学生完成一篇概要写作的初稿和修订稿(学生熟练后可以在一节课中完成两个语篇的概要提炼和修订)。

3. 合理使用策略,学会知识迁移

培养概要写作能力应在平时的教学中融会贯通,不同的课型、不同文体中都可以采取 CNPC 知识进行概要写作。如果学生熟知对关键信息提炼和整合的过程,并有意识地加以练习,那么其概要写作能力将会得到有效的提升。

4. 搭建评价支架,培养批判思维

自评与互评环节,教师为学生准备好脚手架,供学生在首次互评时参考。这样做有利于打消学生对于概要写作及其评价的畏难情绪,帮助学生顺利完成概要写作和相应的评价。

(上海大学附属中学刘颖执教)

十、 分享交流评价激励——高中英语试卷评析课教学课例

(一)课前困惑

(1)如何帮助学生正确、客观地看待考试中所犯的错误,不畏惧犯错,并勇于从错误中分析原因、吸取教训?

(2)试卷评析课上,选择哪些题目讲解、选择何种方式讲解,才能更高效?

(3)如何教会学生分析错题,鼓励学生自主思考,并激发学生分析错题的兴趣?

(二)教学实施

本节课采用TAPP的教学策略,即 Training、Analysis、Practice 和 Production。

训练:对学生的课前训练应从两方面着手。一是从思想上统一认识。学习中犯错是在所难免的,从错误中分析原因更能促进自身进步。教师要鼓励学生自己分析错题,激发学生想要讲题的欲望。二是训练讲题技巧。教师要教会学生运用语法分析理清句子的结构,结合上下文理解句子意思,通过逻辑分析梳理解题思路。上课前,学生先根据教师所给的答案对自己的错题自我分析,遇到有问题的部分,可以和同学讨论。

分析:上课时,教师反馈班级所做题目的正误情况,筛选出问题比较集中的典型问题。学生可以主动申请也可由教师指定学生分析典型问题,其他学生聆听、辨析、判断、评价。学生分析完错题,其他学生或补充分析,或发表不同意见,待问题基本讨论清楚时,教师及时评价并赞赏学生的表现。

实践:上课时,在学生分析过的错题中,教师挑选3～5个他们掌握不好的核心知识点,提供变式练习,引导学生梳理与该问题相关的语言知识与解题技能。学生口头完成变式练习后,教师实时评价。

产出:教师给出新的语篇,着重考查错题中反映出来的学生未掌握的知识点,要求学生运用之前的解题思路,当堂限时独立完成。反馈新题目完成情况之后,学生再次检查这些问题,运用之前的解题思路,做出必要的调整。

1. 教学目标

By the end of the class, the students are expected to

- Master the logical thread of analyzing questions in grammar, vocabulary, cloze and reading.
- Recall and solidify the important language points reflected in the test paper.
- Learn to be no longer afraid of making mistakes and willing to learn from mistakes.

2. 教学重点

- The students master the logical thread of analyzing questions.
- The students recall and solidify the important language points.

3. 教学过程

Before Class: Train

1. Long-term preparation: the students are encouraged to learn from mistakes through talk with the teachers, and are instructed to analyze the questions following the thread of figuring out the sentence structure and understanding the context.

Purpose:

To help the students conquer the fear of making mistakes and guide them to sort out the general way to analyze questions.

2. Preparation for the class: the students check the answers and independently analyze their own mistakes. When facing difficulties, They can form groups to discuss.

Purpose:

To figure out mistakes and form the habit of analyzing questions by themselves.

说 明

课前训练分为长期准备和本课准备。针对许多学生害怕犯错,或是犯错之后不愿面对错误,更无法从错误中反思这一现象,课前一段时间,教师通过班会课、班干部会议、个别谈心等方式,帮助全班学生统一认识:学习中犯错是难免的,从错误中分析原因更能促进自己进步。鼓励学生们分析错误、思考问题,为试卷评析课的顺利开展做准备。此外,教师需在平时讲课中渗透各类题型的解题思路,训练学生分析问题的能力,如语法题,先根据语法规律理清句子结构,明确题目考点,再根据上下文理解句子意思,确定答案;完形填空题,联系上下文、寻找对应关键词、结合选项意思选出答案等。在平时的课堂中,学生需反复操练不同题型的解题方法,梳理解题思路。在进行解题技巧的训练时,教师可以先培养几位思路清晰、做题正确率较高的同学,以他们的课堂解析作为模板,鼓励同学们之间互相学习,形成较好的学习和讨论氛围。

本课准备:课前学生核对待讲试卷答案,结合之前训练的解题技巧先自行分析错题,当遇到困难时,可以和同学讨论。通过课前的独立思考和小组讨论,学生不仅可以为课上的错题分析做好准备,也逐渐养成自主分析的习惯。在此阶段,每位学生专注自己的错题,自行思考后还无法解决的问题正是上课时教师应重点关注的内容。

While class

Activity 1: Analyze.

Each student is designated to analyze one of the commonest mistakes they make in the-examination paper for the whole class, and other students listen, tell, judge and comment on the analysis.

Purpose:

To develop the students' ability to analyze their mistakes with logic and review the important language points reflected in the examination.

PPT 呈现内容如下：

Grammar
- Whenever I came home on leave, I would ask Dad to play the piano. 21. _____ played the piano like my father.
- Tips: 1. 判断所填词的词性，注意：此处缺少主语。
- 　　　2. 根据上下文判断词意。注意：like在此表示何意？
- When I came home on leave and asked him to play he would make excuses for 28. _____ he couldn't play.
- For the family it didn't make any difference that Dad couldn't play as well as before. We were just glad that he 29. _____ play.
- "Davey, Davey Crockett, King of the Wild Frontier", 30. _____ (hear) in the little town of Bakerton, West Virginia again that day.

Vocabulary
- This 35. _____ set of laws can give us the answers to questions like how did the universe begin.
- He went on to become one of the greatest minds the world has ever known. And he 38. _____ all his problems very well.
- At the time, I thought my life was over and that I would never realize the 39. _____ I felt I had.
- Tips: 1. 判断词性范围（有时可以有多种词性）
- 　　　2. 选择恰当的词意代入，通读上下文

说 明

典型错题分析。根据学生做题情况，并参考考纲中所列重要知识点，教师在"语法""词汇""完型""阅读"每类题型中选取3～5个典型错题，交由学生进行讲解。讲解的学生可以是主动要求讲解的，可以是该题做错的，也可以是教师认为讲解比较清晰的同学。一位学生讲解时，其他学生聆听讲解过程、判断讲解是否正确，最后可以根据讲解情况做出补充分析，发表不同意见或评价（如讲解逻辑清晰、句子结构分析正确、语法知识讲述正确、句子意思理解恰当等）。

当学生遇到无法解决的错题，或是学生的思路明显不对时，教师不必急于直接给出正确答案，可以询问做对同学的意见，或是给出思考路径，然后由学生完成思路的加工和阐述。

Activity 2: Practise.

The students are guided to review the important language points reflected in the examination paper, are given some related exercises, and are asked to finish the exercises orally.

Purpose:

To solidify the students' knowledge of the important language points.

PPT 呈现内容如下：

Practise
- 1. In my opinion, it is possible for you to find some real good friends with the help of new technology but you _____ _____ take care.
- 2. This is the difficulty you _____ only deal with by patience and kindness.
- 3. It _____ feel like we "have to" do certain things, but, in reality, we have complete control over how we spend time.
- 4. Part of my job is trying to convenice that 85-year-old woman that she really _____ start weight lifting.
- 5 This was terrible. She _____ hardly go anywhere in public.

key: have to, can , may, should, could

Practise
- 翻译下列句子
- 1.A very small proportion of the population is <u>completely</u> colorblind, seeing only shades of gray.
- 2.She <u>completed</u> her degree in two years.
- 2.The agreement has come into force, showing a new commitment by the community to <u>address</u> a problem that is melting polar ice caps.
- 3. Applications should be <u>addressed</u> to: The business affairs editor.
- 4. He is due to <u>address</u> a conference on human rights next week.
- 5. We are aware of the <u>potential</u> problems and have taken every precaution.
- 6. The school strives to treat students as individuals and to help each one to achieve their full <u>potential</u>.

说 明

知识点复习与实践。学生分析错题的过程中，会反映出大部分学生掌握不牢固的知识点以及考纲中比较重要的知识点。针对这两类知识点，教师应从每类题型中选取1~2个知识点及其相关考点进行回顾与梳理，特别是学生容易混淆的知识点。本次试卷的语法题型反映出学生对于 would, could 等情态动词的用法掌握不好，因此学生讲解完题目之后，教师追问，让学生辨析 would, could, should, have to, may 等情态动词的区别，并口头完成情态动词语法填空题。词汇题型反映出学生对于一词多义掌握不好，特别是 complete, address, potential 这三个单词的多种词性和用法，因此学生讲解完题目之后，教师追问这三个单词的其他词义，帮助学生总结和梳理单词常考点，并提供一些例句让学生口头翻译，帮助学生理解和巩固单词用法。完形填空题反映出学生对于考查句子关系的题目存在较大问题，因此学生讲解完题目之后，教师列举一些常考的反映句子关系的连接词，如 in addition, above all, for instance, on the contrary 等，请学生辨析。

Activity 3：Produce.

The students are given a new passage which contains some of the major language points mentioned before and are encouraged to apply what they have learned in the course of production. The students are provided with immediate comments on how much progress they've made.

Purpose：

<u>To apply what has been taught to new situations and are encouraged to be no longer afraid of making mistakes.</u>

PPT 呈现内容如下：

> **Produce**
>
> There are now 620,000 rental bikes in the city's streets — 21._____ (operate) by eight different companies. It seems that companies are still adding as many bikes as they 22._____, hoping to be the lucky one to grab market share and rule the streets. That's 23._____ I am surprised to find out that the Shanghai government once 24._____ (propose) new support for the industry, including plans to make more bike-only lanes when building new roads, and the creation or optimization (优化) of public spaces 25._____ (allow) more room to park bikes around subway stations and other high-use areas. This is great news, especially for the environment. However, some residents are still less than happy with the situation.
>
> A recent survey of more than 2,000 locals found that around a quarter feel that these rental bikes 26._____ (place) too much of a burden on public resources. 27._____ has led to some new government measures.

说　明

随堂检测与产出。根据本套试卷知识点考查情况，以及学生在做题中反映出的问题，教师提供新的语篇，学生根据之前的解题思路当堂、限时、独立完成。本堂课上提供的新语篇重点检测学生对于句子结构的把握、句子意思的分析、上下文的联系，其中考查的语法点涉及非谓语、名词性从句、代词、情态动词，这些正是学生在之前的试卷中，反映出来的语法薄弱点。学生思考作答时，教师静静巡视，了解学生独立完成新语篇的情况。限定时间结束后，学生核对答案，针对有问题的题目检查并做出调整。调整结束后，再次核对答案，对于仍有问题的题目，可以请做对的同学或者教师引导学生运用先前的思路分析解决问题。在随堂检测的过程中，教师对于学生取得的进步应多鼓励，对于学生的完成情况多进行实时评价，对于做错的题目可以先请学生按照解题技巧自行分析，如果无法得出答案，教师适当引导，帮助学生明确解题思路。

Assignment

Finish the exercises of grammar, vocabulary and cloze, check answers and reflect your mistakes.

（三）课后反思

1. 两"想"两"讲"，高效率地评析试卷

试卷评析中，选择哪些题目进行讲解、选择何种方式进行讲解，一直是困扰教师的难题。本堂课中，教师秉承两"想"两"讲"的原则，即选择"学生想要分析的题目"和"教师想要学生掌握的题目"，通过"学生讲为主""老师补充为辅"的方式，高效率地评析试卷。学生想要分析的题目反映了学生知识点的掌握情况，讲解此类题目能帮助学生夯实基础、加强薄弱知识点。此类题目通常是无法预测的，教师需要根据学生试卷完成情况实时做出调整。教师想要学生掌握的题目，通常是依据考纲要求以及近期授课知识重点进行选择的，此类题目可以在课前预设，并配备相应练习，帮助巩固学生的知识体系。

在评析试卷时以学生为主体，由学生提问、讨论、分析、讲评、评价、反思，加大学生的课堂参与度，鼓励学生积极思考，帮助提升学生分析、解决问题的能力。以老师补充为辅，在学生思路出现偏差时适时引导,帮助梳理学生易混淆的知识点,提高了课堂效率。

2. 注重解题方法,强调逻辑分析,举一反三

学生反映,做英语题目时经常是"凭感觉",看到题目有时不知从何处着手。在试卷评析时,教师应鼓励学生尝试分析错题句子的结构、理解句子的意思、梳理解题的思路,在自我分析的基础上多和同学讨论。教师还应指导学生通过逻辑分析,理清解题思路,并在课堂中让他们反复操练解题技巧,以保证学生碰到类似题目时不再无从下手。此外,学生完成错题分析后,需要当堂限时独立完成相关练习,梳理易混淆的知识点;针对练习结果,学生应继续反思、调整、操练。通过随堂检测与产出的方式,学生举一反三,对于核心知识点深刻理解、完全消化,直至建立完整的知识结构体系。

3. 错误成就进步,帮助学生树立正确学习理念

平时教学中,许多学生往往害怕犯错,或是犯错之后不愿面对错误,更别提从错误中反思。课前教师通过多种方式帮助学生统一认识,不怕犯错;课上教师不断鼓励学生,帮助学生从错误中反思,给予实时评价和鼓励,帮助学生看到自己取得的进步;课外鼓励学生针对错题多思考、多调整。意识和习惯逐渐养成后,学生将不再依赖老师的讲解,他们会从独立自主的思考中获得更大的学习成就感。

(上海大学附属中学沈雅茜执教)

第三节　主题接力课例(听说课)

一、让"听"和"说"回归本源——听说课第1棒(普通中学高一年级)

Growing Pains

(一)课前困惑

(1) 如何选择学生感兴趣且难度适宜的材料?

(2) 怎样设计教学活动,才能帮助学生在学习的过程中,一步步达成学习目标。比如,听的环节,如何帮助学生回忆与核心知识相关的典型词句?说的环节,如何引导学生运用核心知识有条理地阐述自己的观点?

(3) 如何鼓励学生从不会说、不愿说到会说、愿意说?

(二)教学实施

本课选取了"成长的烦恼"这个话题进行听说教学,整堂课分为听和说两个环节。在听的环节中,教师训练学生梳理语篇主旨概要的能力,在学生大致听懂语篇内容后,要求学生提取核心词句,同时梳理同义表达法。在说的环节中,教师为学生搭建支架,帮助学生运用核心知识表达自己的观点,从而完成本节课的学习目标,达到预期的学习效果。

这节课结合了"指向核心素养的高中英语听说教学规程",实施路径为 USA,即 My Understanding、My Story 和 My Attitude。通过这些教学环节，学生能够在学习过程中提取信息、加工信息并且能够将信息应用于口头表达，从而培养学生的学习能力，提高学生的语言应用能力。

1. 教学目标

By the end of the period, the students are expected to

- Recall the expressions in the passage such as *hope*, *try*, *forbid*, *what matters is* and their extension.
- Manage to apply the expressions to express their own stories and attitudes toward their growing pains.
- Get bolder to speak English to the best of their ability in and after class.

2. 教学重难点

- To help the students recall the related information
- To encourage the students to express their ideas clearly and logically with scaffold
- To help the students to form a habit of evaluate others in different ways.

3. 教学过程

Step 1：Pre-task（My Understanding）

Activity 1.

1. The students listen to a short passage, pick out the key words and determine the main idea of the passage.

2. The students listen to a short passage again and focus on the target expressions and recall the related information.

Purpose：

1. To help the students to develop a habit of understanding by focusing on key words and topic sentences.

2. To help the students to have a sense of expressing key words and sentence pattern in different ways.

PPT 呈现内容如下：

	My Understanding
hope	When I was a child, I hoped to grow up overnight.
try	I try my best to get high scores in exams, which is really painful.
forbid	I am forbidden to do what interests me.
What matters is…	What matters is that I should face up to them, overcome them and even enjoy them.

说　明

　　导入环节,引入话题"成长的烦恼",话题贴近学生生活,容易取得学生的认同感。接着学生听一遍录音,内容是一位高中生成长的烦恼。同时教师要求学生思考两个问题,1. What are the boy's growing pains? 2. What is the boy's attitude to his growing pains? 学生在听的过程中通过把握关键词获取文章的主旨大意。

　　获取了主旨大意之后,学生再听一遍,提取含有核心语词(hope、try、forbid、what matters)的句子,并能使用同义短语表达同样的内容。当学生回忆不出同义短语时,教师引导学生从其他角度思考,如 I am forbidden to do…教师提示 I am not…这时学生马上回答出:I am not allowed to do…通过回忆与核心知识相关的典型词句,学生巩固了核心语词,并能为接下来说的环节做好铺垫。

Step 2：While-task(My Story and My Attitude)

Activity 2.

The students tell a story of their own in growing pains and express their ideas with the scaffold.

Purpose：

To help the students to get into a habit of expressing in English clearly and logically.

PPT 呈现内容如下：

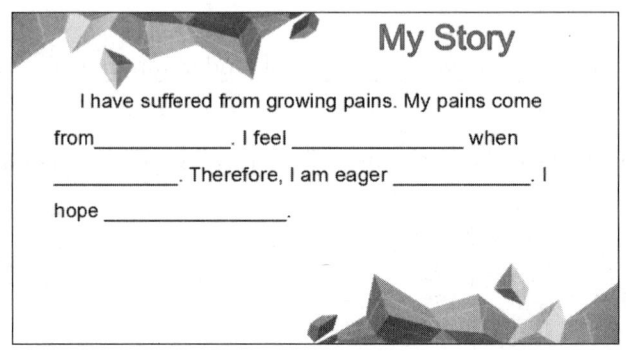

说　明

　　在设计这一环节时,Hook(吸引)这个要素很关键,为了使"成长的烦恼"这个大概念变得更具体有趣,教师设计了一些学生感兴趣的问题,问问他们的烦恼来自哪里:是学习、人际关系、外表,还是校园恋情等? 这些问题易于激发学生的学习热情,他们会乐于参与互动。虽然学生的语言表达是碎片化的,但是他们已经迈出了重要的第一步。

　　完成了问答环节后,教师为学生提供语言表达的支架,要求学生将自己的想法完整地说出来。在支架的帮助下,学生很快完成了 story-telling 的任务。学生能够将核心知识应用于新的情境中,这就说明了他们已经掌握了这些内容。同时学生对英语学习的自信心也得以增强。

Activity 3.

The students exchange attitudes toward the relationship with classmates, teachers and parents and announce their plan to narrow the gap.

Purpose:

To help the students to get into a habit of expressing in English clearly and logically.

PPT 呈现内容如下:

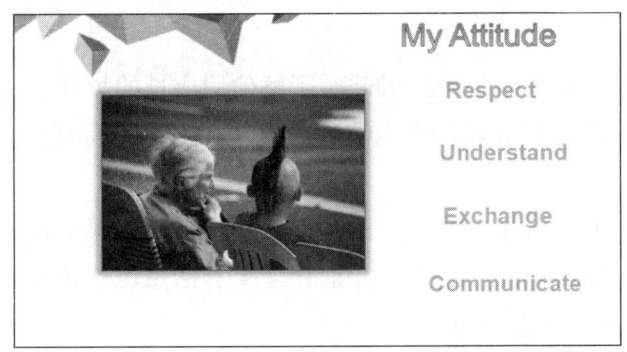

说 明

学生成长的烦恼有许多,其中比较普遍的是如何处理好与父母、同学和老师的关系。在这个环节中,教师通过图片和问答,帮助学生思考他们与父母、同学和老师之间产生隔阂的原因。接着,引导学生找出消除隔阂的办法。为学生提供必要的结构支架帮助其顺利表述自己的烦恼。

学生使用语篇中的核心知识阐述自己的观点。当学生能顺利地用英语讲述自己的经历并阐明个人观点时,这就证明他们真正做到了学有所得、学以致用。

在此环节中,教师鼓励学生进行同伴互评,要求学生从内容、发音等方面来评价同伴的口头表达。通过从他人对自己的评价中学生学会反思(Reflect),重新考虑(Rethink)与修改(Revise)已有的想法,不断地完善自己的口语表达。此外,这样的学习体验过程有利于让每个学生时刻保持注意力,从而大大提高课堂教学的有效性。

Homework

Interview your classmate and fill in the table according to the instructions.

Purpose:

To apply what they've learnd in class to after-class assignments especially in real situation.

PPT 呈现内容如下：

An Interview			
Growing Pains	His /Her problem	Your advice	
Study			
Friendship			
Parents			
Others			

Oral Homework: Interview your classmate and fill in the table according to the instructions

说 明

口头作业，要求每位学生采访身边的同学，了解他们成长的烦恼，并为他们提出可行的解决建议。设计这份口头作业旨在鼓励学生学以致用，提高语言交际能力。

（三）课后反思

（1）选择合适的材料是听说教学成功的关键因素。与其他课型相比，听说课的话题应更贴近学生生活实际，更能引起学生的兴趣，才能让学生有话想说。教师确定话题后，需把握话题材料的难易度，使其符合学生的学情。

（2）保证音频材料的质量尤为重要。听力材料的音质会影响学生理解材料的效度，影响学生听和说的信心。所以，教师在制作音频时要特别谨慎，尤其是在听说教学的初期，尽量选用外教的录音，这样语音语调更加地道，有利于课堂教学顺利推进。当然，随着听说教学的深入，学生学习能力的提高，为了使听说课更有趣，今后可以尝试让学生自己录音，甚至是录制视频，这样更能激发学生学习英语的兴趣。

（3）有效发挥支架的作用。听说课的重头戏是说的环节，对于普通中学的学生来说，说的环节难度太大。从输入环节到输出环节需要教师帮助学生搭建支架。教师围绕某一个话题设计一些问题，把这些问题整合在一起，为学生搭建一个支架。学生可以利用支架阐述自己的观点，这样学生的口语表达不再是碎片化的，既可以达到预期的效果，又可以增强学生的自信心。

（4）评价的方式需多样化。许多英语课堂上，教师对学生的评价往往是单一、重复的，这样会导致教学评价效果不佳，因此，教师应注意评价语言的多样化，尝试用不同的方法评价学生的课堂表现。此外，同伴评价也是一种很好的学习方式。学生通过同伴对自己的评价可以吸取经验，完善自己。在这个过程中，教师可以先提供一些评价的标准和方法，指导学生从内容、语音和语调等方面评价同伴的表现。这样，学生在支架的帮助下，从不会评价到会大胆地使用英语评价同伴，无疑又一次增强了自己英语学习的信心。

（上海市淞浦中学　王慧）

二、搭学习支架提听说技能——听说课第 2 棒（示范性中学高一平行班）

新世纪英语（上海版）高一 Unit 7 Newspapers

（一）课前困惑

（1）如何真正做实、做好用教材教学，帮助学生实现学必有用，以用促学，学用结合？

（2）如何结合学情，搭建合适的学习支架，帮助学生提升听说技能？

（3）如何设计有趣有效的教学活动，激发学生的参与意识和探索精神，落实学生学科核心素养的培养？

（二）教学实施

本节课依托于新世纪英语（上海版）高一年级第二学期 Unit 7 Newspapers，结合近期上海开始垃圾分类的热点话题，选取报刊新闻 Garbage Sorting in Shanghai 为听力语料，拓展课文内容，提升听说技能。授课班级是高一平行班，大多数学生英语基础一般，英语表达能力较弱，许多学生不敢说、不愿说，觉得自己不能说。课堂以图片游戏导入，对接趣点，激活话题。通过泛听，帮助学生理解语篇主旨，梳理作者观点和态度；通过精听，引导学生聚焦语料中的典型表达法，并鼓励学生拓展目标语词，激活已有语言知识，为之后的表达做准备。在说的环节，教师在学生有表达困难时或表达不够理想时为其提供支架，并根据学生学习的实际情况不断调整学习支架，从提供完整支架到逐步拆除，鼓励学生自觉运用所学知识分享真实故事，表达自己观点，在应用实践和迁移创新等活动中丰富语言知识，提升学习能力。

本节课基于"指向学科核心素养的高中英语听说教学规程及其实施路径"，分为 My Understanding、My Story 和 My Attitude 三个部分。My Understanding 部分：教师通过图片呈现常见的生活垃圾，学生进行垃圾分类。以图片游戏的形式引入话题，既激发学生兴趣又对接当下热点话题，提升学生学习积极性。接着，选取关于垃圾分类的新闻报道作为听力语料。学生先泛听语料，概括主旨大意、作者对实施垃圾分类的态度及对未来的展望，听的过程中，教师引导学生关注听力语料中 topic-attitude-expectation 的结构框架；接着，学生精听语料，提炼主题词汇和典型句式，补充文本细节。之后，针对提炼的目标语词，学生回顾已学知识、拓展英语表达，从语言上和结构上为后续口语输出做准备。My Story 部分：话题延伸至垃圾分类对学生生活的影响，学生依托于已激活的结构框架和核心语词讲述自己关于垃圾分类的故事。一位学生分享后，其他学生就分享内容发表自己看法。My Attitude 部分：逐步移除学习支架，学生以小组为单位，结合垃圾分类前后自己生活的变化，表达自己对垃圾分类这一举措的看法。在语言输出的过程中，学生迁移应用已学知识，就热点话题有理有据地发表观点，提升英语口语表达能力和思维品质。

1. 教学目标

By the end of the class, the students are expected to

- Recall the words and expressions in the passage such as *lay emphasis on*, *oppose*, *change for the worse*, *find it difficult to do*, *it remains to be seen whether* and their

extensions.
- Apply the key expressions and their extensions to describe their own life experience clearly.
- Express opinions on garbage sorting by depicting changes before and after garbage sorting logically.

2. 教学重点

- The students recall and consolidate the words and expressions in the passage.
- The students apply the words and expressions to describe their own life.

3. 教学难点

The students express opinions on garbage sorting by depicting changes in a logical way.

4. 教学过程

My Understanding

Activity 1.

Students classify garage into four categories.

Purpose：

To arouse students' interest and introduce the topic.

PPT 呈现内容如下：

说 明

图片导入，对接趣点。教师展示常见生活垃圾的图片，学生对垃圾进行分类。分类过程中，教师通过互动帮助学生扫除与话题相关的生词，如垃圾分类 garbage sorting，可回收垃圾 recyclable garbage，垃圾桶 trash can/garbage can，被扔到 be thrown into 等。同时，引导学生回顾 Unit 7 Newspapers 中学到的新闻体裁的语篇特征和语言特点，为后续听力输入做准备。

通过图片游戏导入话题,增强了教学活动的趣味性和互动性,能有效改善平行班学生不愿说、不敢说的情况。垃圾分类话题与学生生活紧密相关,可以激发学生想说的欲望,使大部分学生有话可说。教师在游戏中帮助学生扫除生词障碍,在互动问答中引导学生回顾新闻体裁特征和语言特点,从语言、结构、内容等方面帮助学生充分做好听力准备,提升学生学习的信心。

Activity 2.

The students listen to the passage, pick up the key words and summarize the main idea.

Purpose:

To develop a listening skill by focusing on key words and main idea.

PPT 呈现内容如下:

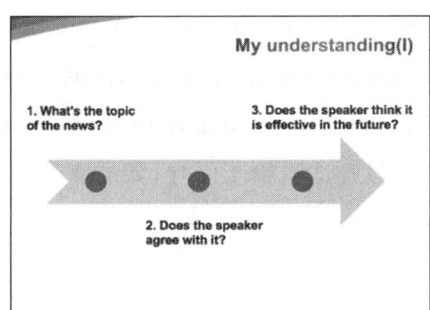 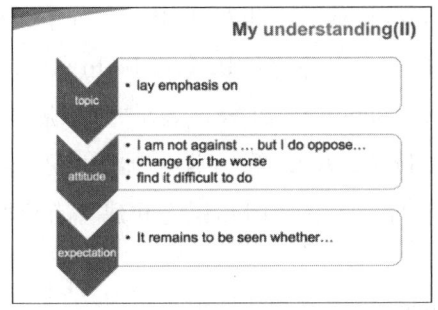

说 明

首先,泛听语料,归纳主旨。教师针对话题内容、作者态度和未来展望提出三个问题,学生带着问题听语料。通过回答问题,学生总结文章主旨大意、作者观点和语篇结构。同时,教师引导学生关注 topic-attitude-expectation 的结构特征,为接下来的口头表达做准备。当学生无法总结出听力语料的结构特征时,教师可以通过强调 the topic、agree or disagree、in the future 这三个问题的关键词,引导学生关注语篇结构。

其次,精听语料,聚焦目标语词。教师围绕 topic-attitude-expectation 的结构呈现目标语词,引导学生根据目标语词精听语料,补充细节信息。学生尽可能多地记录细节信息。当学生没有听到或听懂目标信息时,教师重读目标信息及其上下文,然后让学生复述或者回答问题,加深对文本的理解。

Activity 3.

The students focus on the target expressions and recall the related information.

Purpose:

To help the students have a sense of expressing in different ways and build a word web.

PPT 呈现内容如下：

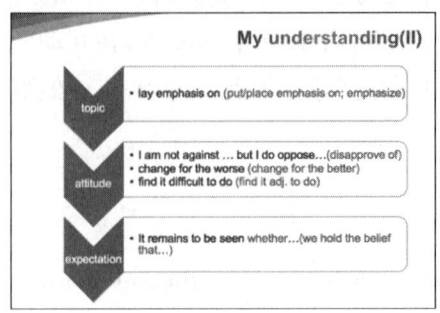

说 明

激活已学知识，拓展目标语词。教师呈现核心词汇，引导学生拓展表达方式。结合听力语料中的结构特征和目标语词，学生回顾已学知识，拓展语言表达。表达"话题"时，除了听力材料中的 lay emphasis on，也可采用 put emphasis on、place emphasis on 或 emphasize 等。表达"态度"时，表示支持的有 be for、be in favor of、approve of 等；表示反对的有 be against、be opposed to、disapprove of 等。表示"未来展望"时，可以用 it remains to be seen whether...，we hold the belief that... 等。学生产出出现困难时，教师适时给予引导，如提醒变换词性、给出关键词等，引导学生在新旧知识之间建立有机联系。

My Story

Activity 4.

The students tell a story to describe garbage sorting based on their own life experience with the scaffold.

Purpose：

To encourage the students to describe their own life experience with key expressions clearly.

PPT 呈现内容如下：

说 明

学生用所学知识讲述自己的故事。教师围绕 topic-attitude-expectation 结构,联系学生的实际生活设计问题,如 How does it influence your daily life? Does your life change for the worse? Any example? 学生根据所提问题,自觉运用结构框架及目标语词,提升语言输出的质量。一人分享之后,其他学生就分享内容发表自己看法。当学生将目标语词迁移到了新的情境时,教师及时地给予表扬,板书记录好词好句,进一步丰富学生的语言。通过学生互评和教师评价的方式,提高了课堂活动的参与度。

My Attitude

Activity 5.

The students express their attitude towards garbage sorting by giving evidence with the scaffold.

Purpose:

To learn how to express their attitude by giving evidence logically.

PPT 呈现内容如下:

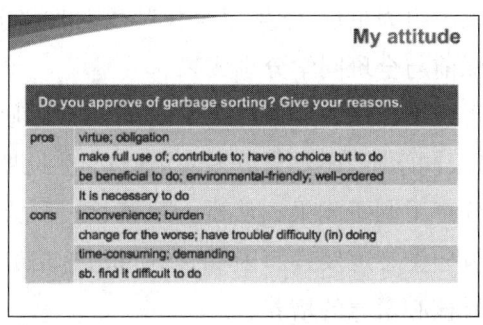

说 明

表述态度,有理有据。教师引导学生关注垃圾分类给自己生活带来的变化,鼓励学生表达对垃圾分类举措的看法。首先,学生通过小组合作的方式,讨论垃圾分类的好处与不足,并记录相关的词汇表达;其次,学生运用所梳理的词汇,阐述自己对垃圾分类的观点,并结合生活经历给予理由阐述;最后,小组代表发言时,其他学生记录所说内容,一方面复习相关的词汇表达,另一方面及时给予补充。在学生记录语词的过程中,教师引导学生有意识地对词汇进行分类,学生根据内容将词汇分为支持和反对两类,在两类中根据语言形式又可分为名词、动词、形容词及句式。通过梳理语词的方式,学生掌握了丰富的词汇表达,提升了辨识与分类的能力。此外,在小组讨论的过程中,学生不仅要清晰陈述观点,而且要提供证据说明原因,这也锻炼了学生的辩证思维能力。

Homework

Conduct a survey among the students on their attitudes towards garbage sorting, and write a report about it with the scaffold.

Purpose:

To develop the students' key competence.

PPT 呈现内容如下:

	Useful expressions
Beginning	Recently, I've conducted/made/ carried out a survey among...on.../ to find out...
Body	①The survey demonstrates that...while... ②The supporters/opponents believe/ claim/ argue/ insist/ hold the view that... ③The reasons are as follows. Above all...Then... ④The reasons why...is that... ⑤Among all the reasons, ...rank the first...
Ending	①Based on the survey, we draw the conclusion that... ②As far as I am concerned, I think...
Transition	①From/ According to the survey, ... ②As the survey/data shows, ... ③Besides/ What's more, ... ④However, ... ⑤By contrast,...

说 明

课后巩固,开展调研。以小组为单位,学生以全校师生对垃圾分类的态度及原因为主题,开展调研,完成报告。下节课前与全班同学分享成果。

通过调研活动,教师将听说训练延伸至课外。学生不仅听老师讲、同学讲,还听全校师生讲;学生不仅说给同伴听、班级同学听,还要与更多人沟通;学生既听他人说,又说给他人听,更是加以问卷记录的方式,还分享了调研成果。从听、说、读、看、写方面提升英语语言技能。最终形成关于"全校师生对垃圾分类态度及其原因"的调研报告,培养了学生对热点话题的批判性思维,落实了学生英语学科核心素养的培养。

(三) 课后反思

(1) 依托课本语篇主题,对接时事热点,实现学以致用。本节课依托教材单元主题 Newspapers,结合上海开始垃圾分类的热点新闻,选取 Garbage Sorting in Shanghai 为语料,对学生感兴趣的话题开展听说训练。通过引入上海开始垃圾分类的热点新闻,为学生营造了熟悉的话题语境,确保每个学生都有话说。在听说训练的过程中,学生不仅复习了课本中学到的新闻体裁的语篇特征和语言特点,而且学会了关于垃圾分类的常见表达,丰富了单元教学的内容。此外,学生将课上所学知识融入实际生活中,不仅提升了知识运用能力,而且激发了英语学习的兴趣。

(2) 搭建学习支架,帮助学生敢说、愿说;逐步拆除支架,鼓励学生会说、多说。在整个教学过程中,结合高一平行班的学情,教师搭建并不断调整学习支架。My Understanding 部分,教师先搭建内容和结构支架,引导学生通过定位关键词概括主旨大意,通过回顾所学知识拓展目标语词。My Story 部分:教师逐渐拆除支架,鼓励学生将核心词汇融入问题回答中,自觉运用所学知识分享故事,丰富语言表达。My Attitude 部分:教师几乎完全拆除支架,通过梳理语词提升学生的辨识与分类能力,并引导学生有理有据地表达自己的观点。搭建框架是为了帮助学生敢于说,提升说的质量;逐步拆除支架,是为了不限制学生发挥,在已经提升输出质量的前提下,发挥学生主观能动性和自主创造能力。

(3) 突出学生的主体地位,培养学生的学科核心素养。在语言能力方面,通过完成调研作业的方式,学生既巩固了课堂所学的结构和词语,又在实践中提升了口语表达,最后笔头输出,完成调研报告,全面提升了学生的语言表达能力。在文化意识方面,通过这次调研活动,学生加深了对垃圾分类举措的理解,懂得了保护环境对人类的重要性,树立了人类命运共同体意识,培养了社会责任感。在思维品质方面,整个调研活动中,学生积极地参与整个流程,包括确定调研目的、调研对象、调研方法、数据统计及结果分析,不仅掌握了科学研究的基本方法,而且提升了创造性思维能力。在学习能力方面,学生以小组合作的方式,培养了合作意识、团队精神,拓宽了学习渠道,提升了学习能力。课堂教学和课外活动始终以学生为主体,全面培养学生的英语学科核心素养。

(上海大学附属中学　耿卉)

三、问题引领·迁移激活——听说课第 3 棒(示范性中学高一特长班)

新世纪英语(上海版)高一 Tips for English Learning

(一) 课前困惑

(1) 如何充分挖掘、利用课本资源,让听说课成为学生企盼的课程?

(2) 学生口语表达时大多用词简单,句式相对单一,无法将学过的知识加以迁移和举一反三。在听说课上,如何帮助学生激活并应用已学知识,提升其英语输出的质量?

(3) 如何鼓励更多的学生用英语表达自我感受和观点,并从他人身上学习借鉴适合自己的学习策略和方法,营造班级互助互信的英语学习氛围?

(二) 教学实施

本课材料选自新世纪英语(上海版)高中一年级第一学期 Unit 3 Foreign Language Learning,单元主题为英语语言学习,选取课本听说部分的"介绍英语学习方法"为输入语料,话题贴近学生的日常学习生活。授课班级是高一年级英语特长班,大多数学生有较好的英语基础,英语学习的热情也比较高。在听的环节,通过泛听和精听帮助学生理解语篇的主旨大意、说话者的态度;通过问题引导,帮助学生梳理语篇中的典型语词和表达,有效激活学生已学知识,为后续迁移运用做好准备。学生"说"的环节分为两个层次,首先通过教师的问题引导,学生运用关键语词和句型讲述自己的故事;其次四人小组交流讨论,为组员量身定制英语学习计划,互相帮助,互补长短,在迁移创新类活动中,学生巩固语言知识,提升语言技能。

这节课采取 My USA 的教学实施路径,即 My Understanding、My Story 和 My Attitude 三个部分。My Understanding 部分:首先创设情境,通过"给同龄人 Sam 提建议",用情境激活学生对相关话题的已知知识和背景,帮助学生尽快进入状态。其次,泛听语料,学生用所听关键词或主旨句,归纳语篇大意和作者态度。再次,精听语料,学生带着问题边听边记目标语言知识,听后互动交流。最后,教师引导学生针对目标语词回顾已学相关知识。My Story 部分:话题延伸为和学生自身学习经历有关的内容,学生借助问题支架,讲述自己英语学习的方法和经历;针对发言者的分享,其他学生简单谈谈自己的感受。My Attitude 部分:学生四人小组就"提升英语薄弱项、定制个人学习计划"开展讨论,每组选代表汇报小组成果,交流经验。这一阶段,学生能迁移应用已学知识,结合生活实际发表观点,提升语言能力和思维品质,培养学习能力。

1. 教学目标

By the end of the class, the students are expected to

- Recall the expressions in the passage such as *feel it of benefit*; *at a loss*; *It's a question of*; *It's... that* and their extension.
- Manage to apply the expressions to describe their own and others' English learning method and feelings.
- Determine suitable suggestions for themselves and apply this spirit to daily life.

2. 教学重点

- The students recall and consolidate the expressions in the listening material.
- The students apply the expressions to their own description.

3. 教学难点

The students tell their English leaning story and offer suggestions in an expressive and logical way.

4. 教学过程

My Understanding

Activity 1.

The students offer their help to Sam.

Purpose:

To introduce the topic and familiarize the students with the topic.

PPT 呈现内容如下:

说 明

创设情境，引入话题。教师提出问题："Sam 在英语学习上遇到了困难，并感到十分沮丧，他该怎么做才能提高英语水平？"学生结合自身实际经验探讨提升英语学习的方法。教师肯定学生的发言并作进一步引导，鼓励学生通过向老师或朋友请教等方式，以积极的心态面对学习中的困难。

教师创设真实语境"同龄人面临着和自己一样的学习困惑"，引起学生共鸣，激发学生兴趣。师生之间通过快速问答的形式引入话题，激活背景。当学生表露出消极情绪时，教师应适时鼓励和引导学生用积极的心态去解决问题，以此培养学生乐观向上的学习态度。

Activity 2.

The students listen to the material, understand the gist of the speech, focus on the target expressions, and retell the speech according to target expressions.

Purpose：

To develop a listening skill by focusing on main idea and key words.

PPT 呈现内容如下：

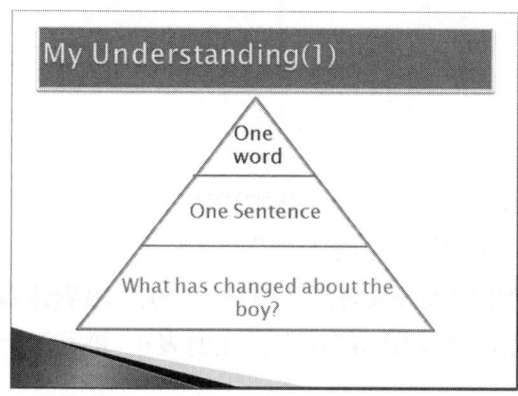 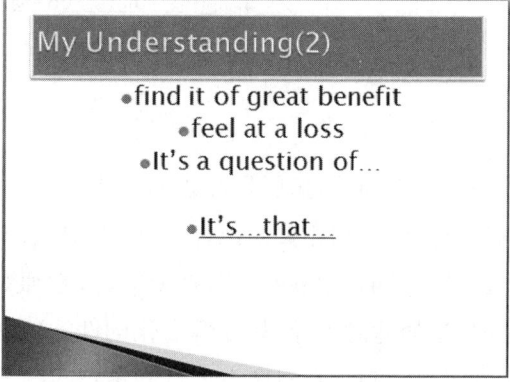

说 明

泛听语料，聚焦主旨。第一遍听，学生可以用一个词或一句话概括文章的主旨，并回答问题 What has changed about the boy? 学生提炼的关键词可以是他们在听力语料中反复听到的词也可以是自己概括总结得出的词，主旨句能表达主旨大意即可，无标准答案。通过提炼关键词、主旨句，培养学生把握语料重点和概括信息大意的能力，并通过问题 What has changed about the boy 进一步检测学生对语料主旨、作者态度的理解情况。

精听语料，聚焦目标语词。第二遍听，学生重点关注目标语词，尽可能多的记录细节信息，补充主旨大意。选取的目标语词为文本中的关键信息，同时也是学生高中已学的核心词汇。

学生聚焦核心词汇,一方面补充听力信息,另一方面激活已有知识,从内容和语言两方面为接下来的表达做准备。

Activity 3.

The students focus on the target expressions and recall the related knowledge.

Purpose:

To develop a habit of expressing in different ways and consolidate the knowledge acquired.

PPT 呈现内容如下:

说 明

激活已学知识,拓展目标语词。通过学生自主回忆、联想以及教师提醒等方式,梳理重点语词的典型用法和相关知识,激活已学知识,丰富语言表达的"素材库"。

鼓励同学们"七嘴八舌",畅所欲言,教师对学生的表现及时给予表扬。学生口语表达遇到困难时,教师适时引导,如提醒变化词性、给出关键词等,"诱导"出多样化的表达,培养学生在新旧知识之间建立有机联系的认知策略。

My Story

Activity 4.

The students tell the class their own English learning tips with the help of the guided questions.

Purpose:

To learn how to put what they've learned into daily use and express themselves logically and expressively.

PPT 呈现内容如下：

> **My story(1)**
> - What's your <u>English learning method</u>?
> - What do you **think of it**?
> - **How did you feel** before you adopt this method?
> - **What happened** later?
> - What on earth does this method **help you with**?

说 明

应用实践，讲自己的故事。讨论话题延伸至学生自身的英语学习经历和方法，鼓励学生运用目标语词讲述自己的故事，分享自己英语学习中的经验和故事。在问题框架的引导下，学生能把握讲述自身故事的逻辑主线，并将目标知识点运用其中，提升语言输出的品质。

一人分享后，其他学生简单谈下自己的感受。比如，有学生提到自己也有类似的经历感受，自己是否赞同该学习方法等，进而增加师生、生生间有意义的互动。

教师应利用好学生即时生成的优质表达，鼓励学生"敢说、愿说、会说"。如果学生有创意性的表达，教师也应及时给予表扬。教师可边听边在黑板上板书学生发言中的好词、好句等，进一步丰富学生语言表达的"素材库"。学生对自己的学习方法和策略的反思，有利于培养他们自我反思的习惯，提升自主学习能力。

My Attitude

Activity 5.

The students exchange their learning experience in a group of four. Others take down notes while one is speaking.

Workout a study plan for one of the group members.

Each group presents their poster and plan to the whole class.

Purpose：

<u>To diversify forms of listening input and practice the skill of grasping gist and key words while listening.</u>

<u>To encourage the students to discuss problems and solutions within groups and learn from each other.</u>

PPT 呈现内容如下：

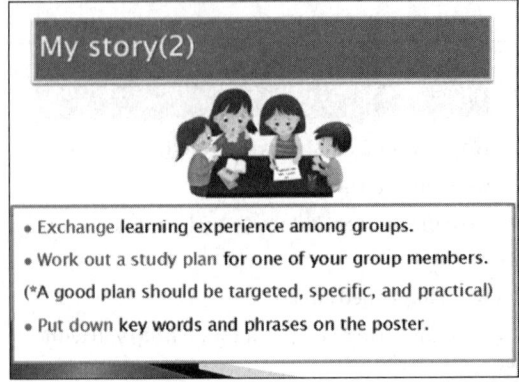

说 明

迁移创新，制定个性化计划。几轮发言互动后，学生组成四人小组，展开讨论。针对一名组员的英语学习薄弱项，结合各自的学习经历和经验，为其制定具体可行的英语学习计划。一人说时，其他同学做笔记，将关键词、要点写在展示纸（poster）上。讨论结束后，小组派出一名代表展示成果。

小组开始讨论前，教师应提醒学生制定学习计划的 TSP 原则，即针对性（Targeted）、具体化（Specific）与可行性（Practical）。小组讨论时，教师在课堂巡视，适时提供指导和帮助。

组内交流时，语言输入形式从听录音、听教师说扩展至听同伴说；一人说其他学生做笔记的过程，再次锻炼了学生听主旨、抓关键词句的能力；在小组汇报时，进一步减少学习支架，有利于学生更自由地联系自身经验，发表观点。小组合作式学习也增加了生生互动、师生互动的机会，有利于提高课堂活动的参与度。学生通过互相学习互相借鉴，学会勇于面对困难，寻找解决方法。

Homework

Make up a dialogue with your desk-mate, offering your learning advice to him or her about other subjects.

Purpose：

To determine suitable suggestions for themselves and apply this spirit to daily life.

（三）课后反思

1. 在听说课教学中，教师应充分挖掘、利用教材资源

教师可围绕单元话题，结合学生的日常学习和生活开展听说教学。这既是单元教学的有机组成部分，又能够促进学生将所学知识学以致用，让听、说、读、写、看方面的技能相辅相成，综合提高。

2. 上好一堂高质量听说课，教师应明确课堂各环节的重点

（1）听前准备。激活背景知识，明确听的任务。完成这一目标需要在课堂导入环节迅速地让学生对讨论话题产生认同感和表达欲。再在听前明确目标，让学生形成对听的期待。

（2）听中强化。强化目标语言。这一环节的难点在于引导学生正确地聚焦目标语言。课上可通过师生互动的形式梳理出目标知识。根据学生层次的不同、听力材料难度的不同，灵活选择互动形式，如问答、填空、复述等。

（3）听后表达。迁移使用目标语言。在听后表达部分，为了提升学生英语输出的质量，提升学生表达性技能，教师应逐渐减少支架支撑。在学生借助问题链讲述自身经历，发表自身观点后，再适当发散讨论话题，让学生迁移运用已学知识。

3. 学生从"怕说"转变为"愿说""会说"，需要教师"对症下药"

即便是重点中学英语提高班的学生，无论多么渴望用英语表达和展示自我，缺乏表达素材、思路和机会的课堂教学也会削弱他们用英语表达的勇气和能力。因此教师需要"对症下药"——精心选择贴近学生生活和学习的听力素材，为学生创设更多表达的机会；聚焦核心语言知识，联想激活已学知识，丰富学生表达素材库；设置问题链等支架，引导学生理清表达思路；教师针对学生的观点表述多多给予鼓励。这样一来，学生的学习成就感多了，信心和能力自然也增加了。利用好听说课型，多管齐下，为提高学生的综合语言运用能力助力，让听说课真正成为学生们期盼的课堂！

（上海大学附属中学　刘颖）

四、以"听"促"说"有质量地说——听说课第4棒（示范性中学高二特长班）

新世纪英语（上海版）高二 Unit 7 Shopping in the States

（一）课前困惑

（1）如何将听说教学与课本材料有机结合，将听说教学课程贯穿到常规单元教学中，实现教材价值的最大化？

（2）如何将听力语料话题改编为与学生学习生活紧密联系的相关话题，引导学生灵活运用听力语料中的核心词语表达观点？

（3）如何鼓励学生从不愿说、怕说，到有话可说、有话能说、有话会说，并能对他人的表现进行评价。

（二）教学实施

本文选取新世纪英语（上海版）高中二年级第一学期 Unit 7 Shopping in the States 部分作为听力语料，通过泛听和精听，帮助学生理解听力语料主旨和作者态度；并从听力语料中总结核心词语和句式，展开话题并适当迁移，引导学生通过核心词语和句式自由表达自己的观点，从而在听力输入与输出间搭建通道，帮助学生形成结构完整、语言优美的口语表达。此外，在学生表达过程中，鼓励学生对同伴表现做出评价，发现优点和不足，并提出改进意见，以此帮助学生进一步反思自己的表达，并促进同学间形成互相鼓励、互相学习的语言学习氛围。

本节课采用"活动前—活动中—活动后"三阶段教学模式，按照教学流程我们将其分为 My Understanding、My Story 和 My Attitude 三个部分。

My Understanding 部分：学生对日常熟悉的话题"购物"发表看法，通过问答方式进入话题语境；接着，学生听语料，提炼出语料中的主旨内容、语词、典型句式，根据核心词复述听力语料；并由核心词句展开，回顾与此相关的表达法。My Story 部分：由"购物"延伸至与生活紧密相关的"网购"话题，学生运用听力语料中的核心词句表达自己的观点，并且学会如何对自己和他人的表现进行评价。My Attitude 部分：学生就现实问题表达观点，教师鼓励学生运用已学语言知识展开结构完整、语言流畅、内容丰富的表达；并通过合作讨论的方式开展深度思考，辩证地看待现实问题，小组合作发表观点，以此帮助学生获得对该话题更深刻的理解，培养学生的批判性思维。

1. 教学目标

By the end of the class, the students are expected to

- Recall the expressions in the passage such as *be composed of*, *impress*, *influence*, *that's why* and their extension.
- Manage to apply the expressions to other forms of shopping and describe their shopping experience.
- Comment on others' opinion and develop their critical thinking.

2. 教学重点

- The students recall and consolidate the expressions in the passage.
- The students apply the expressions to other subjects.

3. 教学难点

The students know how to comment on others' opinion and develop the critical thinking.

4. 教学过程

Pre-activity (My understanding)

Activity 1.

The students guess the meaning of the word "shopaholic" and recall different forms of shopping.

Purpose：

To introduce the topic and create a relaxing atmosphere.

PPT 呈现内容如下：

说 明

导入环节,通过图片提问、猜词意、对单词改述(paraphrase)的形式,创造一个轻松活泼的听说氛围,并为听力话题"购物"做好铺垫。在此过程中,引导学生多用整句表达,尽量不要用单词或短语回答问题;当学生使用好词好句时,教师需要对学生多加鼓励,并将其写在黑板上。此环节中,学生遇到生词shopaholic时,教师不直接告诉学生单词意思,而是鼓励学生根据上下文以及图片猜测单词意思,这种方法能帮助学生消除畏难情绪,在听力过程中遇到不认识的单词也可以通过语境基本信息理解文章意思。

Activity 2.

The students listen to the material, have a general understanding of the speech, focus on the target expressions, and retell the story according to target expressions.

Purpose:

To develop a listening skill by focusing on main idea and key words.

PPT呈现内容如下:

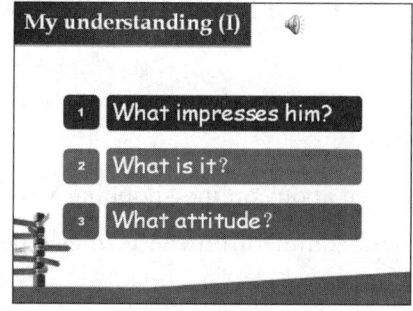 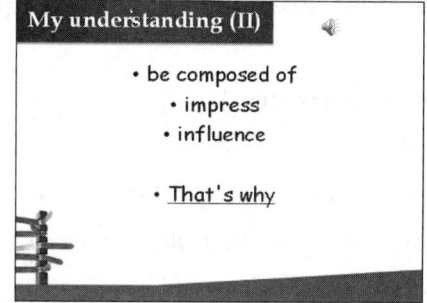

说 明

泛听时,学生根据所提问题归纳听力语料主旨、判断作者态度;精听时,学生学会提取听力语料的关键词。当学生表达有困难时,如果是学生没有听懂,可重听后再互动;如果是学生听懂但不会表达,教师可重读关键句再通过问答等方式帮助学生理解听力语料、组织语言、表达思想。语汇选择要关注文本中的关键词即高中阶段的核心词汇。根据关键词简单复述,体现分层教学,检测评估证据,也为后续延伸做好铺垫。

Activity 3.

The students recall some expressions related to the key words and apply these expressions to different situations.

Purpose:

To have a sense of expressing oneself in different ways and build the scaffold for the following speech.

PPT 呈现内容如下：

My understanding (II)

- be composed of/ be made up of/ consist of
- <u>impress</u>/ what impresses me.../ leave me a deep impression
- <u>influence</u>/ have an influence/ impact/ effect on...
- <u>This is the reason why</u>.../ therefore/ as a result...

说 明

学生回忆梳理相关表达法，鼓励学生表达形式多样化，形成关于"购物"类话题的词汇链，为下面自由表达观点做好铺垫。在学生表达的过程中，如果出现错误表达或者产出有困难时，教师针对问题及其原因进行引导。在这个过程中一定要充分肯定学生的各种尝试和创新。

While-activity (My story)

Activity 4.

The students tell a story of their own experience about online shopping with the help of some questions, and the other classmates listen and comment on the former's performance.

Purpose：

To learn how to put what they've heard into expressing themselves, and learn how to improve themselves through comments.

PPT 呈现内容如下：

My story

- Comment on others' performance:
- From my perspective, his/her speech is...
- In terms of <u>content</u>,...
- When it comes to <u>language</u>,...
- ...

说 明

故事讲述。学生利用所学关键词及其拓展表达讲述自己的网购故事。其他同学仔细聆听,在教师的引导下对同伴的表现进行评价(内容是否生动有趣、结构是否完整、语言是否丰富,并举例说明),并提出自己的改进意见。在此过程中,学生学会聆听和欣赏他人的表达,同时反思自己是否有类似问题,从而完善自己的表达。在评价环节中,教师可以先做一次示范,评价某位学生的表现,供学生参考,再由学生互评和自评,实现评价的多元化。

Post-activity(My attitude)

Activity 5.

The students express their attitude towards the question whether physical stores will be replaced by online shopping, and offer suggestions to a physical store owner about how to develop the physical stores.

Purpose:

To learn to think about practical problems with critical thinking and fluently express themselves.

PPT 呈现内容如下:

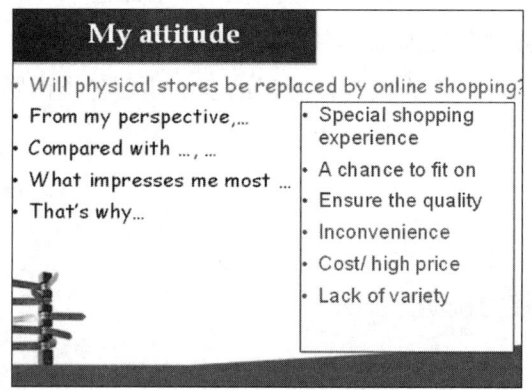

说 明

态度表述。学生思考实体店经营的利弊,对"实体店是否会被网购取代"这一问题发表自己的观点。教师创设情境语境,学生为实体店店主提意见:如何在当今环境下经营实体店。在此过程中,学生学会辩证地看待问题(相较于网购,实体店有利有弊),并思考如何解决实际问题(当前环境下,实体店如何改革)。将口语表达放在真实的语境当中,激发学生对于"购物"话题的深刻思考,帮助学生了解口语表达的魅力所在,勇敢表达自己的观点。

Homework

Interview your classmates about their opinion on different forms of shopping and make your comments.

Purpose:
To apply what they've learned in class to after-class assignment and develop the communicating skills and critical thinking.

说明

将听说训练融入学生的课后任务中。学生采访周围同学对于不同购物形式的看法并发表自己的观点,采访的过程中学生需要运用英语流利表达自己的看法,并仔细聆听他人的看法,在发表自己观点时学生独立自主思考的能力也能得到锻炼。

(三) 课后反思

(1) 学生口语表达中存在的主要问题是:无话可说、有话不会说、说得不够好。本节听说课围绕学生感兴趣的话题展开,鼓励学生讲述自己的故事,帮助学生有话可说;通过聚焦关键词、拓展关键词用法,鼓励多元表达,为学生搭建支架,帮助学生有话会说;引导学生就热门话题发表辩证看法,创设真实语境,鼓励学生为解决实际问题提出意见,帮助学生说得更有深度。

(2) 课堂中引入多元化评价机制,教师将课堂评价的话语权下放给学生,引导学生相互倾听、相互评价,学生通过对他人的评价,反思自己在表述中出现的问题;倾听评价并做出反馈的过程也是帮助学生提升沟通交流技巧、提高口语表达能力的必经之路。

(3) 学生听说能力的培养应融入日常教学中。本堂课选取新世纪课文片段作为听力语料,对学生感兴趣的话题开展听说训练。在平时的教学中,听力语料来源可以更加广泛,例如课文、习题、视频等,这些都可以作为教学资源帮助学生建立各类话题的词汇链,有效提升学生口语表达的质量。

(上海大学附属中学　沈雅茜)

五、听说课案例接力说明

沉浸式研训听说课接力贯彻了沉浸式研训规程的操作步骤,具体分为四个阶段的接力。阶段一,宝山区教研员厉天宝老师发起听说课示范课,开始下沉示范(我行);阶段二,李伊老师模仿教研员的示范课,进行浸泡实践(你行);阶段三,王慧老师在李伊老师的基础上进行接力升级(他行);阶段四,耿卉老师、刘颖老师和沈雅茜老师综合前三个阶段的教学经验和成效,进行辐射推广(都行)。沉浸式研训听说课各棒的接力传递体现"拷贝不走样,拷贝要走样"的理念。"拷贝不走样":各节听说课的教学始终以听说教学规程及其实施路径为指引,以《课程标准》为指导,以培养学生学科核心素养为核心目标,提升学生的英语听说技能;"拷贝要走样":各个接力教师从实际学情和教学内容出发,在继承前一棒的基础上进行个性化的改造。根据学情设计教学过程,体现不同学校、班级和教师教学风格的特色。

王慧老师执教班级为普通中学高一的班级,学生的英语基础比较薄弱,且缺乏用英语交流的自信。针对此学情,为了鼓励学生学会说且有话说,教师选择了"我的烦恼"作为主要话题,在教学活动设计中以学生需求为出发点,以学生所熟悉的题材,通过填空的方式提供主题词汇和表达框架,层层深入,并在最后以学生互相提供"解惑建议"的方式来进行同伴评价,帮助学生从建立自信到最终会说、想说。

耿卉老师执教班级为重点中学的高一平行班,大多数学生的英语基础和英语表达能力一般,他们愿意表达自己的想法,但是表达质量并不高。结合这一学情,教师选取了学生较为熟悉的热点新闻 Garbage Sorting in Shanghai 为听力语料,并在教学设计中强调在不限制学生的想法的基础上,以主题为引领、问题为引导的方式,帮助学生分类、加工并运用听力语料中的主题词汇链,实现高质量的语言输出。

刘颖老师执教班级为重点中学高一特长班,大多数学生有较好的英语基础,但学生不会使用已学过的英语知识表达自己的观点。为了让学生从怕说到愿说、会说,本堂以"英语学习建议"为主要话题的听说课有以下几个亮点:①"听"与"说"的各环节重点明确。听前激活背景知识、明确听的任务;听中强化目标语言;听后迁移使用目标语言。通过拆分细化各环节目标,达到学生听说能力的综合提升。②教师帮助学生在新旧知识之间建立联系。在学生拓展目标词遇到困难时,教师能够适时引导。③充分利用合作学习。在 My Attitude 环节,要求学生迁移创新,为组员制定个性化学习计划。

沈雅茜老师执教班级为重点中学高二特长班,学生的听说能力相对于高一有了进一步的提高,如何更好地以"听"促"说"成为教师更大的挑战。首先,沈雅茜老师充分利用教材资源,将听说课程贯穿到常规单元教学中,迅速激发起了学生讲述自身购物经历和表达态度的兴趣。其次,在泛听与精听语料后,要求学生不仅能理解听力语料主旨、作者态度,还需根据关键词简单复述语料,将语言输出的环节提前,难度增加,也为后续讨论环节做好铺垫。此外,在 My Attitude 环节,在前几棒的"分享感受和观点"的基础上,沈老师还帮助学生从语言、结构和内容三个角度,有理有据地进行同伴互评,以评促说,总结经验,调控学习。

在沉浸式研训接力的过程中,各个教师都以听说课规程的 My USA(My Understanding、My Story 和 My Attitude)为主要设计依据,以基于某主题语境的听力材料为学生语篇输入材料,以听力材料的文本结构和主题词汇为依据,以学生的模仿训练和思想表达为主要输出形式,以小组活动为评价形式,结合不同学情,分别从帮助学生想说(提高自信)、能说(可以把自己的想法表达出来)、会说(提高口头表达的质量)和善说(利用语料独立表达想法),真正践行了"拷贝不走样,拷贝要走样"的沉浸式研训理念。

第五章　实践感悟

课堂转型：让学习真实发生在每一位学生身上
——以高中英语试卷评析课为例

一、为什么要课堂转型

在高三的课堂教学中，试卷评析课是一种重要且常见的课型。评析试卷可以帮助学生分析一个阶段的学习情况，并在此基础上查缺补漏，寻找自己犯错的原因，找到解决问题的办法，最终达到提升教学质量的目的。

但是一直以来，我在进行试卷评析课教学实践时，往往都会受到以下几点问题的困扰：1.试卷讲评时没有明确的侧重点和选择性，总是想着题题不放，一讲到底，但碍于有限的周课时数，讲快了怕学生无法吸收理解，讲慢了，又怕完不成讲评任务；2.每次试卷讲评前，我都做了充分的准备，自认为在课堂上已经把每个知识点都分析得头头是道了，但学生在之后的练习和考试中，只要题目语境稍加变化，还是会不停地犯相同的错误，好像完全没有记住和理解我讲过的知识点以及解题思路；3.试卷评析课上，学生只知道埋头记笔记，没有独立思考的时间和习惯，有时还会因为我的"喋喋不休"而出现走神甚至瞌睡的情况。这样的教学形式，产生的教学效果经常是：我辛辛苦苦地备课讲题却换不来学生对于知识点的真正理解和考试的优异成绩。

面对这样的困扰，我曾尝试让学生自己讲题目，但他们在讲评的过程中也存在着诸多问题：1.不知道每一种类型的题应该怎么去讲；2.害怕自己讲错，不敢开口讲或者讲解的声音非常小；3.敢于开口讲的学生有时讲得很啰嗦，一直讲不到关键点，一节课下来，课堂容量和效率都很低。

可以这样说，这种教学模式的试卷评析课并没有真正起到促进学生学习，提升教学质量的作用，所以我非常迫切地希望能够有效改变此种课堂教学模式。

二、如何进行课堂转型

通过参加教研活动，我了解到教研员厉天宝老师及其团队成员针对英语教学的10种不同课型研制了一套指向英语学科核心素养的高中英语教学规程，这其中就包括试卷评析课的教学规程。后来，我又观摩了几位团队老师的试卷评析课，心中羡慕不已，不禁感叹："这就是传说中别人的学生吗？怎么训练才能让学生又自信又有条理地讲题呢？"

一方面，我希望自己的学生也能够在试卷评析课上有所收获；另一方面，也是出于不甘落后的心态，在本学期高三试卷评析的课堂教学中，我仔细地学习了试卷评析教学规程，按照 TAPP（即 Training、Analysis、Practice 和 Production）的教学规程实施路径进行了尝试。另外，我也有幸加入到沉浸式研训试卷评析课的团队中，前三棒的沈雅茜老师、邢秀珏老师和朱尉老师多次来到我们学校，和我一起磨课。她们积极帮助我修改整个教学设计和实践流程，在多元评价和授课环节等方面提出了很多宝贵的意见。

关于试卷评析课，我的基本操作流程是这样的。

讲评的题目选取试卷中得分率在 30%～70% 的题目，这些题目往往是学生普遍存在问题的题目，也是老师认为应该讲评的题目，即满足了"两想两讲"的要求。

在 Training 培训部分，我针对不同题型制定了试卷讲评模板，并以学案的形式呈现给学生，指导学生学习讲题方法、解题思路和要求。先在班级里找几个平时英语成绩不错的学生来讲题目，如果解题思路没有问题，讲解又比较清晰，那么在第二天的课堂上，这几位学生就可以给班级的其他学生讲题。在这个过程当中，第一批学生首先得到了教师的认可，他们学习英语的自信心就会增强。然后将其余学生分成学习小组，让第一批学生作为组长，指导组内的学生对自己试卷中的错题进行思考和分析。这样一来，作为组长的学生因为承担了责任，所以学习就有了自觉性。组内的学生因为相互之间有了竞争的意识，预学准备的积极性也有所提高。这一阶段的实践操作，很符合目前课堂教学改革中的要求之一，即课堂教学应该开始于教师了解学生知道什么和能做什么，开始于学生的独立学习和预学准备。

在 Analysis 分析部分，学生经过课前的预学准备和独立学习，可以把自己对于相关题目的理解、思路和困惑像"小先生"一样讲出来供大家分享、讨论、质疑、解惑。在此期间，我仅充当配角，适时调整课堂节奏或对学生的讲解进行简单的反馈。由此一来，学生对于知识的习得建立在了自主构建知识体系的基础之上，我们的课堂形式从"师教生"转变成了"生教生"，形成了一个多声对话的世界，师生是一个"探究的共同体"。

在夯实基础的 Practice 练习部分，我会针对某一典型错题里涉及的知识点再次以口头互动的形式对学生进行检测。在最后的 Production 产出部分，我会将本节课所涉及到的大部分典型易错知识点汇集在新的语境下，让学生及时地产出练习，以此检测课堂效果。整堂课中，生生和师生之间都可以就他人的讲解、回答以及疑惑给予及时的反馈和评价。这样的课堂教学安排，符合目前课堂教学改革中的另一个要求，即评价过程应始终与教学过程平行。在教师的指导下，学生应该积极参与评价、发现和分析问题的全过程。评价可以是自评和互评，也可以适时地由教师进行评价。评价的有效实现同样保证了课堂中"对话性"的存在。这种"对话流"就是学生头脑中"思维流"的外化体现。在试卷评析课上，学生不再是被动地接受知识，而是主动地理解、构建、输出知识和自己的思考过程。

在时间有限的试卷评析课堂上，我们只处理典型错题，力求将大部分学生都应该且能够理解或做对的知识点加以巩固和强化。当然这并不意味着我们放弃了其他题目。除了大家的"通病"，每位学生还有自己的薄弱题目，这些题目，学生会利用课间休息或自习课的时间，通过独立思考或同伴讨论的方式加以解决。

纵观整个试卷评析课的实践流程,我们既充分利用了有限的课堂时间处理最应该处理的错题,又合理地利用了课下时间,动用了学生身边可动用的学习资源进行自主学习或互助学习。试题讲解从最初的个别学生尝试逐渐普及到班级的所有学生操练,让每一位学生都有独立思考和自主构建知识网络的机会。这样的课堂教学很好地诠释了试卷评析课的18字箴言"课上课下互补,线上线下互通,点上面上共进"。让学生都经历这样一个"我听了,我忘了;我看了,我记住了;我做了,我明白了"的认知和行为的转变,也有助于学生泛在式学习习惯的养成和学习能力的提高。

三、课堂转型后的惊喜

在亲自实践试卷评析课规程之前,我并不太相信自己的学生能够把题目讲清楚,因为现在的班级是我新接手的高三文科班,一来担心师生之间默契不足,二来担心班级女生因害怕出错而羞于表达自己的观点。但是经过几番打磨、尝试、改进和再实践,我逐渐发现其实只要给予学生适当的指导,学生是可以讲明白题目的,在此基础之上,我若多多鼓励,多多给予正向积极的评价,学生也是愿意表现自己的。经过了一次又一次的课堂实践,我的试卷评析课堂不再是教师的"一言堂",学生从原来的"知识记忆者"转变成了"主体性觉悟"的"探究者"和"讲授者"。

现在的试卷评析课上,我欣喜地发现了几点变化:1.我们师生在选择需要讲解的题目时都有了针对性:学生关注自己做错的题目,我通过数据筛选出典型错题,重点在评析课堂上完成。这样课堂时间就被合理、有效、紧凑地利用起来了;2.课堂上总是充满了学生讲解问题,分享解题思路的声音。他们有时会因为一个问题而争论不休,都想用自己的理由来说服他人。课下也会有学生主动找到我,希望给我讲一讲自己的解题思路。学生自主学习的积极性提高了,我课前备课的压力就相对减少了。我不用再费尽心思地揣测学生犯错的原因,因为只要课上听他们自己讲一讲,就能立刻知道思路错在哪里,也可以及时地进行反馈;3.课堂的主动权和话语权还给了学生,因此学生会时时保持清醒,关注自己做错的题目,随时准备好为其他同学答疑解惑或回答老师的拓展问题;4.学生现在会积极利用课下时间与同学交流或独立思考去寻找解题线索,理清解题思路。

由此可见,课堂教学是一种激发创造性的活动,在这个过程中,教师应该点燃班级每一位学生思考和探求知识的火花。我们每一位教师的课堂都会经历转型,我们也都相信在转型后甚至转型中的课堂,学生会迸发出无穷无尽的潜能和智慧,给我们大大的惊喜。

(上海市罗店中学　李一奇)

沉浸式研训重塑我的教学

一、导语

2017年,我参加了上海市中青年教师大奖赛,参赛课程的教学设计基于以宝山区首席英语教研员厉天宝老师提出的概要写作教学规程。这次教学评比开启了我教学生涯的一个新篇章:我加入到厉天宝老师的沉浸式研训团队。作为一名青年教师,我开始亲身实践着一场教师核心技能的革命。我可以这样预想,这场革命之剧烈,将成为我教师生涯中最为重大的转折。尽管这样说仍然为时尚早且有点不成熟,但是我认为毫不夸张。

这场革命,或者称之为觉醒的发起人,是厉天宝老师。作为厉老师沉浸式研训团队的一员,我经历了"指导→磨课→上课→评课"的全过程,在这个过程中,我加深了对教学规程的思考,深化了对英语教学的理解,提高了自己的课程执行力,学会了运用《课程标准》作为理论依据,并以这座桥梁将教学和教研紧密地联系为一体。

二、一次教研活动的冲击力

这次自我的教学革命始发于一节厉老师亲身示范的以 How Bad Is A Failure? 为主题的听说课。对我来说,那节课的课堂教学情景至今依然历历在目:普通高中的学生们在英语课上积极参与,非常乐于开口说英语,在课堂最后的呈现环节中,学生都能大胆、流利地表达自己对于"失败"的感悟和体会。然而,更为震撼的是,不久之后,上海市通河中学的李伊老师复制改进了这节课——一样的课型、一样的流程、一样的效果。这是我第一次接触厉老师的教学规程,震撼之余,有三个词在我脑海中出现:有成效、易操作、可复制。这不正是解决一线教师教学难题的方法吗?我隐约在心中燃起了希望的火花。

三、一次教学评比的获得感

2017年,我参加上海市中青年教师教学评比大赛,上课主题是说明文的概要写作,学生要学会概要写作的关键技能,即明确话题、锁定关键词、形成主旨句。

首先,我要捋清的是基于理论的教学活动设计和评价证据。在以往的教学准备中,教师一般会更多考虑课堂呈现、活动设计和问题预设。不可否认,这些问题是基础的,必须要考虑的,而且对于公开课来说,也是极为关键的。但是如何让公开课常态化所面临的核心问题就是:活动设计的证据在何处?学生活动的评价证据又是什么?说回到我这节概要写作公开课,概要写作的重点在于三大技能的培养:梳理关键词、形成主旨句并将主旨句连接成符合逻辑的概要语篇。这三大技能就是教师的教学设计证据和对学生活动的评价证据。这三大技能的训练也对应了《课程标准》中培养学生学科核心素养"学习能力"中的"选择与获取"和"语言能力"中的"内化与整合"。

此外,在此次评比的准备过程中,厉老师推荐我以《追求理解的教学设计》中的逆向设计思路作为教学原则,其中尤其关注学生理解的六侧面,即解释、阐明、应用、洞察、神入和自知。该理论体现了以学生为本的理念,不仅让学生掌握概要写作的技能,并且通过表现性活动体现其在新环境中的应用能力。具体到概要写作课中,本堂课主要分为 My Understanding、My Strategy 和 My Achievement 三个部分。My Understanding 体现六侧面中的"解释",学生将回忆说明文的特点,利用该特点进行关键词锁定,并且明确主旨句。My Strategy 体现六侧面中的"应用",学生通过讨论和教师启发,总结和运用 CNPC 技能,完成概要写作。My Achievement 体现理解六侧面中的"洞察""神入""自知"和"应用",学生在这个部分互评习作,提出建设性意见(洞察),并在该过程中学习其他学生概要写作中的亮点(神入),以弥补自己的不足之处(自知)。

其次,是基于教学规程和单元主题设计的课堂教学实践。2017 年的比赛课和以前的公开课、展示课相比,有一个非常大的区别:这节比赛课是以概要写作课堂教学规程和概要写作单元主题设计为依据的系列课中的一节。它没有仅仅停留在设计的层面,而是运用在了操作的层面。同年九月,我开始在任教班级运用概要写作规程教学,开展了记叙文、议论文的概要写作课,到了比赛前,正好过渡到了说明文的概要写作课。相对于以往的公开课准备,这样的准备真实、易于操作、效果显著,更为重要的是,这样的过程真正让我能够将教研和教学结合起来:我既可以拥有高位的理念,也能够与自己的既有理念相结合,让自己的理论能够落地,并进行个性化的创新。

四、一次变身导师的成就感

2017 年的比赛之后,我成为沉浸式研训概要写作课型第一棒的成员。从这时起,我的身份发生了变化,我从一名课堂教学的实践者,转变成了他人课堂的观察者。因此,课堂观察也成为这个角色的任务之一。

在以前,我的课堂观察是零碎的、主观的,无法从整堂课的架构方面来观察一节课,更不用说能够提出针对这节课的修改意见和评价了。而在参与了沉浸式研训之后,我的课堂观察开始有了重点和大局观。在我和概要写作团队老师的共同协作和指导下,上海大学附属中学(上海市实验性示范性高中)的刘颖老师、上海市行知实验中学(上海市宝山区实验性示范性高中)的龚筠老师和上海市海滨中学(上海市普通高中)的徐玮楚老师都成功接力概要写作课教学,这些课不是单纯地对2017年教学评比课的复制,而是在考虑了不同年级学生特点的基础上,进行了更新和升级,如面对高一学生英语知识储备还不够,对概要写作还不太了解的情况,刘颖老师将两篇概要的任务缩减为一篇,并加上关键词到主旨句过渡的指导,更容易为学生所接受。这切实体现了教学规程的特点:实用、实践、个性。

五、一次教研革命的新愿景

2017年比赛后不久,新《课程标准》诞生了。《课程标准》提出培养学生英语学科核心素养,并且提出以下原则:感知与注意、获取与梳理、概括与整合等基于语篇的学习;描述与阐释、分析与判断、内化与运用等深入语篇的学习;推理与论证、批判与评价、想象与创造等超越语篇的学习。这些原则与《追求理解的教学设计》一书中提出的"理解六侧面"不谋而合,更是对其的拓展与补充。基于此证据的课堂观察,不仅使我在课堂观察中能够以基于学生核心素养的课堂活动表现作为证据,给评价提供切入点,更使我在磨课环节中能为其他教师提供有针对性的修改意见,并将课堂观察作为自己的反思证据,在自己的教学活动中反问自己:我的设计是否符合了这些原则? 我是否用了这些证据来监控和评价了学生的表现?

从前的我是被动教研,如今的我是主动教研,善于教研,并且乐于运用教研的内容来影响自己的教学。这就是沉浸式研训给我的教学带来的巨大转变。

(上海大学附属中学　司南)

好用管用易用，个人团队共进

一、导语

入职之初，作为一名新教师，我积极参加了各种教研活动。在这个过程中，我有很多收获，但也遇到了一些困惑。比如：虽然对教研活动中观摩的优质课、展示课膜拜不已，但回到自己的教学岗位后，面对与展示课不同的学情和不同的内容，我却无法将学到的教学理念与具体实践有效结合。随着教学经验的增长，似乎逐渐能模仿一点儿教研活动中的理念和策略了。而且作为备课组长，如何才能深入践行教研活动中的理念和策略，如何将这些理念和策略在备课组甚至教研组中推广，又变成了困扰我的一大难题。若不能及时带领整个备课组推陈出新，每周的集体备课活动也很容易变成纸上谈兵。长此以往，教研和教学已然成了"两张皮"。

二、个人成长

这种被动、单向的教研模式在我接触到沉浸式研训活动之后发生了变化。最初我本不是研训团队成员，但是2017年10月，我旁听了教研员厉天宝老师指导我校司南老师的概要写作课接力教学第一棒的整个过程，之后我校刘颖老师接力概要写作课第二棒。在旁听两位老师备课、上课、磨课的过程中，我初步了解了相应的教学规程和沉浸式研训模式。当时我即敏锐地意识到，这就是我一直寻找的，能为我答疑解惑的教研了。我主动申请成为听说课接力教学第二棒的成员，在区级展示课上圆满地完成了任务。

第一次带高三时，面对数不清的试卷和练习，我有些忐忑。幸运的是，我接触到了试卷评析课教学规程，并成为该课型的第一棒成员。独立研习规程，并按照自己的理解操作之后，我的课堂效果并不太理想：课堂上，学生要么不大愿意讲，要么讲不到点子上，为此我感到非常挫败。厉老师了解到我的困惑之后，帮我整理思路：其实在试卷讲评课中，课前培训预习（Training）的精华，不仅是要利用一切机会鼓励学生犯错和讲题，更是要手把手教会学生讲题的思路，经过系统的讲题训练后，学生自然讲解得既有热情又清晰明了。在这之后我真正理解到了TAPP的真谛。课前，我对学生进行培训，教会他们讲题方法，鼓励他们不畏难题；课上展示交流（Analysis），从语法结构、上下文语境等方面，学生对自己的错题进行分析，同时师生之间就重点知识互动交流，对易错知识点即时强化练习（Practice）和新篇尝试练习（Production）。此外，为了查漏补缺，我还特别奉行试卷评析课的18字箴言，即"课上课下互补，线上线下互通，点上面上共进"。经过一段时间的实践,我的试卷评析课课堂再也不是老师的"一言堂",而是一个"学生为主体老师为辅助"的大型讨论现场。在这之后,我更是有幸成为基础阅读课教学的第一棒成员,在云南迪庆藏族自治州,面对全国英语高考卷得分均分四五十分的藏区小朋友,圆满完成了一堂全英文授课的基础阅读课。

作为沉浸式研训几种不同课型的亲身实践者,我担任过第一棒的示范者、第二棒的接力者,对参与的每种课型,自己上过课、给别人磨过课、组织过评课、也撰写过不同的课例,真正在沉浸式研训的研训模式下快速成长。

在接触沉浸式研训的几年时间里,作为教师,我由一个被动的接受者、一个聆听者、一个磨课只讲好话的教师,转变成了一个主动的参与者、一个主讲者、一个磨课多提问题和多提建议的教师;而我的学生,也跟着我一起进步,他们从课上被动接受知识、闷头记笔记、讲题不知所云到主动探究原因、个个踊跃发言、试卷讲解得头头是道。可以说,沉浸式研训彻底改变了我的教学生涯。

三、团队共进

沉浸式研训不光解决了我的第一个困惑,也帮助我找到了第二个难题的答案。

在实践听说课、试卷评析课的过程中,备课组的老师也被我班级学生的精彩表现所吸引。当了解到我们的研训规程和研训模式时,他们更是积极主动地研究不同课型的教学规程,争先恐后地要求参与到沉浸式研训活动中。随后,在相关课型教学规程的指导下,我校刘颖老师开设了区级概要写作课,耿卉老师开设了校级基础阅读课,整个高三备课组更是集体实践试卷评析课,特别是孙璐老师,在我实践试卷评析课教学规程的过程中她也在自己班级积极践行规程,使得我可以在没有任何提前准备的情况下,在她的班级能够顺利开展试讲,这当然源于她的学生对试卷评析教学规程的熟悉程度了。

研训模式在备课组的逐步推进,也秉承着沉浸式研训的宗旨,即"拷贝不走样,拷贝要走样":备课组教师在研习教学规程、观摩第一棒的展示课之后,根据各班学情更新升级。比如,实践了概要写作课的刘颖老师,在牢牢把握概要写作 USA 的整体结构和 CNPC 的教学策略之后,结合当时高二学生的学情,将整堂课聚焦在一篇文章的概要教学上,并且加强了生生互评和师生评价。试卷评析课教学规程的实践也在整个教研组展开,肖丹老师抓住试卷评析 TAPP 的整体结构,充分调动了学生的积极性,但针对班级学生英语程度普遍较好的学情,对他们提出了更高的要求:学生需在试卷分析部分对完形填空和阅读理解 C 篇这样难度的文章,画出思维导图,以便更加具体形象地把握文章整体结构。这些课程的实践,不仅秉承了每一个课型教学规程的核心要义,更是依据学情更新升级,充分发挥了每位教师的主观能动性。

更加令人欣慰的是,沉浸式研训对教研组文化建设也有着深远的影响。我校教研组结合各位教师实践过的听说课、概要写作课、基础阅读课等课型,将各自所写案例集结成册,丰富了校本研修的内容。与此同时,每位参与研训的一线教师也受益匪浅。新教师代表如刘颖、耿卉老师说，这样的教研真正切实地解决了新教师面对各类课型茫然不知所措的问题。作为新教师，有了规程宝典在手，遇到什么课型都不用担心害怕。而经验丰富的老教师如孙璐、邓佶老师更是对这样的研训模式称赞不已，他们说，通过这样的一帮二、二帮多模式，整个教研组都发动起来了，同事们在问题探讨和磨课评课中也亲密了许多。

沉浸式研训又被称为深度研训，作为一线教师，我认为它的深度体现在三个方面：其一，深度体现在参与教师不只是观摩者，更是实践者，还是传递者。我观摩了其他老师的实践课，也自身实践了各种课型，更是把我的实践经验教给了我的备课组、教研组的同伴们。这个观摩—实践—传递的过程，与陶行知老先生所倡导的"做中学、教上学"思想完全契合。并且，根据美国国家训练实验室发布的学习成效金字塔所示，变被动学习为主动学习，从单向的听讲、阅读到双向的讨论、实践，甚至教授他人，知识留存率才更高，学习效果才更好。其二，深度体现在不是单兵作战，而是团队合力攻坚。我作为试卷评析和基础阅读的第一棒执教教师，有规程在手，有教研员的指导，作为听说课的第二棒接力成员，有第一棒的李伊老师全程帮助和指导，我又把自己的教学经验传递给下一位老师，如此一带二、二带三，整个团队一起协作努力，共同进步。《课程标准》中提出要培养学生自主、合作、探究的学习能力，其实对教师的培训也是如此。学科教研要构建新型的教师学习共同体，在教学中不断总结和提炼发展学生英语核心素养的有效途径、方法和策略，共同探讨和解决教学中遇到的问题，形成教师之间相互支持、相互学习和共同进步的专业发展机制，以开放进取的心态投入工作，努力使自己成为具有反思意识和创新能力的英语教师。沉浸式研训的过程正是教师学习共同体的构建过程。其三，深度体现在有教学操作规程还有系列主题。我作为参与者，能看到自己每一步留下的足迹，有规程为依托，有主题为引领，每个课型有课例作为成果，所有参与者都收获满满，这种成就感是以往单纯的上一堂公开课就结束的教研活动所不能比拟的。有了规程和主题，整个备课组的教研活动也有规可循，这样既节省了备课时间，也减少了备课的盲目性和随意性。每一位教师都能从教研中受益，参加教研的积极性也是达到了新高。

有道是"授人以鱼不如授人以渔"。这一年来，我们教研组充分践行了 Demonstrate、Experience、Engage 和 Popularize 这四步，充分感受了 DEEP 沉浸式研训的魅力。除了已经实践的概要写作课程、听说课程、试卷评析课程，接下来，我们希望逐步推进基础阅读、报刊阅读、写作讲评等不同课型在备课组乃至整个教研组的实践。我们希望可以通过自己的努力，让这样的研训模式规范化、常态化、校本化、个性化，以此惠及更广大的教师和学生。

（上海大学附属中学　沈雅茜）

沉浸式研训助力对接课标，落实学科核心素养的培养

早在 2015 年，由教研员厉天宝老师领衔的区级重点课题《基于交际的高中英语课堂教学规程》即已立项，回顾我们团队的研究与实践，竟与《课程标准》所传达的理念不谋而合。厉老师带领成员们所研发的指向学科核心素养的高中英语教学规程，涵盖了高中英语中的 10 种课型，为了让教学规程发挥其最大的功效，助力教师教学顺利转型，沉浸式研训也应运而生。以下我将借助三种课型的具体实践，和大家分享交流沉浸式研训如何助力对接课标，落实学科核心素养的培养。

一、学生做，学生讲，学生评，学生改

在传统的英语课堂上，学生使用英语表达的机会很少，能主动发言的学生更是寥寥无几，甚至很多学了近十年英语的高中生也只能说几个简单的英语单词。对他们而言，用英语表达自己的观点根本是遥不可及的事情。而沉浸式研训正是以"学生做，学生讲，学生评，学生改"为教研理念，让学生在各类学习活动中提升语言能力、文化意识、思维品质和学习能力。这一点最早在厉老师下沉示范的听说课上就体现得淋漓尽致，不久团队成员李伊老师接过接力棒，在普通中学也进行了勇敢尝试，让我们不禁惊叹在听说课教学规程搭建的支架下，学生能从不愿说到开口说、乐于说！下面我以李伊老师 A Letter to Dad 这节听说课为例，简单介绍我们的做法。

指向核心素养的高中英语听说课，课堂实施的是"My USA"的教学路径，包括 My Understanding、My Story 和 My Attitude 三个部分。在 My Understanding 部分，李老师首先让学生带着问题听材料，重点关注主旨内容，以及与问题有关的目标知识。学生边听边记，理解语意，梳理思路，组织答语。My Story 部分，重点在于学生的"讲"，但学生"讲"的层次是不同的。首先，李老师针对所听材料的话题内容设计问题，学生需结合自身经历回答这些问题。其次，学生要通过运用连接词、复合句等方法将此前每个问题的答案整合为一个小段落来叙述自己的故事。最后，李老师给出结构支架，学生在支架的提示下完善自己的故事，在这个过程中李老师有意提供了 My Understanding 中已复习的词汇，帮助学生活学活用，以提升语言输出的品质，达到提高语言能力的目的。在 My Attitude 部分，学生除了能在结构框架的提示下讲述自己的观点外，还能对其他同学的表现予以评价，形成良好的互动氛围。此外，针对本节课的话题，李老师还在原有规程的基础上增加了 My Voice 部分，让学生讨论问题：What do you want to say to your father? 希望能借助听说课平台，架构改善子女与父母关系的桥梁。学生自由表达，讲述内心对父母的真实诉求，李老师适时地引导，从而帮助学生理解父母，升华情感。

纵观整个听说课堂，"学生做，学生讲，学生评，学生改"的操作过程其实也是学生活动的过程。学生能在主题意义的引领下，通过学习理解、应用实践、迁移创新等英语学习活动，在分析问题和解决问题的过程中，促进自身语言知识学习、语言技能发展、文化内涵理解、多元思维发展、价值取向判断和学习策略运用，充分体现了《课程标准》指向学生学科核心素养的英语学习活动观。

二、"教学评一体化"

完整的教学活动包括教、学、评三个方面，沉浸式研训正是以"教学评一体化"为研训理念。作为概要写作课第四棒的接力成员，我以亲身实践过的概要写作课为例，和大家分享在具体实施教学规程的过程中，如何以多元评价活动贯穿教学全过程，实现评价手段的多元化，突出学生在评价中的主体地位。我将从学生自评、学生互评和教师评价三个方面展开。

首先，学生自评。在学生形成概要初稿后，我会给出一张 checklist，让学生按要求一一对照要点，进行书面自评。其次，学生互评。在展示交流环节，学生通过小组结对相互交流，阅读同桌的概要初稿，并进行"留有痕迹"的评价，比如学生圈画对方利用 CNPC 策略打磨后的好词好句。最后，教师评价。我会选取一到两名学生的习作，当场投影到大屏幕上，请学生用英语口头展开自评，同时让其他学生评价并给出修改意见。在这一过程中，教师需要适时搭建评价的"脚手架"，即给出适当的评价方法和评价工具，比如提示学生参照学案上的 checklist，先总体评价，再对内容（要点是否涵盖等）和语言（语言是否凝练并原创等）分别进行评价，这样做有利于打消学生对于概要写作及其评价的畏难情绪，有助于他们顺利完成任务。这一交流环节有赞赏、有质疑、有碰撞、有建议，学生的语言表达和思维品质都得到了锻炼。

在概要写作课的评价总结环节，我邀请了一名学生概括本节课的学习内容，并让另一名学生对其概述进行评价。通过这一活动，促使学生将课堂所学技能运用于学习生活中，同时让学生养成在学习过程中评价和被评价的习惯。另外，教师的提问和反馈也是重要的评价手段。因此在本节课的最后，我积极评价了学生在本节课中的表现，以课堂证据（即学生的具体表现）表扬学生，并客观指出他们有待改进的地方和建议。

先写后评，评后再改，层层铺垫，环环相扣。本节课，我通过鼓励学生积极开展自评和互评活动，加强了学生对于概要写作要求和策略的理解与内化，这有利于学生提高概要写作的能力，同时也让他们从评价的接受者转变为评价的主体和积极的参与者。学生在整堂课中能够及时、有效地调控自己的学习进程，并从中获得成就感和自信心。

整个评价实施的过程,既为检测教学目标服务,以发现学生学习中的问题,也给予了学生大量的展示机会,并及时鼓励和肯定,发挥了评价的反拨作用,实现评价为教和学服务的目的,真正对接了《课程标准》中以评促教、以评促学的理念。

三、"听过不如说过,说过不如做过,做过不如教过"

作为一线教师,我经常会听到同行这样的感叹:"这道题我都讲了 n 遍了,学生怎么还不会?"我想沉浸式研训所倡导的"听过不如说过,说过不如做过,做过不如教过"的教研理念,正好能解答此类教学困惑。作为一名高三教师,我想以高三最常见的试卷评析课为例,谈谈我们的具体做法。

传统的试卷评析课以教师"一言堂"的讲授为主,而我们的课堂是由学生唱主角,学生来讲题。我们按照 TAPP 的教学规程实施路径,充分实践着陶行知老先生所倡导的"小先生制"。

学生不是天生就会讲题的,也不是立刻就能像老师那样讲到点子上的,因此课前的培训预习(Training)部分至关重要。教师首先要让全班同学统一认识:学习中犯错误是难免的,从错误中分析原因更能促进进步。在这个环节中,教师要多多鼓励学生分析错误、思考问题,让他们从思想上为试卷评析课做好准备。同时教师在平时的讲课中也不断渗透着各类题型的解题思路,训练学生分析问题的能力,并先行培养几位思路清晰、善于讲题的"小先生",以他们的课堂解析作为模板,鼓励同学们之间互相学习,形成良好的学习和讨论氛围。

课堂上的展示交流(Analysis)部分,教师先反馈待讲试卷中题目的正误情况,筛选出错误率比较高的典型例题。接着课堂的话语权就交给了学生,由一位学生自主分析这些错误,其他学生则要注意聆听、辨析和判断。待分析完错题后,其他学生或补充分析,或发表不同意见,问题基本讨论清楚时,教师及时给予评价并赞赏学生的表现。

俗话说"光说不练假把式",为了实时检测学生对于知识点的理解和掌握情况,教师会当堂针对刚刚分析过的错题提供变式练习,学生需口头作答,教师再实时评价。最后,教师还会给出新的语篇,着重考查学生错题中反映出来的未掌握的知识点。学生限时当堂独立完成,反馈新题目完成情况后,学生需再次检查这些问题,并运用之前的解题思路,对仍旧存在的错误做出改正。

学生们坦言:过去上课只是听老师讲,自以为听懂了,但做题时又会犯错。现在这样的试卷评析课让他们受益匪浅,同学之间经常互相讲题,分析问题的能力显著提升,教会他人的同时,自己的学业成绩也得到了提高,整个人也变得更加自信。学生满满的收获刚好印证了"学习成效金字塔"的理念:学习者通过传授知识和技能给他人所取得的学习成效是最好的。

当学生能将自己的错误想法勇敢地展现出来,不依靠教师的提示,把正确的解题思路用自己的语言表述出来,教会他人,且能在新情境下准确应用所学知识时,老师们原先的担心自然迎刃而解。沉浸式研训所倡导的"听过不如说过,说过不如做过,做过不如教过"正好与《课程标准》所提倡的"知—会—熟"的理念不谋而合。

　　沉浸式研训不仅让教师实现了从旁观者、实践者、指导者到推广者的角色转变,收获了五大教学核心技能,同时也通过各类学习活动助力对接《课程标准》,将培养学生学科核心素养落到实处,更为建设教学团队、形成教研机制、开展教师间的合作与探究搭建了平台,助推了整个区域良好教研生态的形成和发展。

(上海市海滨中学　徐玮楚)

沉浸式研训助我轻松掌握五种教学核心技能

亲身参与沉浸式研训,实践听说课教学的过程中,我掌握了五种教学核心技能,即备课、上课、磨课、评课和撰写课例。教学规程明确了具体的教学目的和详细的课程实施路径,以此作为指导,我的备课内容较以前更有目的性和针对性;规程同样要求教师上课应组织以活动为载体的课堂教学,学生在积极参与这些教学活动的过程中,重拾课堂"主人翁"的身份;磨课和评课更是赋予了我多重身份,在面对同一问题时,不同的身份会有不同的思考角度,自然也会得到更多的心得体会;课例撰写是自我反思的过程,这一过程可以将前期的理论学习和真实的课堂实践相融合,所看所想落在笔尖转换成文字,可以供自我和同行之间研讨和再思考。可以这样说,这五种教学技能与教研核心技术、学生学科核心素养紧密相连。

一、背景:质疑→轻视→亲历→笃信

第一次听说沉浸式研训可以由一个教学规程、一节课出发,形成多个可复制、可操作、可推广的课例时,我觉得很不可思议。尤其教研员厉老师说要来我们学校上听说课时,我们整个备课组都替他捏了把汗。因为我们学校之前从来没有上过一节真正意义上的听说课,在以往的课堂上,学生不大愿意说,也不太会说。但是,了解了教研团队研制的听说课教学规程后,我们都被深深地吸引了。基于规程,课堂教学的每一个环节,从对接趣点到破冰问题、从以听促说到核心表达、从支架提供到综合迁移,厉老师一一做了解释,并提出了 My USA Oral English(即 My Understanding、My Story 和 My Attitude)的规程实施路径。在厉老师的课堂上,学生们跃跃欲试。在学习支架的帮助下,学生的语言输出从整句到整段,连平日里的英语后进生也暗暗举起了小手。

惊讶于学生们的表现,我也有了尝试复制此课型的念头。等到自己也顺利地实践了听说课后,我发现原来上好听说课并不难,便下定决心要做好它,并推广它。

二、备课:教学规程+导师指导

一堂优质的公开课,凝聚了授课教师大量的心血,花费了大量的时间和精力。这样一堂精品展示课若不能加以复制和推广,实属可惜。沉浸式研训解决了这个难题。它为每一个课型提供了相应的教学规程和实施路径,有了规程在手,教师备课就有了方向性和针对性,教学过

程和教学效能也都有了评价标准。教师可以把更多的精力放在教学内容、不同课型的探究上，减少了备课的随意性和盲目性，大大缩短了备课时间，由此呈现的教学成果也更具有可复制性和可推广性。

此外，教研员和前几棒的教师会指导初次尝试此课型的教师备课，对于规程中不理解的地方也会一一做出解释。有了导师的专业引领，备课效率得到了极大提升。

三、上课：导师展示＋亲身实践

第一次接触听说课时，我感觉很难在普通中学推广，但当我观摩了厉老师的课后，我便有了信心。因为我看到了整节课的流程，知晓了重难点如何落实，细节如何处理，再结合规程，便逐渐摸索到了听说课的规律。此后，只要有合适的话题与听说材料，我就能比较理想地完成听说课的教学了。

上课时，我结合规程为学生搭建支架，循序渐进地帮助他们从不愿说到开口说，再到乐于说。原本上课的紧张氛围在学生的踊跃发言中烟消云散，我原本的担心也荡然无存。在我的带动下，教研组的老师也逐步开始尝试这样的听说课，大家从犹豫不决，到欣然接受，从仅有的一个话题，迅速增加到多个话题，并且组里还进行了话题共享。团队合作大大提高了备课和上课的效率，有老师感慨这是把普通的家常课上到了像公开课一样精彩。

四、磨课：学习领悟＋现场帮教

除了备课、上课，我也帮他人磨课，这是一个自我提升的过程。随着对规程的理解逐步加深，我在帮他人磨课的过程中，也把自己备课与上课的感悟融入其中。每当团队有教师试讲，团队其他成员都会到场，现场帮教，从教案文字到课堂重难点处理，从支架的搭建到学生评价，共同探讨、答疑解惑。团队每一位成员都全程参与磨课，贡献智慧，并将这些构思融入以后的课堂教学中。上课者和磨课者之间产生共鸣，教师间实现了互惠共赢。

五、评课：课标理念＋教学实际

基于沉浸式研训的评课刷新了我两大认识：一是公开课的评课不再是专家的"一言堂"，也不是互相吹捧的样样好，我们团队中每个人都可以成为评课的主角。在给他人评课的过程中，我开始潜心研究教学理论，思考《课程标准》要求，逐渐学会看教案撰写是否规范，看教学内容的处理是否符合学生的认知规律，看教学目标是否能通过教学设计实现。我也学会了用数据记录课堂实效和学生的参与度。我开始思考这堂课还有哪些不足，如果自己来上，我会怎么做，怎么做才能激励和引导学生改进学习，增强信心，提高效益。

六、课例撰写：建构升华＋教学相长

很多教师一提教科研就如同谈虎色变，甚至把教科研与课堂教学对立起来。在沉浸式研训中，我完全不担心这个问题，因为上完课后，我会根据教学规程及时反思自己的教学实践，对教学活动中出现的问题或闪光点及时加以记录，总结其中的成败与得失。每个课型都有相对应的课例，每个课例都具有典型性，厉老师手把手地教我们如何撰写课例，从提供示范到优秀课例研读，从撰写初稿到反复修改，每个课例都经历了至少5～6次的打磨。在一次次修改和打磨的过程中，我迅速掌握了课例的撰写方法，促进了精益求精的教学品格。课例的撰写是从建构到运用再到升华的过程，也是教学相长的过程。我撰写的听说课课例、听力课课例、概要写作课课例陆续发表于各类刊物上，我也收获了教科研的喜悦。

在各课型规程的指导下，我从实践出发，既注重解决实际问题，又注重经验的总结、理论的提升和规律的探索，进而实现教师的专业发展。在沉浸式研训中，团队成员间碰撞出思想的火花，在一次次实践中反复推敲，只为遇见更好的自己。

（上海市通河中学　李伊）

参考文献 Reference

1. 中华人民共和国教育部.普通高中英语课程标准[M].北京:人民教育出版社,2018.
2. 陆伯鸿.深度教研的研究与实践[J].上海课程教学研究,2019.
3. 吴永军.教学规程:将教学理念转化为教学行为的指南[J].课程·教材·教法,2015,5.
4. 朱郁华.学科教学技能:教师走向专业成熟的核心支柱[J].浙江教育科学,2016,5.
5. 陆伯鸿.深度教研的研究与实践[J].上海课程教学研究,2019,12.
6. 上海市教育委员会教学研究室.高中英语单元教学设计指南[M].北京:人民教育出版社,2018.
7. Krashen Stephen. Principles and Practice in Second Language Acquisition[M]. Oxford: Pergamon Press, 1982.
8. Swain M. Three Functions of Output in Second Language Learning[M]. Oxford. England: Oxford University Press, 1995.
9. 徐倩.图式理论与英语听力研究综述[J].科技信息,2010,2.
10. 梅德明.普通高中英语课程标准(2017年版)解读[M].北京:高等教育出版社,2018.
11. 秦芳.过程性写作法在高中英语写作教学中的应用[J].校园英语,2016,12.
12. [美]格兰特·威金斯(Grant Wiggins),(美)杰伊·麦克泰格(Jay McTighe).追求理解的教学设计(第二版)[M].上海:华东师范大学出版社,2017.
13. 联合国教科文组织国际教育发展委员会.学会生存[M].北京:教育科学出版社,1996.
14. Bransford, Brown, Cocking. How People Learn: Brain, Mind, Experience, and School[M]. Washington, DC: National Academy Press, 1999.
15. [美]索耶主编.柯林斯认知学徒制[M].徐晓东,等,译.北京:教育科学出版社,2010.
16. 鲁子问,唐淑敏.英语教学设计[M].上海:华东师范大学出版社,2008.
17. [美]约翰·杜威(John Dewey).经验与教育[M].盛群力,译.北京:中国轻工业出版社,2016.
18. Jeremy Harmer. How to Teach English[M].北京:外语教学与研究出版社,2000.
19. 程晓堂.英语教师课堂话语分析[M].上海:上海外语教育出版社,2009.
20. 李力等.策略·风格·归因——学会学英语[M].上海:上海外语教育出版社,2006.
21. 武尊民.英语测试的理论与实践[M].北京:外语教学与研究出版社,2002.
22. 朱慕菊.走进新课堂——与课程实施者对话[M].北京:北京师范大学出版社,2002.
23. 林华民.做一流的教学能手[M].北京:朝华出版社,2013.
24. 陶行知.陶行知教育文集[M].四川:四川教育出版社,2008.
25. 崔允漷.有效教学[M].上海:华东师范大学出版社,2009.